Lernbereich

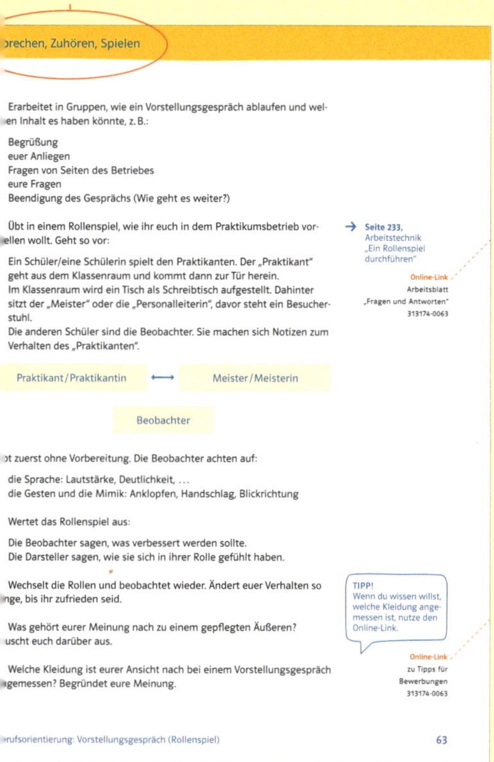
Sprechen, Zuhören, Spielen

Erarbeitet in Gruppen, wie ein Vorstellungsgespräch ablaufen und welchen Inhalt es haben könnte, z. B.:
Begrüßung
euer Anliegen
Fragen von Seiten des Betriebes
eure Fragen
Beendigung des Gesprächs (Wie geht es weiter?)

Übt in einem Rollenspiel, wie ihr euch in dem Praktikumsbetrieb vorstellen wollt. Geht so vor:
Ein Schüler/eine Schülerin spielt den Praktikanten. Der „Praktikant" geht aus dem Klassenraum und kommt dann zur Tür herein.
Im Klassenraum wird ein Tisch als Schreibtisch aufgestellt. Dahinter sitzt der „Meister" oder die „Personalleiterin", davor steht ein Besucherstuhl.
Die anderen Schüler sind die Beobachter. Sie machen sich Notizen zum Verhalten des „Praktikanten".

→ Seite 233, Arbeitstechnik „Ein Rollenspiel durchführen"

Online-Link Arbeitsblatt „Fragen und Antworten" 313174-0063

Praktikant/Praktikantin ⟷ Meister/Meisterin

Beobachter

…t zuerst ohne Vorbereitung. Die Beobachter achten auf:
die Sprache: Lautstärke, Deutlichkeit, …
die Gesten und die Mimik: Anklopfen, Handschlag, Blickrichtung

Wertet das Rollenspiel aus:
Die Beobachter sagen, was verbessert werden sollte.
Die Darsteller sagen, wie sie sich in ihrer Rolle gefühlt haben.

Wechselt die Rollen und beobachtet wieder. Ändert euer Verhalten so lange, bis ihr zufrieden seid.

Was gehört eurer Meinung nach zu einem gepflegten Äußeren? Tauscht euch darüber aus.

TIPP! Wenn du wissen willst, welche Kleidung angemessen ist, nutze den Online-Link.

Online-Link zu Tipps für Bewerbungen 313174-0063

Welche Kleidung ist eurer Ansicht nach bei einem Vorstellungsgespräch angemessen? Begründet eure Meinung.

…rufsorientierung: Vorstellungsgespräch (Rollenspiel) 63

…RKE SEITEN

…en
…rufs oder
…nst.

…fristigen

Auf einigen Seiten im Buch findest du **Online-Links.** Damit gelangst du zu Informationen im Internet, zu weiterführenden Seiten und zu Arbeitsblättern. Gehe einfach auf **www.klett.de/online** und gib in das Suchfeld den entsprechenden Link ein.

Online-Link
313174-0006

Online-Link zum Hörverstehen
Über diesen Link gelangst du zu Hörbeispielen und zu Seiten mit Aufgaben zum Hörverstehen.

Online-Link
Hörverstehen
313174-0010

Tipps und Verweispfeile
In den Tipps am Rand findest du Hinweise zu Texten und Aufgaben. Pfeile verweisen auf andere Seiten im Buch, die für dich interessant sein könnten.

TIPP!
Notiere in ein oder zwei Sätzen, worum es in dem Gedicht geht.

→ **Seite 38,**
Präteritum

Extra-Aufgaben
Auf vielen Seiten findest du Extra-Aufgaben. Wenn du schon etwas schneller und selbstständiger arbeitest, probiere aus, ob du auch diese Aufgaben lösen kannst.

5 EXTRA

In diesen Kästen findest du **Arbeitstechniken** und **Merkwissen.**

Arbeitstechnik
Interessant und spannend
1. Denkt daran, dass die Le…

Merke
Das **Perfekt** verwendet ma…
Beim Bilden des Perfekts h…

Für Lehrer:

Testen und Fördern

Über diesen Link gelangen Sie zu unserem **kostenlosen** Online-Service **Testen und Fördern** mit individuellen Diagnose- und Fördermaterialien.

Online-Link
313174-0000

deutsch.kombi plus 4

Sprach- und Lesebuch für die 8. Klasse

Herausgegeben von:
Sabine Utheß

Erarbeitet von:
Hans-Werner Huneke
Gerd Schemel
Horst Schierhorn
Sabine Utheß
Burkhard Vollmers

Ernst Klett Verlag
Stuttgart · Leipzig

Unter Verwendung von Materialien von:
Tanja Haß, Rita Lassen, Ursula Michels, Helga Paljan, Herta Wölfl, Jutta Ziehm-Weigel

1. Auflage 1 8 7 6 5 | 17 16 15 14

Herausgeberin: Sabine Utheß
Autorinnen und Autoren: Hans-Werner Huneke, Gerd Schemel, Horst Schierhorn, Sabine Utheß, Burkhard Vollmers

Redaktion: Sabine Liskow
Herstellung: Sandra Schneider

Gestaltung: normal design, Schwäbisch Gmünd
Umschlaggestaltung: normal design, Schwäbisch Gmünd
Illustrationen: Antje Kahl, Berlin; Inge Voets, Berlin; Katja Wehner, Leipzig
Satz: SOFAROBOTNIK, Augsburg & München
Reproduktion: Meyle + Müller GmbH + Co. KG, Pforzheim
Druck: Offizin Andersen Nexö, Leipzig

Printed in Germany
ISBN 978-3-12-313174-5

9 783123 131745

Inhalt

Schlaue Seiten

Basis

Sprechen, Zuhören, Spielen ; Schreiben ;
Lesen und Literatur – Umgang mit Texten und Medien
R, G, S Rechtschreibung, Grammatik, Sprachbetrachtung

Plus

EXTRA zum Weiterarbeiten und Ausbauen
TRAINING zum Wiederholen und Festigen

1 Zivilcourage*

* Zivilcourage, die:
Zivil stammt von dem lateinischen Wort *civis*, was *Bürger* bedeutet. *Courage* ist französisch und bedeutet *Mut* oder *Beherztheit*.

→ **Seite 240,** Arbeitstechnik „Einen Sachtext lesen und verstehen"

S-Bahn-Überfall in München

Nach Manuela Pfohl

München, Samstagnachmittag, 15.45 Uhr. Kaffee-und-Kuchen-Zeit. Dominik B. ist mit der S-Bahn unterwegs. Zu seiner Freundin, heißt es in einigen Medien. Die Linie 7 Richtung Wolfratshausen ist gut besetzt. Das Wetter ist schön, die letzten Sonnenstrahlen des Herbstes haben viele Münchner nach draußen gelockt. Der 50-Jährige sieht, wie zunächst drei Jugendliche einige Kinder attackieren. Es geht angeblich um 15 Euro, die sie erpressen wollen. B. greift ein, als die anderen Fahrgäste wegschauen. Natürlich. Er kann schließlich nicht zusehen, wie die 17- und 18-Jährigen die 13- bis 15-Jährigen verprügeln. Er ruft über sein Handy die Polizei und bleibt bei den verängstigten Mädchen und Jungen, als sie wenig später an der S-Bahn-Station Solln aussteigen. Es ist gegen 16.10 Uhr. Die beiden Jugendlichen, Markus S. und Sebastian L., gehen am Bahnsteig auf ihn los, schlagen und treten immer wieder auf ihn ein, auch als er längst am Boden liegt. Als die Polizisten und ein Notarzt endlich eintreffen, ist der Mann nicht mehr zu retten. Angeblich hat er mehr als 22 einzelne Verletzungen erlitten. Wenig später stirbt er in einer Klinik. Totgeschlagen von zwei Jugendlichen, weil er Courage zeigte, weil er half, als Hilfe nötig war – und weil er allein war.

TIPP!
Wenn du mehr zum Thema Zivilcourage wissen willst, nutze den Online-Link.

Online-Link
zum Begriff „Zivilcourage"
313174-0006

1 Sprecht über das Foto und die Zeitungsnotiz. Was haben sie mit der Kapitelüberschrift „Zivilcourage" zu tun?

2 Hier werden acht unterschiedliche Situationen vorgestellt. Überlege, in welchen Situationen man sich einmischen sollte, in welchen besser nicht.

① Du beobachtest, wie ein hilfloser alter Mann im Rollstuhl in einer belebten Ladenstraße von drei Jugendlichen gestoppt wird, um ihm seine Tasche zu entreißen.

② Du hörst, wie sich zwei Autofahrer nach einem kleinen Unfall wechselseitig laut beschimpfen. Es ist sogar zu vermuten, dass es in den nächsten Minuten zu Handgreiflichkeiten kommt.

③ Du siehst zufällig, wie ein Nachbar seinen vierjährigen Sohn verprügelt.

④ Du vermutest, dass eure Nachbarin ihren Hund im Keller verhungern lässt. Alle in deiner Straße sprechen wegen des stundenlangen jämmerlichen Gewinsels des Tieres darüber, aber niemand tut etwas.

⑤ Du kommst dazu, als zwei Jugendliche auf der Straße in einen heftigen Streit geraten. Der Streit scheint zu eskalieren, einer der beiden hat bereits ein Messer gezogen. Einige Bürger sind stehen geblieben und beobachten interessiert das Geschehen.

⑥ An der Bushaltestelle wirst du zufällig Zeuge eines Gespräches, in dem zwei Mitschüler aus der 10. Klasse einen Überfall auf den Busfahrer planen.

⑦ Auf der Zuschauertribüne kommt es bei einem Fußballspiel zu einem heftigen Streit zweier Fangruppen. Dir scheint, als ob sich aus dem verbalen Schlagabtausch demnächst eine handfeste Prügelei entwickelt.

⑧ Du kannst beobachten, wie ein Mann ausländerfeindliche Sprüche an das Nachbarhaus sprüht. Weitere Personen sind nicht in der Nähe.

Online-Link zu einem Beispiel für Zivilcourage 313174-0007

3 Was könnte man in diesen Situationen tun? Notiere dazu Vorschläge, z. B.:

Hier sollte man sich einmischen	**Hier sollte man sich besser nicht einmischen, hier sollte man etwas anderes tun**
Wenn ein hilfloser Mann im Rollstuhl bestohlen wird, muss man unbedingt etwas tun, z. B. laut schreien, damit viele Leute aufmerksam werden.	...

4 Vergleicht und besprecht in der Klasse, was ihr notiert habt.

Eine Diskussion vorbereiten und durchführen

→ **Seite 232,** Arbeitstechnik „Sich auf eine Diskussion vorbereiten"

1 Stelle dir folgende Situation vor und überlege, ob man sich einmischen sollte oder nicht.

> Ein Schüler aus Klasse 5 wird von einem aus Klasse 9 angegriffen, weil er ihm im Weg steht. Der Junge aus der 9. Klasse fasst den Fünftklässler am Hals und schreit ihn an. Du stehst daneben – was tun?

2 Bildet zwei Gruppen. **Wählt A oder B:**

A: Ich würde mich einmischen. (Pro)
B: Ich würde mich nicht einmischen. (Kontra)

Ich würde mich einmischen, weil …

Ich würde mich nicht einmischen, da …

Überlegt gemeinsam in der Gruppe, welche Argumente ihr für eure Meinung vorbringen könnt, um die andere Gruppe zu überzeugen. Notiert die Argumente.

3 Lest eure Argumente durch. Besprecht in der Gruppe, welches Argument eurer Meinung nach das wichtigste ist.

4 Argumente wirken überzeugender, wenn man sie zusätzlich durch Beispiele oder Erfahrungen stützt, z. B.:

Vor ungefähr zwei Jahren, als ich im Bus so herumgestoßen und geschlagen wurde, war ich froh, dass sich zwei größere Jungen einmischten.

Wenn wir uns mit denen aus der 9. Klasse anlegen, gibt es meistens eine Schlägerei.

Sucht zu euren Argumenten ähnliche Beispiele und notiert sie.

Merke

Ein Argument ist eine Begründung für eine Aussage. Diese Aussage kann man durch Beispiele stützen und ihnen damit mehr Kraft geben.

5 Überlegt jetzt, welche Argumente die andere Gruppe in der Diskussion vorbringen könnte und wie ihr diese entkräften* könnt, z. B.:

Argument Pro-Gruppe:	⟷	Entkräftung → Gegenargument Kontra-Gruppe:
Der Kleine kann sich nicht alleine wehren.		Wir wissen zwar, dass der Junge sich nicht alleine wehren kann, wenn wir aber eingreifen, kommt es vielleicht zu einer größeren Schlägerei.

Argument Kontra-Gruppe:	⟷	Entkräftung → Gegenargument Pro-Gruppe:
Da bekommt man nur selbst auch noch Schläge ab.		Da kann man zwar auch etwas abbekommen, aber dieses Risiko gehen wir ein, denn sonst meint der Große, er könnte sich alles erlauben.

* entkräften: dem Argument die Kraft, die Wirkung nehmen, indem man ein überzeugendes Gegenargument nennt

6 Notiert nun in Stichworten eure Gegenargumente sowie die passenden Beispiele, die ihr in der Diskussion vorbringen wollt.

7 Legt fest, wie ihr in der Diskussion vorgehen wollt:
- Sollen ein oder zwei Vertreter für die Gruppe sprechen?
- Soll jeder in der Diskussion ein Argument vorbringen?
- In welcher Reihenfolge wollt ihr eure Argumente vorbringen?

8 Führt jetzt die Diskussion durch:
- Wählt einen Diskussionsleiter. Er soll eingreifen, wenn der Meinungsaustausch nicht gut läuft, wenn es z. B. zu laut wird, jemand nicht zu Wort kommt oder die Diskussion stockt.
- Achtet darauf, dass sich die eine Gruppe rechts, die andere links im Raum befindet, sodass ihr euch gegenübersitzt.

TIPP!
Ihr könnt zwischendurch in die andere Gruppe wechseln, wenn euch deren Argumente überzeugen.

9 Wertet eure Diskussion aus:
- Konntet ihr andere von eurer Meinung überzeugen? Woran lag das?
- Hat die Diskussion dazu geführt, dass ihr neue Erkenntnisse gewonnen habt? Nennt sie.

Mobbing in der Schule

Eigentlich sollte die Schule ja ein Ort sein, an dem man sich wohlfühlt. Leider gilt das nicht für alle Schüler. Manche beschleicht schon am Sonntagnachmittag ein flaues Gefühl, wenn sie an die nächste Schulstunde denken. Der Grund hierfür sind nicht immer schlechte Noten, oftmals werden einzelne Schüler von ihren Klassenkameraden schikaniert*. Sie werden gemobbt. Meist stehen sie dann ganz alleine, weil ihnen niemand hilft und andere Schüler sich nicht trauen einzuschreiten. Lehrer bemerken oft erst sehr spät, was da passiert.

* schikanieren: jemandem böswillig Schwierigkeiten bereiten

1 Gibt es Mobbing auch an eurer Schule oder gar in eurer Klasse? Tauscht euch darüber aus.

→ **Seite 239,** Arbeitstechnik „Einen literarischen Text genau lesen und verstehen"

2 Lies den Text und mache dir Notizen zum Inhalt. Gib anschließend den Inhalt mit eigenen Worten wieder.

Online-Link
Hörverstehen
313174-0010

Der Neue

„Gib mir das wieder zurück!"
„Ha, ha, streck dich, Kleiner! Spring!"
„Verdammt, gib ihm das Handy wieder!" Martin nahm einem Mitschüler ein glänzendes Handy aus der Hand und überreichte es wieder seinem Besitzer. Dieser schaute schüchtern von seinem Matheheft auf und lächelte Martin an. Kurz war es still in der Klasse, denn noch nie hatte man Matthias lächeln gesehen, und immerhin war er schon seit über drei Jahren in der 8c. Vielleicht erschien es vielen auch nur deshalb neu, weil sie ihn nie beachtet hatten.
Als er am ersten Schultag hereingekommen war, hatte er sich an einen Platz ganz hinten gesetzt und so war es auch geblieben. Am Anfang wurde er nur ignoriert, aber mit der Zeit begannen die anderen, ihn zu ärgern: Sie versteckten Hefte, verbreiteten miese Gerüchte oder nahmen ihm Sachen weg. Dann, im 8. Schuljahr, kam der Neue, Martin, ein cooler Typ, der sofort den Anschluss an die Klasse fand und nur einen Fehler machte: auf der Seite des ewigen Außenseiters Matthias zu sein.
Alles begann an dem Tag, als die Achtklässler ihrem Lieblingsopfer sein neues Handy weggenommen hatten. Martin stand auf und forderte von den Mitschülern das Handy zurück.
„Was? Bist du auf der Seite von diesem Loser? Ist jetzt aber nicht dein Ernst, oder?"
„Gib ihm das Handy einfach wieder."
„Ich glaub's nicht!"
Matthias bekam sein Handy wieder, und die anderen konnten es nicht fassen, dass einer von ihnen, einer von den „Coolen", zu ihm stehen sollte.

In der nächsten Zeit ließen die Hänseleien nach, sei es aus Desinteresse oder – wahrscheinlicher – aus Respekt vor dem Neuen. Dadurch wurde Matthias ein bisschen selbstsicherer. Allmählich entwickelte sich eine Freundschaft mit Martin.

Immer öfter sah man die beiden zusammen, in der Pause, auf dem Nachhauseweg … Bald wurde in der Klasse über Martin gelästert. „Seht euch das an! Der Verteidiger mit seinem Schützling! Bald gehen sie Hand in Hand! Ha, ha, ha, hihi." Die „coolen Leute" zumindest hatten ihren Spaß. Noch lustiger wurde es für sie, als sie Martin zu fünft auf dem Klo auflauerten, ihn verprügelten und ihm den Arm so verrenkten, so dass er geschient werden musste. Martin ging nicht petzen, aber er wollte, dass alle Schüler der 8c darüber Bescheid wissen. Er stellte sich vor sie hin ... vor die, die so lange zugeschaut hatten, die vielleicht auch mitgelästert und sich über ihn und Matthias lustig gemacht hatten.

„Wollt ihr wissen, was mit meinem Arm passiert ist? Na ja, es wäre wahrscheinlich cooler, wenn ich behaupten würde, ich hätte ihn mir beim Basketballspielen verstaucht, stimmt's? So war es aber nicht. Fünf aus unserer Klasse haben mich auf dem Klo festgehalten, nein, stimmt ja gar nicht: vier haben mich niedergedrückt und einer hat mir seine Faust in den Bauch gerammt und meinen Arm verrenkt. Ich finde nicht nur die Tatsache, dass sie Gewalt angewendet haben, schockierend, sondern ihre Feigheit. Einer von euch hat mich vor ein paar Wochen gefragt, warum ich lieber mit einem Außenseiter „abhänge" als mit ihnen. Damals habe ich ihm nicht geantwortet. Das will ich jetzt nachholen: Weil der andere Leute so sein lässt, wie sie sind. Weil er keine Vorurteile hat, weil er, selbst wenn er leidet, niemals Gewalt anwenden würde, und selbst wenn, würde er das allein erledigen, nicht mit Bodyguards."

(Nach einem Bericht der Schülerin Christina Wintersteiger)

3 Was ist Martin für ein Typ? Schreibe auf, wie du dir Martin vorstellst. Stütze dich auf die Aussagen des Textes.

4 Besprecht in der Klasse, was Martins Verhalten mit Zivilcourage zu tun hat.

5 EXTRA Was denkst du, wie sich die Situation in der Klasse weiterentwickelt? Verfasse einen Schluss zu der Geschichte.

6 EXTRA Was will der Text deiner Meinung nach beim Leser erreichen? Schreibe deine Gedanken dazu auf.

Online-Link
zum Thema „Mobbing in der Schule"
313174-0011

Eine Umfrage zu dem Thema „Zivilcourage“

Schülerinnen und Schüler wurden gefragt, was sie unter Zivilcourage verstehen. Hier sind einige Antworten.

Kristian
Zivilcourage heißt für mich, dass man dazwischengeht, wenn jemand auf dem Schulhof angegriffen wird.

Till
Wenn man seine Meinung sagt, auch wenn man damit ganz allein dasteht, zeigt man Zivilcourage.

Katja
Ich verstehe unter Zivilcourage, dass man sich auf die Seite eines Schülers oder einer Schülerin stellt, der oder die von den allermeisten gehänselt wird, und dass man deutlich sagt, wie gemein das ist.

Hannah
Ich verstehe unter Zivilcourage, dass man deutlich dagegen spricht, wenn miese Witze über Kranke oder Behinderte oder auch Ausländer erzählt werden.

Paul
Zivilcourage? – Du sagst nein, wenn dir in einer Gruppe von Rauchern eine Zigarette angeboten wird, selbst wenn du dann als „uncool“ giltst. So ähnlich ist es auch mit Alkohol …

Mathilda
Zivilcourage ist, wenn man auf Inlinern zur Schule kommt, dabei wie ein Blitz durch die Fußgängerzone rauscht und alle Fußgänger aufschreckt.

Robert
Zivilcourage ist das Auftreten von jemandem, der nicht wegschaut, wenn etwas schiefläuft, der zum Beispiel mutig etwas sagt, wenn ein Lehrer einen Schüler zu Unrecht beschuldigt.

Anna
Zivilcourage heißt, dass man sich über einen zugefrorenen See traut, obwohl das Eis erst 5 cm dick ist.

1 Notiere, welchen Erklärungen du zustimmst, welchen nicht. Begründe deine Entscheidung.

2 Sprecht in der Klasse über die verschiedenen Schülermeinungen auf Seite 12. Begründet jeweils eure Zustimmung oder Ablehnung.

TIPP!
Veranschauliche deine Meinung mit Beispielen.

3 Schreibt auf, was ihr unter Zivilcourage versteht. Tauscht euch dann über eure Meinungen in der Klasse aus.

4 Sollte Paula in der folgenden Geschichte ihren Freund Tilo bei einem Lehrer melden? Warum? Was spricht dafür? Was spricht dagegen? Tauscht euch in der Klasse darüber aus.

Eine Gewissensfrage

Paula erinnert sich noch gut: Tilo hatte ihr bei einer für die Versetzung wichtigen Klassenarbeit ganz entscheidend geholfen. Ohne seine Hilfe hätte ihre Leistung in der Arbeit für die Versetzung sicherlich nicht ausgereicht. Paula weiß das zu schätzen.
Jetzt hat Paula entdeckt, dass Tilo es ist, der die Schulwände mit Tags besprüht und damit gegen ein Abkommen verstoßen hat: Alle Klassen der Schule hatten sich dafür ausgesprochen, dass die Wandflächen auf dem Schulgelände und in der Schulumgebung nicht mehr mit Tags verunstaltet werden sollten. Mit finanzieller Unterstützung der Eltern und einiger Sponsoren hatten mehrere Klassen einen Großteil der verunstalteten Flächen vor Kurzem mit großem Arbeitsaufwand von den Schmierereien befreit.
Als Paula nun Tilo daraufhin anspricht und meint, das finde sie ganz unmöglich, antwortet der ihr, er brauche den „Kick“, das Überschreiten des Verbotenen reize ihn. Und überhaupt, wenn er und seine Crew es nicht machten, dann würden es andere tun.
Als Paula diese Ausreden nicht akzeptiert, reagiert Tilo sauer und sagt energisch, dass sie sich gefälligst um ihre eigenen Sachen kümmern solle. Paula fühlt sich nach dem Gespräch sehr unwohl und fragt sich, ob sie mit einem Lehrer oder einer Lehrerin ihres Vertrauens darüber sprechen soll. Paula ist sich darüber im Klaren, dass ein solcher Schritt sehr unangenehme Folgen für Tilo haben kann.

5 Diskutiert, ob der Inhalt dieses Textes etwas mit Zivilcourage zu tun hat.

6 EXTRA Was würdest du an Paulas Stelle tun? – Notiere deine Gedanken.

Warum sind alle gegen mich?

1 Lies den Text „Nichts Besseres zu tun". Mache dir Notizen zum Inhalt.

Online-Link
Hörverstehen
313174-0014

Nach Lore Graf

Nichts Besseres zu tun

Die Klasse schreit, kreischt, tobt. Rolf kniet auf dem Boden des Klassenzimmers, unbeweglich, erstarrt. Quer zwischen den zusammengepressten Lippen steckt ein grüner Bleistift. Die Augen weit aufgerissen, schaut er verwirrt in die Gesichter seiner Peiniger, unbarmherzige Gesichter, vom Lachen fratzenhaft verzerrt.
Was wollen sie von mir? Immer nur von mir? Ich habe ihnen doch nichts getan, nichts getan, habe ich ihnen was getan? – Den Bleistift, hat Jürgen, der Klassensprecher, gesagt, hat ihn hingeschmissen, mitten ins Zimmer, hol ihn. Er ist unter eine Bank gerollt. Zwischen zerknülltem Papier, Schmutz, Brotresten liegen geblieben. Hol ihn, aber nicht mit den Händen, du bist ein Hund, Rolf. Fass! – Und er hat's getan, ist gekrochen wie ein Hund, hat den Ekel überwunden, den Stift mit dem Mund geholt, Staub und Krümel auf den Lippen. Wenn ich es nicht mache, schlagen sie mich wieder zusammen wie vorige Woche. Die Hose war zerrissen, die Nase hat geblutet, die Mutter hat getobt. Diese Woche habe ich kein Taschengeld bekommen.
Warum hilft mir keiner, warum sind alle gegen mich? Die Mutter? Auch die Mutter. Wehr dich doch, sagt die Mutter, schlag zurück, sagt

sie, lass dir nichts gefallen, nichts gefallen, nimm dir ein Beispiel an deinem Bruder, das ist ein Kerl! Ein Beispiel, ein Kerl, nichts gefallen … Dass du mir Punkt fünf zu Hause bist, wo hast du dich wieder herumgetrieben, kein Verlass auf dich, genau wie dein Vater, kein Verlass. Ich werd' dir's schon zeigen, einen anständigen Menschen mach' ich aus dir, kein Taschengeld, dein Bruder ist ganz anders, Hausarrest. Ja, der Vater, wenn der hier wäre, er würde mir helfen. Wie sieht er eigentlich aus? Er ist lange fort. Von Unterschlagung ist die Rede gewesen damals, von Untertauchen. Die Großmutter soll einmal einen Brief gekriegt haben, aber fragen kann ich ja nicht, das habe ich einmal … nein, das nicht. Vielleicht finde ich den Brief. Ich werde suchen. Heimlich. Und dann fahre ich zum Vater.
Die Tür des Klassenzimmers wird aufgerissen. Der Lehrer kommt, hat das Gekreische gehört. Endlich der Lehrer. Er wird mir helfen. Ich werde ihm alles sagen. Später, wenn es die anderen nicht sehen, werde ich es ihm sagen, von Jürgen und den anderen – vielleicht auch vom Vater, dass ich zum Vater fahren werde. Er wird mir helfen […]

2 Schreibe in ein bis zwei Sätzen auf, worum es in dieser Kurzgeschichte geht. Nutze deine Notizen aus Aufgabe 1.

→ **Seite 239,** Arbeitstechnik „Einen literarischen Text genau lesen und verstehen“

3 In dem Text wird deutlich, was der Junge denkt, der von anderen gequält wird. Man nennt das einen *inneren Monolog**. Schreibe seine Gedanken mit eigenen Worten auf.

* innerer Monolog, der: ist eine Form des Erzählens und wird oft zur Vermittlung von Gedankengängen verwendet. Er wird in direkter Rede wiedergegeben, die aber nicht immer gekennzeichnet ist.

4 Trage zusammen, was du im Text über Rolf und dessen Leben erfährst. Du kannst dazu folgende Fragen beantworten:

1. Wie reagiert seine Mutter, wenn er von seinen Problemen in der Schule berichtet?
2. Welche Vorschläge macht die Mutter?
3. Welche Rolle spielt sein Bruder in der Familie?
4. Warum holt sich Rolf nicht Rat und Hilfe bei seinem Vater?

5 Schreibe in Stichworten auf, wie du dich vermutlich in dieser Situation verhalten würdest.

6 Verfasse zu der Geschichte eine Fortsetzung.

7 Was hat die Geschichte deiner Meinung nach mit Zivilcourage zu tun? Notiere deine Überlegungen.

Fehler finden und korrigieren

→ **Seite 19, 243,**
Arbeitstechnik
„Korrektur lesen“

Fremmde feeler sehen wier, di unzrigen ahber nischt. *(Seneca)*

Wen wihr kaine Feller häten, würte es uns nicht so fiel vergnügen bereihten, sie an anteren zu behmercken. *(La Rochefoucauld)*

Den Menschen, die grose Eigenschaften besietzen, verzeit man ihre kleinen Fehler am Schwersten. *(Marie von Ebner-Eschenbach)*

1 Schreibe diese Zitate fehlerfrei auf. Korrigiert euch gegenseitig. Berichtigt sie anschließend.

Online-Link
zu den zitierten
Personen
313174-0016

2 Tauscht euch in der Klasse aus, welcher Spruch euch am besten gefällt.

3 Was kann man tun, um einen Text möglichst fehlerfrei zu schreiben? Ordnet die folgenden Tipps in die richtige Spalte der Tabelle ein. Gestaltet die Tabelle als Plakat.

- für eine ruhige Schreibumgebung sorgen
- einen kurzen Teil eines Satzes einprägen, auswendig aufschreiben
- Silbe für Silbe überdeutlich mitsprechen
- Schreib- und Korrekturmittel sorgfältig vorbereiten
- den geschriebenen Text Wort für Wort in aller Ruhe mit den gelernten Prüfmethoden kontrollieren
- gleichmäßig und lesbar schreiben, Buchstaben nicht „hüpfen“ lassen
- den Partner um deutliche und langsame Aussprache bitten
- im Wörterbuch nachschlagen, wenn man mit den Prüfmethoden nicht weiterkommt und noch unsicher ist
- bei einem Diktat genau hinhören
- den Text dreimal kontrollierend lesen, dabei die Rechtschreibstrategien anwenden: satzweise vorwärts (Sinnfehler), wortweise rückwärts (Buchstabenfehler), satzweise vorwärts (Groß- und Kleinschreibung, Zeichensetzung, das – dass)
- auf grammatisch richtige Schreibweise achten

Tipps für das fehlerfreie Schreiben

vor dem Schreiben	beim Schreiben	nach dem Schreiben
...	...	...

Lesen, was da steht

1 In den folgenden Sprüchen fehlen in einigen Wörtern Buchstaben. Versuche, diese Wörter trotzdem zu lesen. Schreibe sie fehlerfrei auf.

1. Hoch lebe die Arbeit, so hoch, dass man nicht dranko?t.
2. Pubertät ist, wenn die Eltern anfangen, schw?rig zu werden.
3. Scho?iere deine Eltern und lies ein Buch.
4. Wer zuletzt lacht, hat es nicht eher begri?en!
5. Man so?te auch aus den Fehlern anderer lernen, de? kein Mensch hat so viel Zeit, sie alle selbst zu machen.
6. Arbeit fasziniert uns. Wir kö?en stundenlang zusehen.

2 Welche Buchstaben hast du eingesetzt? Welche Wörter konntest du durch Mitsprechen richtig schreiben? Bei welchen musstest du ableiten?

→ **Seite 243,** Rechtschreibstrategie „Beim Schreiben mitsprechen"

3 Was haltet ihr von den Sprüchen? Tauscht euch darüber aus.

4 Lies die folgenden Zitate langsam und genau durch. Kontrolliere auch, indem du sie Wort für Wort rückwärts liest. Wie viele Fehler findest du?

Taferkeit ist ein anfall, der bei den meißten Menschen schnel vorübergeht. *(Mark Twain)*

Nicht weil es schwer ist, wagn wir es nich, sonder weil wir es nich wagen, ist es schwer. *(Seneca)*

Zorn kan einem Krefte verleihen, die einen zum handeln bringen. *(Anaïs Nin)*

Die eigenen Feler erkent Mann am Besten mit den Augen anderer. *(Konfuzius)*

Das alte stürtzt, es endert sich die zeit. (Friedrich Schiller)

5 EXTRA Erkundige dich, wer die zitierten Personen sind. Stelle eine dieser Personen in der Klasse vor.

Online-Link zu den zitierten Personen 313174-0017

6 EXTRA Schreibe die Zitate aus Aufgabe 4 mit einem Textverarbeitungsprogramm möglichst genauso auf, wie sie hier abgedruckt sind. Starte dann die automatische Rechtschreibkorrektur. Welche Fehler findet das Programm noch? Korrigiere.

Zeichen setzen

→ Seite 226, Satzreihe, Satzgefüge

1 Erklärt die Zeichensetzung in dem Text. Geht so vor:
- Lest euch den Text zunächst gegenseitig vor. Versucht dabei, durch Heben und Senken der Stimme und durch kurze Pausen zu verdeutlichen, wie die Sätze gebaut sind.
- Sucht Beispiele für Aufzählungen, Satzreihen und Satzgefüge.

Es gibt viele Möglichkeiten, Zivilcourage zu zeigen, die nichts damit zu tun haben, dass man sich blindlings in jede Gefahr stürzt. Es kommt vor allem darauf an, dass man Zeichen setzt gegen Gewalt. Am besten natürlich ist es, wenn man auf die Situation vorbereitet ist. Was will ich erreichen, wie viel Risiko bin ich bereit einzugehen und was traue ich mir zu? Dabei muss man auch seine eigenen Ängste kennen, denn Ängste hat jeder. Die Angst, die einen hindert einzugreifen, ist eigentlich die Angst vor den Folgen des Eingreifens. Wenn du dich zum Beispiel auf die Seite einer Mitschülerin stellst, die von den meisten gehänselt wird, wird das vielleicht unangenehme Folgen für dich haben …

2 In dem folgenden Text fehlen Satzzeichen. Schreibe ihn ab und setze die Satzzeichen ein.

→ Seite 244, Komma bei Aufzählungen

Fehlende Absätze und fehlende Satzzeichen tragen dazu bei dass du nicht verstanden wirst. Es wird dich keiner zwingen Absätze zu machen oder Satzzeichen zu setzen allerdings kann es nur in deinem Interesse sein wenn die Leute deine Briefe leicht „entziffern“ können um dir schneller antworten zu können. Und wenn du schreibst „Ich verspreche dir einen Brief zu schreiben“ und machst kein Komma dann kann das zu Missverständnissen führen.

3 Denke dir Situationen aus, in denen die folgenden Sätze gesagt werden:

1. Ich verspreche dir, nicht zu schweigen.
2. Ich verspreche dir nicht, zu schweigen.
3. Ich empfehle ihm, nichts zu sagen.
4. Ich empfehle, ihm nichts zu sagen.

Kontrollieren und korrigieren

1 Der folgende Text enthält 15 Fehler. Suche sie heraus und schreibe den Text richtig auf. Beachte die Hinweise zur Arbeitstechnik „Korrektur lesen".

TIPP!
Du erleichterst dir die Arbeit, wenn du den fehlerhaften Text zunächst kopierst und dann die Fehler im Text markierst und/oder berichtigst.

Ein Verhaltenstipp für bedrohliche Situationen

Wenn du zeuge einer Situation wirst, in der Gewalt im Spil ist, und du einem anderen helfen wilst, ist es nicht einfach, das richtige zu tun. Gar nichts tun ist aber noch schlimer.
Versuche so fiel wie möglich Hilfe zu organieren. In Überzahl ist es leichter, einzugreifen. dabei ist es besser, jemanden gezielt ansusprechen, als sich ungezielt an fiele Leute gleichzeitig zu wenden: „Du mit dem roten Basecape, steh auf und hilf mir!" „Sie mit dem Koffer, rufen sie die Polizei!"
Bei einem telefonischen notruf musst du folgende Punkte beachten: Sage deinen vollständigen Namen! Was ist wo pasiert? Von wo aus rufst du an? Nicht gleich auflegen, sondern fragen abwarten!

Arbeitstechnik

Korrektur lesen

1. Lies den Text langsam und aufmerksam durch, sodass du den Sinn verstehst. Ergänze fehlende Wörter und entferne Wörter, die zu viel sind. Berichtige Fehler, die du sofort erkennst.
2. Lies silbenweise Wort für Wort (beim letzten Wort des Textes beginnen). Lies nur das, was da steht. Berichtige falsche Buchstaben. Leite ab und verlängere, damit du in Zweifelsfällen den richtigen Buchstaben herausfindest.
3. Lies den Text noch einmal durch und achte auf
   - die Großschreibung
   - die Zeichensetzung.
4. Schlage unbekannte Wörter in einem Wörterbuch nach. Nutze auch ein Wörterbuch bei Wörtern, bei denen du dir nicht ganz sicher bist.

Die Großschreibung testen

1 Schreibe die Sprichwörter in der richtigen Groß- und Kleinschreibung auf.

1. ein pferd, das wir mutwillig schlagen, hat das recht, hinten auszuschlagen.
2. ein richter soll zwei gleiche ohren haben.
3. lieber ein kluger tadel als ein dummes lob.
4. das sind nicht meine freunde, die mir nicht die wahrheit sagen.
5. kehre erst vor deiner tür, denn du hast schmutz genug dafür.

2 Gib den Inhalt der Sprichwörter (Aufgabe 1) mit eigenen Worten wieder.

3 Wörter, die Zahlen ausdrücken, schreibt man normalerweise klein. Manchmal werden die Wörter für Zahlen aber als Substantive/Nomen gebraucht. Dann müssen sie großgeschrieben werden.
Schreibe die folgenden Rätsel auf Kärtchen. Löse die Rätsel. Notiere die Antwort auf der Rückseite.

1. Jim fürchtete sich nicht vor der wilden Dreizehn. Wie lautet sein Nachname?
2. Sie überholte den Letzten, den Zweiten, dann den Ersten. Wie viele rannten insgesamt mit?
3. Sagt man siebenmal dreizehn „sind 91" oder „ist 91"?
4. Was macht dreimal sieben?
5. Bei welchem alten und bekannten Spiel kommt man nur heraus, wenn man eine Sechs würfelt?
6. Sie setzte alles auf die Zwei. Sie gewann ein Vermögen. Welches Spiel hat sie gespielt?

reiv, dnaS nenief, 19 tsi, thcin hcid eregrä hcsneM, etteluoR, fponK

→ **Seite 242,** Rechtschreibstrategie „Großschreibung von Wörtern"

Merke

Tests zur Großschreibung

1. Kann man das Wort im Satzzusammenhang mit einem Artikel kombinieren *(der, die, das, dem, den, ein, eine, …)*?
2. Gibt es das Wort in der Einzahl und in der Mehrzahl?
3. Endet das Wort auf einen der Wortbausteine *-heit*, *-keit*, *-nis*, *-schaft*, *-ung* oder *-tum*?
4. Lässt sich direkt vor das Wort ein Adjektiv setzen, welches sich dabei verändert (*schöner* Baum, *langes* Leben)?

dass oder *das*?

1 Setze ***das*** oder ***dass*** ein und schreibe die Sätze richtig auf.
Begründe deine Entscheidung, z. B.:
1. Es heißt, dass Geld nicht stinkt. Das sagen aber meistens nur die Reichen.
→ Im ersten Satz ist dass eine Konjunktion. Im zweiten Satz wird das als Demonstrativpronomen gebraucht.

1. Es heißt, ✎ Geld nicht stinkt. ✎ sagen aber meistens nur die Reichen.
2. Kennt ihr ✎ blinde Huhn, ✎ auch manchmal ein Korn findet?
3. Wer ✎ Gras wachsen hört, ist meistens nicht bereit, es auch zu mähen.
4. Wenn zwei sich streiten, freut sich der Dritte – und ✎ ist meistens der Rechtsanwalt.
5. Ist es richtig, ✎ sich Gegensätze anziehen?
6. Ich glaube nicht, ✎ ✎ Sprichwort „Freunde stehlen einem die Zeit" zutrifft.
7. Ein Haus, ✎ sich den Armen verschließt, wird sich dem Doktor öffnen.
8. ✎ aller Anfang schwer ist, ✎ merke ich jeden Morgen.

2 Tauscht euch darüber aus, ob ***das*** oder ***dass*** eingesetzt werden muss. Schreibt den Text dann als Partnerdiktat.

✎ Schreiben mit einem Diktierprogramm, ✎ in vielen Schreibbüros schon Einzug gehalten hat, wird wohl dazu führen, ✎ immer weniger Rechtschreibfehler gemacht werden. Allerdings lässt sich nicht vermeiden, ✎ der Text von Hand nachkorrigiert wird. Dabei zeigt sich, ✎ der Computer ganz andere Fehler macht, als ✎ viele Leute tun. Zwar schreibt er jedes Wort richtig, ✎ er erkannt hat. Aber er versteht eben nicht, ✎ an mancher Stelle ein ganz anderes Wort gemeint war.

Merke

***dass* oder *das*?**
1. Das Wort **dass** ist eine Konjunktion (ein Bindewort). Konjunktionen verbinden Teilsätze miteinander, z. B.:
   Ich denke, dass wir es schaffen.
   Bist du sicher, dass du das richtig geschrieben hast?
   In Verbindungen wie *dadurch, dass; ohne dass; anstatt dass; sodass; vorausgesetzt dass; aus Angst, dass; als dass; so…, dass* steht immer **dass**.
   Die Konjunktion **dass** kann nicht durch ein anderes Wort ersetzt werden.
2. Das Wort **das** ist ein Artikel oder ein Pronomen und kann durch andere Wörter **ersetzt** werden, z. B. durch *dieses, jenes, welches*.

2 Autorenporträt

Ein Referat über Erich Kästner

Die Schildbürger,
Nacherzählung,
erschienen 1954

Emil und die Detektive,
erschienen 1929,
verfilmt 1931, 1954, 2001

Das fliegende Klassenzimmer, erschienen 1932,
verfilmt 1954, 1973

Das doppelte Lottchen,
erschienen 1949,
verfilmt 1950, 1993

Pünktchen und Anton,
erschienen 1953,
verfilmt 1953, 1998

Die Konferenz der Tiere,
erschienen 1949,
verfilmt 1969

1 Besprecht: Was wisst ihr über Erich Kästner, seine Bücher und deren Verfilmungen?
Vielleicht gibt es in eurer Klasse eine Expertin oder einen Experten?

2 EXTRA Stelle ein Buch Erich Kästners, das dir besonders gefällt, in der Klasse vor.

3 Erarbeite ein Referat über Erich Kästner. Stelle dafür einen Arbeitsplan mit vier Schritten auf, z. B.:

> **TIPP!**
> Schreibe den Plan auf ein DIN-A4-Blatt und hänge ihn über deinen Schreibtisch. So erinnert er dich an die Aufgaben, die du noch erledigen musst.

Arbeitsplan für das Referat ...

1. Schritt: Vorüberlegungen erledigt
1. Referat bis zum ... fertigstellen ✓
2. ....
3. ....

2. Schritt: Material beschaffen und auswerten erledigt
1. ....
2. ....
3. ....

3. Schritt: Den Vortrag vorbereiten / einen Verlaufsplan anfertigen erledigt
1. ....
2. ....
3. ....

4. Schritt: Den Vortrag proben und halten

Nutze für deinen Arbeitsplan die folgenden Stichworte:

Referat bis zum ... fertigstellen – in der Bücherei oder dem Internet nach Büchern suchen – Überschriften und Notizen auf einen Sprechzettel übertragen – Arbeitsbeginn am ..., um nicht in Zeitnot zu geraten – in Zeitschriften und Schulbüchern suchen – Fachbegriffe, die erklärt werden müssen – mit anderen über das Referat sprechen – für Notizen Karteikarten besorgen – Texte auf Brauchbarkeit prüfen – Aufbau des Referats festlegen – wichtige Informationen auf Karteikarten festhalten – Einleitung und Schluss formulieren – Quellen angeben – Einsatz unterschiedlicher Medien: Folie, PC, Abzüge, Bilder, ...

4 Tragt zusammen, was die Zuhörer von einem Referat über einen Autor / eine Autorin erwarten könnten, z. B.:

– etwas über das Leben des Autors, was für Bücher er geschrieben hat, ...

Material beschaffen und auswerten: Erich Kästners Leben

1 Tauscht euch darüber aus, wo ihr Informationsmaterial über den Autor Erich Kästner finden könntet.

2 Nicht alle Informationen, die du findest, sind für ein Referat brauchbar. Tauscht euch darüber aus, wie man das Informationsmaterial am besten auswerten kann.

3 Lies die folgenden Textausschnitte über Erich Kästner. Welche Begriffe und Daten findest du wichtig? Notiere sie auf einer Karteikarte.

Kästner, Erich, Pseudonyme Melchior Kurtz, Eric Kästner und Berthold Bürger, (1899–1974), Schriftsteller. Bekannt wurde er vor allem durch seine Beiträge zur Kinder- und Jugendliteratur, die in über 40 Sprachen erschienen. Kästner wurde am 23. Februar 1899 in Dresden geboren und besuchte die Volksschule und anschließend, auf Drängen seiner Mutter, das Lehrerseminar in Dresden. Nachdem er im Ersten Weltkrieg Soldat gewesen war, studierte er zwischen 1920 und 1925 Germanistik, Geschichte, Philosophie und Theaterwissenschaften in Leipzig, Rostock und Berlin. Er machte sich einen Namen mit Essays*, Gedichten, Kinderbüchern sowie zeitkritisch-bissigen Texten fürs Kabarett. […]

* Essay, der: geistreiche Abhandlung

Erich Kästner wurde am 23. Februar 1899 geboren und verlebte seine Kindheit in Dresden. Viele der Besonderheiten dieser Stadt, aber auch andere Eindrücke aus seiner Kindheit, verarbeitete er in seinen Büchern. Kästner wollte ursprünglich Lehrer werden. Kurz vor seinem Abschluss stellte er jedoch fest, dass er für den Lehrerberuf wohl doch nicht geeignet sei. In den 20er Jahren** begann er, Gedichte und Jugendromane zu veröffentlichen. 1933 wurde ihm zwar verboten, zu veröffentlichen – seine Bücher wurden verbrannt –, er durfte jedoch zunächst weiterschreiben. Nachdem er das Drehbuch für den Film „Münchhausen“ geschrieben hatte, erhielt er völliges Schreibverbot. Nach dem Zweiten Weltkrieg schloss Kästner an seine Vorkriegserfolge an. Noch unter dem Eindruck des Krieges schrieb er „Die Konferenz der Tiere“ (1949); in diesem Werk spiegeln sich seine Vorstellungen vom Frieden besonders deutlich wider. […]

** 20er Jahre, die: gemeint sind die Jahre 1920–1929

1917 Nimmt am Ersten Weltkrieg teil und kehrt mit schwerem Herzleiden zurück.

1937–1940 Kästner wird wiederholt verhaftet, aber immer wieder freigelassen.

1959 Auszeichnung mit dem Großen Bundesverdienstkreuz.

1970 Kästner erhält den kulturellen Ehrenpreis der Stadt München.

Erich Kästner

TIPP!
Angaben zu Erich Kästners Leben und Werk findest du auch im Internet.

Online-Link zu Erich Kästner 313174-0025

Das junge Ehepaar eröffnete in der Ritterstraße in Döbeln eine Sattlerei. Ida Kästner, geborene Augustin, ging, wenn es klingelte, in den Laden und verkaufte Portemonnaies, Brieftaschen, Schulranzen, Aktenmappen und Hundeleinen. Emil Kästner saß in der Werkstatt und arbeitete. [...]

Am 23. Februar 1899, morgens gegen vier Uhr, nach fast siebenjähriger Ehe, brachte sie, in der Königsbrücker Straße 66, einen kleinen Jungen zur Welt, der den Kopf voller goldblonder Locken hatte. Und Frau Schröder, die resolute* Hebamme, meinte anerkennend: „Das ist aber ein hübsches Kind!“[...]

* resolut: tatkräftig, zupackend, entschlossen

Und ich freute mich schon auf den Tag, an dem ich zur Schule kommen sollte. Der Tag kam, und ich weinte. Die 4. Bürgerschule in der Tieckstraße, unweit der Elbe, war ein vornehm düsteres Gebäude mit einem Portal für die Mädchen und einem für die Knaben. In jener Zeit sahen alle Schulen düster aus. [...]

Im engsten Kreis der Freunde begeht Kästner im Februar 1974 seinen fünfundsiebzigsten Geburtstag, zu diesem Zeitpunkt schon ein von der Krankheit gezeichneter Mann. Er verlässt die Wohnung nicht mehr, klagt, wenn er überhaupt klagt, über Appetitlosigkeit. [...] Die ärztliche Diagnose** ergibt: Speiseröhrenkrebs. [...] Am 25. Juli 1974 muss er ins Krankenhaus München-Neuperlach gebracht werden, wo er vier Tage später, am 29. Juli stirbt. [...]

** Diagnose, die: Entscheidung; hier: Ergebnis der ärztlichen Untersuchung

4 Stelle für dein Referat die Informationen von Seite 24/25 zu einer kurzen Biografie*** zusammen. Schreibe sie auf eine Karteikarte.

*** Biografie, die: Lebensgeschichte eines Menschen

Material beschaffen und auswerten: Erich Kästners Werk

Szenenfoto aus dem Zeichentrickfilm „Die Konferenz der Tiere"

Online-Link
zu der Verfilmung des Buches
313174-0026

In einem Autorenporträt informiert man die Zuhörer unter anderem über das Leben und Schaffen des Schriftstellers.

1 Hier findest du Informationen zu einem bekannten Kinderbuch Erich Kästners sowie einen Ausschnitt daraus. Mache dir beim Lesen oder Hören Notizen dazu, was du in deinem Referat verwenden willst.

Online-Link
Hörverstehen
313174-0026

Die Konferenz der Tiere

1949 entstand die Fabel „Die Konferenz der Tiere"; 1969 Veröffentlichung als Zeichentrickfilm. Die Tiere der Welt wollen sich nicht mehr damit abfinden, dass die Politiker zwar immer zu neuen Konferenzen zusammenkommen, deren Ergebnis aber doch nur Kriege, Revolutionen, Streiks, Hungersnöte und neue Krankheiten sind. Die Leidtragenden dieser Politik sind die Kinder, obwohl die Erwachsenen immer behaupten, sie täten dies alles, damit es die Kinder später einmal besser hätten.

Deshalb haben der Elefant Oskar, der Löwe Alois und die Giraffe Leopold die Konferenz der Tiere einberufen, um endlich im Interesse der Kinder etwas zu unternehmen. Zeitgleich mit der 87. Konferenz der Staatsoberhäupter in Kapstadt tagen die Tiere und fordern die Politiker auf, dafür zu sorgen, dass es nie wieder Krieg und Not auf der Welt gibt.

Die Konferenz der Tiere (Ausschnitte)

[...] Die Versammlung der Tiere im großen Verhandlungssaal des Hochhauses bot einen denkwürdigen Anblick. Die Raubvögel hockten auf Stangen. Die Affen saßen auf Schaukelstühlen, und der Orang Utan paffte eine Zigarre. Die Fledermaus und der Fliegende Hund hingen kopfunter am Kronleuchter. Die Singvögel wiegten sich auf dem Geweih des Hirschs und den spitzen Hörnern der Antilope. Die Schlangen und Lurche lagen auf Teppichen. Der Skunk hatte aus den auf Seite 36 mitgeteilten Gründen am offenen Fenster Platz genommen. Die Fische drängten sich, großäugig und offnen Munds hinter der hohen Glaswand des Bassins, das linker Hand den Saal abschloss. Das Marienkäferchen kauerte, weil es kurzsichtig war, zwischen Oskars Rüssel und der Präsidentenglocke auf dem langen grünbelegten Verhandlungstisch. Die Stille war so feierlich, dass das Kaninchen, weil der Floh auf dem Mandrill umherhüpfte, ärgerlich „Pst!" machte. Hoch in der Luft wehte das Spruchband „Es geht um die Kinder!" und drunter saßen, frisch gewaschen und gekämmt, die fünf kleinen Ehrengäste. Auf den Lehnen ihrer Stühle schillerten bunte Schmetterlinge und Kolibris, und zu ihren Füßen spielten Micky Maus, Babar, Ferdinand, Reineke Fuchs, der Gestiefelte Kater und die anderen Bilderbuchtiere. Die Rednertribüne war von Mikrophonen und Fernsehkameras dicht umstellt, und als Oskar mit dem Rüssel die Glocke schwang und rief: „Als Erstem erteile ich dem Eisbären Paul das Wort!", ging es wie ein Seufzen der Erleichterung durch den Saal. „Liebe Freunde!", rief Paul. „Ich will nicht viele Worte machen. Ich halte nichts davon. Außerdem bin ich erkältet. Also, – wir sind hier zusammengekommen, um den Kindern der Menschen zu helfen. Warum? Weil die Menschen selber diese ihre wichtigste Pflicht vernachlässigen! Wir verlangen einstimmig, dass es nie wieder Krieg, Not und Revolution geben darf! Sie müssen aufhören! Denn sie können aufhören! Und deshalb sollen sie aufhören!" An dieser Stelle brach im Saal ungeheurer Jubel los. Man stampfte mit den Hufen, schlug mit den Flügeln, klatschte mit den Flossen, klapperte mit den Schnäbeln, wieherte, krähte, zwitscherte, bellte, pfiff, röhrte, trompetete – es war toll!

Während Pauls Eröffnungsrede saßen die Staatspräsidenten [...] im Konferenzsaal zu Kapstadt, Südafrika, und starrten schweigend auf die große, straff gespannte Leinwand des Fernsehsenders, von der aus, als stünde er leibhaftig vor ihnen, der Eisbär [...] auf sie heruntersprach. „Wenn sich Hindernisse in den Weg stellen", sagte er, „so kommt man nicht in kleinen Schritten weiter. Nein, dann muss man springen! Das wissen wir Tiere; und die Menschen, die so gescheit tun, sollten es auch wissen. Heute fordern wir nun in aller Form die Vertreter der siebenundachtzigsten Konferenz der Menschen auf, das wichtigste Hindernis, das es gibt, zu überspringen: nämlich die Grenzen zwischen ihren Ländern. [...]"

Online-Link
Hörverstehen
313174-0027

→ **Seite 239,** Arbeitstechnik „Einen literarischen Text genau lesen und vertehen"

Szenenfoto aus dem Film „Das doppelte Lottchen“ von 1950

TIPP!
Weitere Informationen über Erich Kästner findest du auf den Seiten 38, 40, 41.

Online-Link
zu Filmausschnitten
313174-0028

2 Lies die folgende Inhaltsangabe zu einem sehr bekannten Werk Kästners. Notiere einprägsame Wörter – Schlüsselwörter.

Das doppelte Lottchen

Das Buch von Erich Kästner, in dem es zwei beherzten Mädchen gelingt, ihre geschiedenen Eltern wieder zusammenzubringen, erschien 1949. Der Film zu dem Buch aus dem Jahre 1950 war zunächst in Deutschland ein sehr großer Erfolg. Anschließend erwarben unter anderem Japan und die USA die Rechte für die Verfilmung des Stoffes.

Lotte und Luise sind Zwillinge aus einem Künstlerhaushalt, in dem es ein bisschen durcheinander gegangen war. Die Eltern trennten sich, als die Mädchen noch klein waren, jede Hälfte nahm einen Zwilling mit, sodass die Mädchen getrennt aufwuchsen und keine von der anderen wusste. Sie entdecken das große Geheimnis ihrer Zusammengehörigkeit rein zufällig in einem Kinderheim*, in dem sie die Ferien verbringen. Vereint entwerfen sie einen Schlachtplan, wie sie sich ihren sehnlichsten Wunsch, fortan als Schwestern unter einem Dach mit kompletten Eltern zu leben, erfüllen können. Ihr Trick besteht im Rollentausch. Jedes Kind kehrt am Ende der Ferien zu dem anderen, ihm bisher fremden Elternteil zurück, doch der eine Zwilling bricht bei der Bewältigung seelischer Probleme, die seinen Papa und eine hübsche fremde Frau betreffen, zusammen, was nun endlich die Eltern am Krankenbett ihres lieben Kindes wieder zur Vernunft bringt. Ende gut, alles gut!

* Kinderheim, das: hier: Ferienlager, Feriencamp

3 Gib mithilfe der Schlüsselwörter den Inhalt mit eigenen Worten wieder. Schreibe die Inhaltsangabe auf eine Karteikarte.

4 EXTRA Lies das Gedicht. Stelle fest, worum es darin geht. Übe dann, das Gedicht vorzutragen.

→ **Seite 133, 238,** Arbeitstechnik „Ein Gedicht erarbeiten"

→ **Seite 239,** Arbeitstechnik „Ein Gedicht wirkungsvoll vortragen"

Online-Link
Hörverstehen
313174-0029

Erich Kästner

Besagter Lenz ist da

Es ist schon so. Der Frühling kommt in Gang.
Die Bäume räkeln sich. Die Fenster staunen.
Die Luft ist weich, als wäre sie aus Daunen.
Und alles andere ist nicht von Belang.

Nun brauchen alle Hunde eine Braut.
Und Pony Hütchen sagte mir, sie fände:
die Sonne habe kleine, warme Hände
und krabble ihr mit diesen auf der Haut.

Die Hausmannsleute stehen stolz vorm Haus.
Man sitzt schon wieder auf Caféterrassen
und friert nicht mehr und kann sich sehen lassen.
Wer kleine Kinder hat, der fährt sie aus.

Sehr viele Fräuleins haben schwache Knie.
Und in den Adern rollt's wie süße Sahne.
Am Himmel tanzen blanke Aeroplane.
Man ist vergnügt dabei. Und weiß nicht wie.

Man sollte wieder mal spazierengehn.
Das Blau und Grün und Rot war ganz verblichen.
Der Lenz ist da! Die Welt wird frisch gestrichen.
Die Menschen lächeln, bis sie sich verstehn.

Die Seelen laufen Stelzen durch die Stadt.
Auf dem Balkon stehn Männer ohne Westen
und säen Kresse in die Blumenkästen.
Wohl dem, der solche Blumenkästen hat!

Die Gärten sind nur noch zum Scheine kahl.
Die Sonne heizt und nimmt am Winter Rache.
Es ist zwar jedes Jahr dieselbe Sache,
doch es ist immer wie zum ersten Mal.

TIPP!
Notiere dir in ein oder zwei Sätzen, worum es in dem Gedicht geht. So kannst du in deinem Referat etwas zum Inhalt des Gedichts mitteilen.

5 EXTRA Untersuche, welche Reimform dieses Gedicht aufweist.

→ **Seite 133,** Reimformen

Einen Verlaufsplan anfertigen

1 Lege fest, in welcher Reihenfolge du deine Informationen vortragen willst. Sortiere die Karteikarten mit deinen Notizen entsprechend.

2 Um das Interesse der Zuhörerinnen und Zuhörer zu wecken, sollte man verschiedene Medien einsetzen. Notiere, welche du verwenden willst, z. B.:
Tafel, Overheadprojektor, Beamer

3 Entscheide, wie du das Referat beginnen willst, z. B.:
- Referatthema → an die Tafel schreiben,
- mit einem Bild → Folie oder Beamer einsetzen,
- mit einem Textausschnitt → kopieren und an die Zuhörer verteilen

4 Schreibe die Einleitung für dein Referat, z. B.:
- Ich möchte euch in meinem Referat den Schriftsteller …
- Erich Kästner ist ein Schriftsteller, der Alt und Jung …

5 Entscheide, wie das Referat enden soll, z. B.:
- mit einem Filmausschnitt → DVD
- mit einer kleinen Ausstellung → Büchertisch, DVDs

6 Notiere einen Schlusssatz, z. B.:
- Zum Schluss möchte ich euch einen Ausschnitt aus dem Hörbuch … vorspielen.
- Ich bedanke mich für eure Aufmerksamkeit und lade euch dazu ein, die kleine Ausstellung … zu besichtigen.

TIPP!
Denke an Thema – Einleitungssatz – Gliederung in Stichworten – Schlüsselwörter – Nummerierung – Medieneinsatz.

7 Fertige jetzt einen Verlaufsplan für den Hauptteil deines Referats an, z. B.:

Verlaufsplan

1. Erich Kästner ist ein Schriftsteller, der Jung und Alt mit seinen Jugendbüchern und Gedichten begeistert hat.	Tafel: Name
2. Aufbau des Referats – sein Leben – …	Folie mit Daten

Den Vortrag proben

Für viele Leute ist das freie Sprechen nicht einfach. Du hältst dein Referat sicherer, wenn du dich gut darauf vorbereitest.

1 Probe dein Referat vorher, am besten mehrmals. Finde dazu deinen eigenen Weg, z. B.:
- zu Hause allein vor dem Spiegel üben,
- mit einem Partner üben,
- mithilfe eines Aufnahmegerätes üben.

2 Übt das freie Sprechen einmal so:

Kleine Vorträge immer wieder

Stellt zuerst alle Tische und Stühle an die Seite. Teilt die Klasse in zwei Gruppen. Bildet einen Außen- und einen Innenkreis. Blickt zueinander. Der Spielleiter stellt eine Frage. Jeder versucht, seinem Partner/seiner Partnerin die Frage in zwei Minuten zu beantworten. Auf ein Zeichen des Spielleiters machen alle im äußeren Kreis einen Schritt nach rechts und beantworten dem neuen Partner noch einmal dieselbe Frage, wieder zwei Minuten lang.

TIPP!
Der Spielleiter kann z. B. fragen:
- Wer ist dein Vorbild und warum?
- Wenn du eine Stunde mit einer berühmten Persönlichkeit reden dürftest, wen würdest du auswählen und warum?
- Welcher Film ist dein Lieblingsfilm und warum?

3 Stellt jetzt in der Klasse einen Plan auf, wann ihr eure Referate haltet.

Arbeitstechnik

Ein Referat vorbereiten und halten

1. Das Referat vorbereiten:
   - Lege das genaue Thema fest.
   - Stelle einen Zeitplan für die Arbeit auf.
2. Material/Informationen sammeln und auswerten:
   - Sammle möglichst viel Material.
   - Wähle Wichtiges aus. Notiere Schlüsselwörter.
   - Verwende für Notizen Karteikarten.
3. Einen Verlaufsplan bzw. einen Sprechzettel anfertigen:
   - Notiere in Stichworten, welche Informationen du weitergeben willst.
   - Formuliere den Einleitungs- und den Schlusssatz.
4. Den Vortrag proben:
   Übe den Vortrag so lange, bis du dich sicher fühlst.

Ein Referat beurteilen

Wenn man ein Referat gehalten hat, möchte man gern wissen, wie es bei den Zuhörern angekommen ist. Damit du deinen Mitschülern nach einem Referat eine hilfreiche Rückmeldung geben kannst, solltest du deine Beobachtungen während des Referats notieren.

Online-Link
Arbeitsblatt
Beobachtungsbogen
313174-0032

1 Fertige einen Beobachtungsbogen nach folgendem Muster an. Auf ihm kannst du deine Beobachtungen festhalten, wenn ein Mitschüler ein Referat hält. Schreibe auf ein DIN-A4-Blatt. Du kannst dir auch einen Beobachtungsbogen ausdrucken. Nutze dazu den Online-Link.

Beobachtungsbogen	+	–
1. Hat der/die Vortragende zu Beginn hinreichend klar gemacht, worum es in dem Referat geht?	■	■
2. War das Referat für die Zuhörer interessant? Gab es wissenswerte Informationen?	■	■
3. Hat er/sie die Informationen aus unterschiedlichen Quellen ausgewählt und sinnvoll eingesetzt?	■	■
4. Hat er/sie die Gliederung des Referats mitgeteilt?	■	■
5. Hat er/sie den Kontakt zu den Zuhörenden gesucht?	■	■
6. Hat er /sie laut und deutlich gesprochen?	■	■
7. Hat er/sie weitgehend frei gesprochen?	■	■
8. Waren die Aussagen verständlich formuliert?	■	■
9. Hat er/sie die Aussagen wirkungsvoll veranschaulicht?	■	■
10. Hat er/sie die Aussagen am Ende zusammengefasst?	■	■
11. Hat der/die Vortragende die Zeit eingehalten?	■	■

Merke

Ein **Feedback** ist eine mündliche oder schriftliche Rückmeldung. Wer zum Beispiel ein Referat gehört/einen Text gelesen hat, kann dem Referenten bzw. dem Autor ein Feedback geben. Darin teilt der Hörer oder Leser mit, wie ihm das Referat/der Text gefallen hat, was seiner Meinung nach gut und was nicht so gut gelungen ist. Ein Feedback kann auch Vorschläge zur Überarbeitung und Verbesserung enthalten. Der Referent/Autor entscheidet aber selbst, ob er diese Vorschläge annimmt.

2 Diskutiert anhand eines Referats, das ein Mitschüler gehalten hat, über folgende Regeln für eine Rückmeldung:

1. Betone in deiner Rückmeldung die beobachteten Stärken. Dann kann auch Kritik besser aufgenommen werden, z. B.:
Du hast ein sehr interessantes Thema aufgegriffen und dieses auch interessant dargestellt. Besonders gefallen hat mir, dass du versucht hast, deine Aussagen durch Bilder und Grafiken zu veranschaulichen. Schade, dass dabei nicht alles gut zu erkennen war. Vielleicht stand auf einigen Folien einfach zu viel Text, beispielsweise …

2. Beschreibe möglichst genau, was du an welcher Stelle beobachtet hast. Bleibe dabei sachlich, z. B.:
Am Anfang hast du nach meiner Meinung im richtigen Tempo gesprochen. Aber dann, ab dem 3. Punkt, bist du immer schneller geworden. Am Ende habe ich gar nicht mehr alles verstehen können …

3. Deine Rückmeldung soll den Vortragenden unterstützen. Mache Verbesserungsvorschläge, z. B.:
Vielleicht solltest du dir beim nächsten Referat auf deinem Sprechzettel bei den letzten Punkten einen Vermerk „Sprechtempo!“ eintragen, damit du daran denkst. Am Ende habe ich eine Zusammenfassung vermisst …

4. Mache deutlich, dass es sich um deine persönliche Meinung handelt. Vermeide Verallgemeinerungen (Alle finden, dass du …). Formuliere stattdessen Ich-Botschaften, z. B.:
Ich habe nicht verstanden, was du damit gemeint hast ….

3 Besprecht, welche Regeln bei dem folgenden Feedback eingehalten wurden, welche nicht.

Also, ich gehe mal die Punkte auf meinem Bogen durch. Fast überall hast du nur ein Minus bekommen. Ich fand zwar den Lebenslauf interessant, aber du hast ja viel zu viele Informationen aus dem Internet gebracht, da konntest du ja nicht mit der Zeit auskommen. Ganz frei hast du auch nicht gesprochen. Ein Glück, dass du wenigstens die Gliederung angeschrieben hast. Am besten fand ich noch die Zusammenfassung am Ende.

4 EXTRA Überarbeite das Feedback so, dass die Regeln für eine Rückmeldung zu einem Referat (Aufgabe 2) eingehalten werden.

Cornelia Funke – „Spionin der Kinder“

1 Die Kinder- und Jugendbuchautorin erzählt über sich selbst. Lies den Text und notiere dabei die wichtigsten Gedanken.

Online-Link
Hörverstehen
313174-0034

Cornelia Funke

Wenn euch ein Erwachsener weismachen will, dass ihr vermutlich mit 11, aber spätestens mit 18 wisst, was für ein Beruf für euch der richtige ist, dann glaubt ihm kein Wort. Sicherlich gibt es solche Menschen – Leute, die schon mit 6 wissen, dass sie mal Arzt werden wollen oder Lehrerin, aber solltet ihr zu denen nicht gehören, dann macht euch keine Sorgen. Probiert einfach viel aus, um herauszufinden, welche Arbeit euch so viel Spaß macht, dass ihr den Rest eures Lebens damit verbringen wollt, sie zu tun.

Meine Arbeit – das Bücherschreiben – macht mir so viel Spaß, dass ich gar nicht ohne sie leben könnte. Aber es hat ziemlich lange gedauert, bis ich wusste, dass dies genau das ist, was ich tun soll. Als Kind wollte ich Astronaut werden [...], dann dachte ich darüber nach, Pilotin zu werden oder zu den Indianern zu ziehen. Oder vielleicht etwas zu tun, was die Welt wenigstens etwas besser macht ...

Ich habe eine Zeitlang auf einem Bauspielplatz gearbeitet mit lauter wilden Kindern, aber schließlich stellte ich fest, dass man mit den Talenten, die man mitbekommen hat, wohl auch etwas anfangen muss, um glücklich zu sein. Also wurde ich Buchillustratorin, denn gezeichnet hatte ich schon immer sehr gern. Aber die Geschichten, für die ich Bilder finden sollte, gefielen mir oft nicht, und so schrieb ich mir schließlich selbst eine – und entdeckte, dass ich eine Geschichtenerzählerin bin [...] Ich glaube, ich begriff das im steinalten Alter von 35 – woran ihr seht, dass ihr noch viel, viel Zeit habt, um herauszufinden, welches Talent euch in die Wiege gelegt wurde.

Heute bin ich schon 50, habe zwei Kinder namens Ben und Anna und lebe mit ihnen und unserer Hündin Luna in Los Angeles / Kalifornien. Unser Haus ist vollgestopft mit Büchern, DVDs (wir sind alle furchtbare Filmfans) und Drachen (die sammle ich nämlich) und seit ein paar Jahren verreisen wir ziemlich viel – und sehr gern. Meistens alle zusammen. Ach ja – und zum Glück gefällt meinen Kindern mein Beruf. Und ihren Freunden gefallen meine Bücher (das Gegenteil wäre natürlich ziemlich peinlich für sie).

2 Du hast gelesen, was Cornelia Funke von sich erzählt. Was gefällt dir besonders an der Autorin? Schreibe deine Gedanken dazu auf.

3 Hier beantwortet Cornelia Funke Fragen ihrer Leser und Fans.
Welche Fragen wurden ihr wohl gestellt? Notiere sie.

1. Ich wurde am 10. Dezember 1958 in Dorsten, einer kleinen Stadt in Westfalen, geboren.
2. Ich ging am liebsten in den Deutsch- und in den Englischunterricht.
3. Jim Knopf, Tom Sawyer, die Brüder Löwenherz, die Narnia-Bücher von C. S. Lewis – und Karl May.
4. Hunde, Pferde und Frösche.
5. Ich schreibe mittlerweile schon seit 22 Jahren Geschichten. Mein erstes Buch hieß „Die große Drachensuche". Ich war damals 28 Jahre alt. Mittlerweile habe ich über 40 Bücher geschrieben.
6. Ich bin ausgebildete Kinderbuchillustratorin. Als Illustratorin bekam ich aber oft Texte, mit denen ich nichts anfangen konnte. Als begeisterte Vorleserin hatte ich Erfahrungen gesammelt, welche Dinge für Kinder ganz wichtig sind. Diese Dinge vermisste ich häufig in den vorgegebenen Texten. Außerdem gab es viele Geschichten, die sich nicht zum Vorlesen eigneten. Deshalb hab ich mich eines Tages hingesetzt und mein erstes Buch geschrieben.
7. Ja, sie helfen mir sehr. Ich bespreche alle Geschichten mit ihnen. Sie sind immer meine ersten Kritiker.
8. Das ist gar nicht so einfach zu beantworten, schließlich mag ich alle meine Geschichten. Welche Geschichte ich am liebsten mag, verändert sich auch ab und zu. Aber die Tintenwelt-Bücher liegen mir ganz besonders am Herzen.
9. Das ist unterschiedlich. Für die dicken Bücher wie zum Beispiel „Drachenreiter", „Herr der Diebe" oder „Tintenherz" brauche ich ungefähr ein Jahr. „Die Wilden Hühner und die Liebe" habe ich dagegen in nur einem Monat geschrieben.
10. Die Ideen kommen von überall und nirgendwo, von außen und von innen. Manchmal sind die Ideen einfach plötzlich da. Es können aber auch Dinge/Orte/Stimmungen Anstoß geben.
11. Himmel, wo soll man da anfangen? Ich hasse es, wenn Stärkere Schwächere ausnutzen, misshandeln, demütigen ... wenn man kein Mitleid hat, kein Verständnis für andere und solche, die einfach anders sind. Ich verabscheue Tierversuche, Kinderarbeit, Kindersoldaten, dass Menschen, die vor Folter und Gewalt mit ihren Kindern hierher fliehen, nicht bleiben dürfen ... leider hat die Liste kein Ende.

4 Stelle zusammen, was du bisher über die Autorin erfahren hast. Fertige einen Sprechzettel an, mit dessen Hilfe du fünf bis acht Minuten frei über Cornelia Funke sprechen kannst.

→ **Seite 31, 233,** Arbeitstechnik „Ein Referat vorbereiten und halten"

Einfach fantastisch!

1 In dem Text werden einige Bücher von Cornelia Funke genannt. Notiere, welche das sind.

Hast du auch so eine Bücherkiste wie Meggie in „Tintenherz"? Eine Schatzkiste für deine Lieblingsbücher? […]

Wer von euch an Drachen glaubt und schon oft davon geträumt hat, mal auf einem ihrer Silberrücken zu fliegen, der hat vielleicht auch **Drachenreiter** in seiner Büchersammlung, die Geschichte des Drachen Lung, der sich mit dem Koboldmädchen Schwefelfell und dem Waisenjungen Ben auf die Suche nach dem Saum des Himmels macht, damit die Drachen nie wieder vor den Menschen fliehen müssen.

Oder träumt ihr davon, erwachsen zu sein, wie Scipio, der **Herr der Diebe**? Träumt ihr davon, in der Stadt des Mondes zu leben, in Venedig […], der Stadt, die die beiden Brüder Prosper und Bo zu ihrem Versteck machen auf der Flucht vor der lästigen Verwandtschaft?

Vielleicht hat ja sogar schon mal jemand von euch einen Glasmann auf dem Nachttisch sitzen gehabt, eine Fee oder gar einen gehörnten Marder? Dann könnte es sein, dass ihr mit dem Bücherarzt Mo und seiner Tochter Meggie eine ganz besondere Gabe teilt – den Zauber und die Kunst des Vorlesens. Und dann wird euch die Tintenwelt sehr vertraut sein, Staubfinger, Farid, Resa und

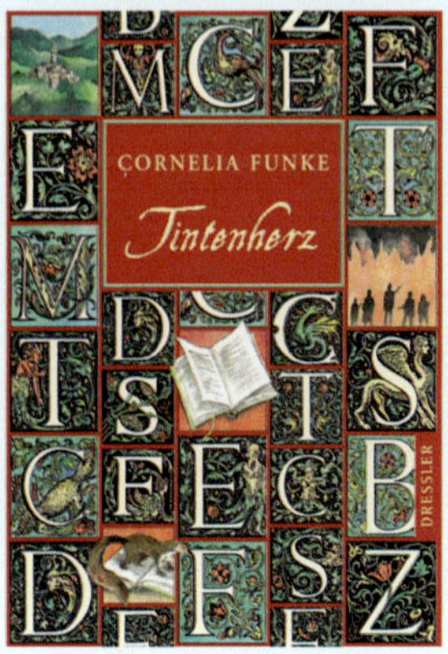

Szenenfoto aus dem Film „Die wilden Hühner und die Liebe"

Roxane, Capricorn, Basta, der Natternkopf und all die anderen Figuren aus **Tintenherz, Tintenblut** und **Tintentod**.

Es kann sein, dass die Mädchen unter euch auch einmal den Traum von einer eigenen Bande, und zwar der coolsten Bande der Welt, geträumt haben. Eine echte Mädchenbande wie **Die Wilden Hühner**: Oberhuhn Sprotte, Frieda, die schöne Melanie, Trude und Wilma. Und die „Todfeinde" dürfen selbstverständlich auch nicht fehlen, denn was wären die „Wilden Hühner" ohne die „Pygmäen". Das Buch wurde 2009 verfilmt. Die Verfilmung von Cornelia Funkes Buch **Hände weg von Mississippi** hat 2007 den Deutschen Filmpreis in der Kategorie „Bester Kinder- und Jugendfilm" gewonnen.

2 Informiere dich über die einzelnen Bücher von Cornelia Funke genauer.

3 Stelle in einem Kurzreferat die Autorin und ein Buch von ihr vor. Nutze deinen Sprechzettel von Seite 35, Aufgabe 4.

TIPP!
Nutze dazu den Online-Link.

Online-Link
zu Büchern
von C. Funke
313174-0037

Zeitformen und Zeitstufen

1 Lies den Text und gib anschließend mit eigenen Worten wieder, worum es darin geht.

Im Folgenden **erfahrt** ihr etwas über Kästners ersten Berufswunsch. Kästner wollte ursprünglich Lehrer werden. Er **erzählt** in verschiedenen Zusammenhängen, warum sich dieser erste Berufswunsch beinahe zwangsläufig **ergab:**

Um ein Zubrot* zum Familieneinkommen hinzuzuverdienen, **nähte** Kästners Mutter bis tief in die Nacht hinein Leibbinden**, was jedoch den kleinen Erich im Schlaf **störte.** Daher **gab** sie die Näherei **auf.** Man **beschloss,** in ein Zimmer der ohnehin kleinen Wohnung Untermieter aufzunehmen.

Der erste Mieter war ein Volksschullehrer namens Franke, den Kästner als „jungen, lustigen Mann“ **darstellt,** der durch sein „übermütiges Lachen“ besonders **auffiel.**

Ihm **folgte** eine Französischlehrerin aus Genf, Mademoiselle T., die nur kurze Zeit bei den Kästners **blieb.** Nachdem sie **ausgezogen war,** **zog** ein weiterer Lehrer mit Namen Paul Schurig bei den Kästners **ein.** Kästner **bezeichnet** ihn als „sehr großen, sehr blonden und sehr jungen Mann“. Paul Schurig **ist** für Erich Kästner im Laufe der Jahre zu einer Art Onkel **geworden.**

Also: Noch bevor Erich Kästner selbst in die Schule **kam, hatte** er das Alltagsgeschäft am Schreibtisch eines Lehrers **erlebt.**

Später **wird** Kästner die ersten Begegnungen mit Lehrern in seiner Kindheitsbiografie „Als ich ein kleiner Junge war“ sehr genau **beschreiben.**

(Klaus-Dieter Grüninger)

* Zubrot, das: zusätzlicher Verdienst

** Leibbinde, die: elastischer Gurt, der den Bauch (Leib) schützen soll

2 Ermittle alle Verben, die im Text vorkommen. Schreibe zu den fett gedruckten Verbformen den Infinitiv auf, z. B.: erfahrt → erfahren.

3 Übernimm die Tabelle in dein Heft. Trage die fett gedruckten Verbformen aus dem Text in die Tabelle ein. Ergänze die fehlenden Formen.

→ **Seite 220,** Zeitformen des Verbs

→ **Seite 221,** Zeitstufen

Präsens	Perfekt	Präteritum	Plusquamperfekt	Futur
erfahrt	hat erfahren	erfuhr …	hatte erfahren …	wird … erfahren
…	…	…	…	…

Zeitformentraining

1 Erprobt diese Trainingsmöglichkeiten. **Wählt A oder B:**

→ **Seite 220, 221,** Zeitformen und Zeitstufen

Seite 228 f., Unregelmäßige Verben

A: Zeitformen-Ecken

Eine Gruppe schreibt Kärtchen mit Verben im Präsens. Eine andere Gruppe schreibt Verben im Perfekt oder im Präteritum usw.
In jeder Ecke eures Klassenzimmers dürfen die Verben nur in einer vorher bestimmten Zeitform genannt werden. In der Mitte ist ebenfalls eine Zeitform stationiert. An allen Stationen stehen „Experten", die jeweils einen Punkt auf dem Kärtchen notieren, wenn ihr die richtige Form wisst. Also: Ihr zieht z. B. das Kärtchen „sie singen", geht damit in die Präteritum-Ecke, sagt „sie sangen" und erhaltet für diese richtige Antwort einen Punkt, der auf dem Kärtchen vermerkt wird. Wenn ihr vier Punkte erreicht habt, zieht ihr ein neues Kärtchen. Wenn ihr die richtige Zeitform nicht sagt, behält der Experte euer Kärtchen. Setzt euch ein Ziel: Wer z. B. zuerst zehn Kärtchen mit je vier Punkten hat, ist der Sieger.

ich gehe | du denkst | er schläft | wir essen

ihr sitzt | sie singen | sie schwammen | Präteritum

B: Zeitformen-Kette

Bildet 5er-Gruppen und setzt euch in einen Kreis. Einer beginnt und sagt ein Verb im Infinitiv. Die anderen müssen das Verb in die verschiedenen Zeiten setzen – immer in der Reihenfolge: Präsens – Perfekt – Präteritum – Plusquamperfekt – Futur. Überlegt, was der Spieler tun soll, der die richtige Form nicht weiß.

laufen – ich laufe – ich bin gelaufen – ich lief – ich war gelaufen – ich werde laufen – …

2 EXTRA Gestalte Zeitformenkarten für ein Kartenspiel (Quintett), das man in der Gruppe spielen kann.

→ **Seite 228 f.,** Unregelmäßige Verben

Vom Präsens bis zum Plusquamperfekt

1 Der Text informiert über Ereignisse, die in der Vergangenheit geschehen sind. Untersuche, in welcher Zeitform die Verben stehen.

Als ich ein kleiner Junge war*

In seiner Kindheitsbiografie „Als ich ein kleiner Junge war“ erzählt Erich Kästner unter anderem von seinem ersten Schultag und seiner ersten Zeit bei einem Lehrer namens Bremser, bei dem der kleine Erich nach eigener Aussage „sträflich unaufmerksam“ ist. Doch dann entdeckt er das „Land des Lesens“, das ihm die Möglichkeit eröffnet, seinen Bildungshunger zu stillen. So wird aus dem kleinen unaufmerksamen Erich bald „ein Musterschüler“ mit lauter Einsen auf dem Zeugnis.

* Die Texte unter den Aufgaben 1, 3 und 4 wurden von dem Autor *Klaus-Dieter Grüninger* verfasst

→ **Seite 220,** Zeitformen des Verbs

2 Bestimme in den Sätzen die Zeitform der Verben. Welche Zeitstufe drücken sie jeweils aus?

1. Erich Kästner ist einer der bekanntesten deutschen Kinderbuchautoren.
2. Im Fernsehen läuft gerade eine Verfilmung seines Buches „Emil und die Detektive“.
3. Kinder lesen Kästners Geschichten bestimmt auch in der kommenden Zeit noch sehr gern.

3 Schreibe den Text ab und setze die folgenden Verben in der richtigen Form ein: gehören, zählen, geben, lesen, tragen.

Erich Kästner ✎ zu den beliebtesten und berühmtesten Kinder- und Jugendbuchautoren in Deutschland. Zu seinen bekanntesten Werken ✎ „Emil und die Detektive“, „Das doppelte Lottchen“ und „Das fliegende Klassenzimmer“. Von ihnen ✎ es mehrere Verfilmungen. Aber auch seine Nacherzählungen von Schelmengeschichten wie „Der versalzene Getreideacker“ ✎ jedermann mit großem Vergnügen. Heute gibt es in Deutschland einige Schulen, die seinen Namen ✎.

→ **Seite 221,** Zeitstufen

Merke

Das Präsens kann alle drei Zeitstufen **(Gegenwart – Vergangenheit – Zukunft)** zum Ausdruck bringen. Man verwendet das Präsens, wenn man über etwas spricht, das gerade geschieht *(der Film läuft …)* oder das immer gilt *(Kästner gehört …)*, das sich künftig ereignen wird *(Kinder lesen auch morgen noch …)* oder das in der Vergangenheit geschehen ist *(Kästner entwickelt sich zum Musterschüler …)*.

4 Bestimme in dem Text die Zeitform der Verben, z. B.:
verbrachte = Präteritum; besuchte = …

Die schriftstellerische Tätigkeit

Erich Kästner verbrachte seine Kindheit in Dresden. Anschließend besuchte er das Lehrerseminar in seiner Heimatstadt. Zwischen 1920 und 1925 studierte er Germanistik, Geschichte, Philosophie und Theaterwissenschaften in Leipzig, Rostock und Berlin. In den 20er Jahren begann er, Gedichte und Jugendromane zu veröffentlichen. 1933 verbot man ihm, seine Bücher herauszugeben. Anfang der 40er Jahre erhielt er sogar völliges Schreibverbot. Nach dem Zweiten Weltkrieg setzte er seine schriftstellerische Tätigkeit fort. Viele seiner Kindheitserlebnisse hat Kästner in seinen Büchern verarbeitet. Seine Kinder- und Jugendbücher sind in mehr als 40 Sprachen erschienen.

5 Untersuche die folgenden Sätze. Bestimme darin die Zeitform der Verben. Erkläre ihre Verwendung, z. B.:
1. hatte gesammelt = Plusquamperfekt → damit wird ausgedrückt, dass …

1. Nachdem der kleine Erich erste schulische Erfahrungen mit dem gemütlichen Herrn Bremser gesammelt hatte, bekam er es in der fünften Klasse mit dem Lehrer Lehmann zu tun.
2. Dieser Lehrer war ein echter Paukertyp, vor dem die Schüler schon zu allen Zeiten gezittert hatten.
3. Hatte Lehmann bei seinen Schülern auch nur das kleinste Vergehen bemerkt, verprügelte er sie mit dem Rohrstock.
4. Für den kleinen Erich war dies das totale Kontrastprogramm zu den Lehrern, die er bisher kennen gelernt hatte.
5. So konnte sich Erich Kästner schon mit der ganzen Bandbreite von Lehrertypen bekannt machen, bevor er selbst das Lehrerseminar besuchte.

Merke

Das **Präteritum** und das **Perfekt** verwendet man, wenn man über etwas Vergangenes berichtet oder erzählt *(er veröffentlichte…; er hat … veröffentlicht).*
Das **Plusquamperfekt** verwendet man, wenn man über etwas erzählt oder berichtet, das noch vor dem geschehen ist, was man im Präteritum ausdrückt *(Nachdem er schulische Erfahrungen gesammelt hatte, besuchte er das Lehrerseminar.).*

→ **Seite 220,** Zeitformen des Verbs

schreiben – schrieb – geschrieben

1 Hier wird die Kinder- und Jugendbuchautorin Ulrike Kuckero vorgestellt. Lies den Text. Setze die Verben, die in Klammern stehen, im Präteritum ein, z. B.: *Ulrike Kuckero kam 1952 in Bremen zur Welt …*

Ulrike Kuckero

Ulrike Kuckero ✎ (kommen) 1952 in Bremen zur Welt und ✎ (wachsen) dort auf. Mit neun Jahren ✎ (erhalten) sie Klavierunterricht. Das Klavier ✎ (werden) sehr wichtig in ihrem Leben. Nach dem Abitur ✎ (entscheiden) sie sich jedoch gegen ein Musikstudium. Sie ✎ (gehen) zunächst nach Kiel, dann für ein Jahr nach New York City, um an der Universität deutsche und amerikanische Literaturwissenschaft zu studieren. Bereits während des Studiums ✎ (schreiben) sie eine Erzählung und einen Roman, die aber nicht veröffentlicht wurden. Später ✎ (kehren) Ulrike Kuckero nach Bremen zurück, wo sie ausländische Kinder ✎ (unterrichteten). Sie ✎ (lernen) gemeinsam mit anderen Lehrern Türkisch und ✎ (nehmen) an mehreren Bildungsreisen in die Türkei teil, um mehr über das Land, aus dem die meisten ihrer Schüler ✎ (kommen), zu erfahren.
1999 ✎ (erscheinen) ihr erstes Buch „Die Zahnspangenjagd"; weitere Kinderbücher ✎ (folgen): „Lilys Tierstation" (1999), „Geheimsache Hund" (2000), „Die Jagd auf die Handydiebe" (2002), „Das Geheimnis der drei Geigen" (2002).

2 Forme den folgenden Text ins Perfekt um, z. B.:
Im Laufe der Jahre <u>hat</u> Ulrike Kuckero die immer größer werdende Zahl der so genannten Patchworkfamilien <u>beobachtet</u>.

Im Laufe der Jahre <u>beobachtet</u> Ulrike Kuckero die immer größer werdende Zahl der so genannten Patchworkfamilien* und der getrennten Familien. Sie <u>verarbeitet</u> ihre Erfahrungen in ihren Büchern, z. B. in dem Roman „Ein Brief an Ali" (2000).
In dem Jugendroman „Das Ende der Stille" (2004) <u>zeigt</u> die Autorin, wie wichtig es ist, den eigenen Weg zu finden und dafür zu kämpfen. In „Paulas Sorgenbuch", das 2005 <u>erscheint</u>, <u>greift</u> sie das Thema Ausgrenzung (Mobbing) <u>auf</u>.
In den folgenden Jahren <u>schreibt</u> sie weitere Bücher, z. B. „Hühnerlulu" (2005), „Paulas New York Buch" (2006) sowie „Unter dem Irrstern" (2006), „Paulas Powerbuch" (2008) und „Alice im Mongolenland" (2009).

* Patchworkfamilie, die: Familien mit Kindern aus verschiedenen Beziehungen der Eltern

3 Setze jeweils das Plusquamperfekt ein, z. B.:
1. Nachdem Ulrike Kuckero ihr Studium in Hamburg beendet hatte, entschloss sie sich, …

1. Nachdem Ulrike Kuckero ihr Studium in Hamburg ✎ (beenden), entschloss sie sich, Grundschullehrerin zu werden.
2. Der Roman, den Ulrike Kuckero während des Studiums ✎ (schreiben), wurde nicht veröffentlicht.
3. Nachdem sie nach Bremen ✎ (zurückkommen), unterrichtete sie ausländische, vor allem türkische Kinder.
4. Sie nahm an mehreren Bildungsreisen in die Türkei teil, um mehr über das Land, aus dem die meisten ihrer Schüler ✎ (kommen), zu erfahren.
5 Nachdem sie geheiratet und zwei Kinder zur Welt ✎ (bringen), blieb ihr zum Schreiben nur wenig Zeit.
6. Als aber die jüngere Tochter eine Zahnspange ✎ (bekommen) und deshalb traurig war, schrieb Ulrike Kuckero für sie ein Buch mit dem Titel „Die Zahnspangenjagd".

4 Bilde Zeitformen nach dem Muster „Futur – Präsens – Präteritum – Plusquamperfekt", z. B.:
sie wird das Buch schreiben – sie schreibt das Buch – sie schrieb das Buch – sie hatte das Buch geschrieben

→ **Seite 220 f.,** Zeitformen des Verbs

1. sie wird das Buch schreiben
2. er wird das Buch lesen
3. sie wuchs in Bremen auf
4. es wird gelingen
5. sie wird es erfahren
6. er wird das Buch herausbringen
7. er wird selbst hier sein
8. sie wird sich mit ihnen beraten

5 Übernimm die Tabelle in dein Heft. Ergänze in den Spalten jeweils die passenden Verbformen.

Präsens	Perfekt	Präteritum	Plusquamperfekt
es erscheint	*es ist erschienen*	*es erschien*	*es war erschienen*
…	…	*sie nahm*	…
…	…	…	*er hatte gegeben*
sie bleiben	…	…	…
…	…	*ich kannte*	…
wir wissen	…	…	…
sie geht	…	…	…

3 Liebe im Spiel

Online-Link
Hörverstehen
313174-0044

→ Seite 239, Arbeitstechnik „Einen literarischen Text genau lesen und verstehen"

Siegfried Lenz wurde 1926 in Lyck/Masuren geboren. Er hat Theaterstücke, Hörspiele, Erzählungen und Romane veröffentlicht. Am bekanntesten ist u.a. sein Erzählband „So zärtlich war Suleyken", der 1955 erschien. Daraus stammt die folgende Geschichte.

Siegfried Lenz

Eine Liebesgeschichte

Joseph Waldemar Gritzan, ein großer, schweigsamer Holzfäller, wurde heimgesucht von der Liebe. Und zwar hatte er nicht bloß so ein mageres Pfeilchen* im Rücken sitzen, sondern, gleichsam seiner Branche** angemessen, eine ausgewachsene Rundaxt. Empfangen hatte er diese Axt in dem Augenblick, als er Katharina Knack, ein ausnehmend gesundes, rosiges Mädchen, beim Spülen der Wäsche zu Gesicht bekam. Sie hatte auf ihren ansehnlichen Knien am Flüsschen gelegen, den Körper gebeugt, ein paar Härchen im roten Gesicht, während ihre beträchtlichen Arme herrlich mit der Wäsche hantierten. In diesem Augenblick, wie gesagt, ging Joseph Gritzan vorbei, und ehe er sich's versah, hatte er auch schon die Wunde im Rücken.

Demgemäß ging er nicht in den Wald, sondern fand sich, etwa um fünf Uhr morgens, beim Pfarrer von Suleyken*** ein, trommelte den Mann Gottes aus seinem Bett und sagte: „Mir ist es", sagte er, „Herr Pastor, in den Sinn gekommen, zu heiraten. Deshalb möchte ich bitten um einen Taufschein****."

Der Pastor, aus mildem Traum geschreckt, besah sich den Joseph Gritzan ziemlich ungnädig und sagte: „Mein Sohn, wenn dich die Liebe schon nicht schlafen lässt, dann nimm zumindest Rücksicht auf andere Menschen. Komm später wieder, nach dem Frühstück. Aber wenn du Zeit hast, kannst du mir ein bisschen den Garten umgraben. Der Spaten steht im Stall."

Der Holzfäller sah einmal rasch zum Stall hinüber und sprach: „Wenn der Garten umgegraben ist, darf ich dann bitten um den Taufschein?"

„Es wird alles genehmigt wie eh und je", sagte der Pfarrer und empfahl sich.

Joseph Gritzan, beglückt über solche Auskunft, begann dergestalt den Spaten zu gebrauchen, dass der Garten schon nach kurzer Zeit umgegraben war. Dann zog er, nach Rücksprache mit dem Pfarrer, den Schweinen Drahtringe durch die Nasen, melkte eine Kuh, erntete zwei Johannisbeerbüsche ab, schlachtete eine Gans und hackte einen Berg Brennholz. Als er

* Pfeilchen, das: gemeint ist ein Pfeil des griechischen Liebesgottes Amor. Wer so einen Pfeil abbekommt, verliebt sich auf der Stelle

** Branche, die: Wirtschaftszweig; hier: sein Berufsstand (Holzfäller)

*** Suleyken: so heißt in dieser Geschichte ein Dorf in Masuren, dem Land der über 3000 Seen am Ostrand Polens

**** Taufschein, der: belegt, dass eine Person getauft wurde und welcher Konfession sie zugehört. Er belegt außerdem, ob jemand unverheiratet ist. Ein Taufschein wird vom zuständigen Pfarrer für Paare erstellt, die heiraten wollen

sich gerade daranmachte, den Schuppen auszubessern, rief der Pfarrer ihn zu sich, füllte den Taufschein aus und übergab ihn mit sanften Ermahnungen Joseph Waldemar Gritzan. Na, der faltete das Dokument mit umständlicher Sorgfalt zusammen, wickelte es in eine Seite des Masuren-Kalenders und verwahrte es irgendwo in der weitläufigen Gegend seiner Brust. Bedankte sich natürlich, wie man erwartet hat, und machte sich auf zu der Stelle am Flüsschen, wo die liebliche Axt Amors ihn getroffen hatte.
Katharina Knack, sie wusste noch nichts von seinem Zustand, und ebenso wenig wusste sie, was alles er bereits in die heimlichen Wege geleitet hatte. Sie kniete singend am Flüsschen, walkte und knetete die Wäsche und erlaubte sich in kurzen Pausen, ihr gesundes Gesicht zu betrachten, was im Flüsschen möglich war.
Joseph umfing die rosige Gestalt – mit den Blicken, versteht sich –, rang ziemlich nach Luft, schluckte und würgte ein Weilchen, und nachdem er sich ausgeschluckt hatte, ging er an die Klattkä, das ist ein Steg, heran. Er hatte sich heftig und lange überlegt, welche Worte er sprechen sollte, und als er jetzt neben ihr stand, sprach er so: „Rutsch zur Seite."
Das war, ohne Zweifel, ein unmissverständlicher Satz. Katharina machte ihm denn auch schnell Platz auf der Klattkä, und er setzte sich, ohne ein weiteres Wort, neben sie. Sie saßen so – wie lange mag es gewesen sein? – ein halbes Stündchen vielleicht und schwiegen sich gehörig aneinander heran. Sie betrachteten das Flüsschen, das jenseitige Waldufer, sahen zu, wie kleine Gringel in den Grund stießen und kleine Schlammwolken emporrissen, und zuweilen verfolgten sie auch das Treiben der Enten. Plötzlich aber sprach Joseph Gritzan: „Bald sind die Erdbeeren so weit. Und schon gar nicht zu reden von den Blaubeeren im Wald." Das Mädchen, unvorbereitet auf seine Rede, schrak zusammen und antwortete: „Ja."

So, und jetzt saßen sie stumm wie Hühner nebeneinander, äugten über die Wiese, äugten zum Wald hinüber, guckten manchmal auch in die Sonne oder kratzten sich am Fuß oder am Hals.
Dann, nach angemessener Weile, erfolgte wieder etwas Ungewöhnliches: Joseph Gritzan langte in die Tasche, zog etwas Eingewickeltes heraus und sprach zu dem Mädchen Katharina Knack: „Willst“, sprach er, „Lakritz?“
Sie nickte, und der Holzfäller wickelte zwei Lakritzstangen aus, gab ihr eine und sah zu, wie sie aß und lutschte. Es schien ihr gut zu schmecken. Sie wurde übermütig – wenn auch nicht so, dass sie zu reden begonnen hätte –, ließ ihre Beine ins Wasser baumeln, machte kleine Wellen und sah hin und wieder in sein Gesicht. Er zog sich nicht die Schuhe aus.
So weit nahm alles einen ordnungsgemäßen Verlauf. Aber auf einmal – wie es zu gehen pflegt in solchen Lagen – trat die alte Guschke vors Häuschen und rief: „Katinka, wo bleibt die Wäsch’!“
Worauf das Mädchen verdattert aufsprang, den Eimer anfasste und mir nichts dir nichts, als ob die Lakritzstange gar nichts gewesen wäre, verschwinden wollte. Doch, Gott sei Dank, hatte Joseph Gritzan das weitläufige Gelände seiner Brust bereits durchforscht, hatte auch schon den Taufschein zur Hand, packte ihn sorgsam aus und winkte das Mädchen

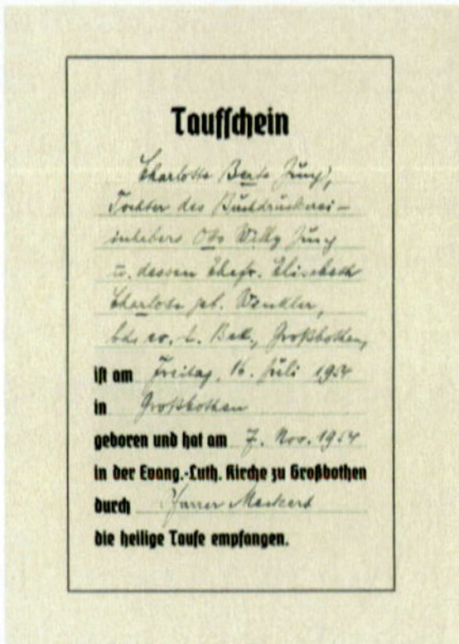

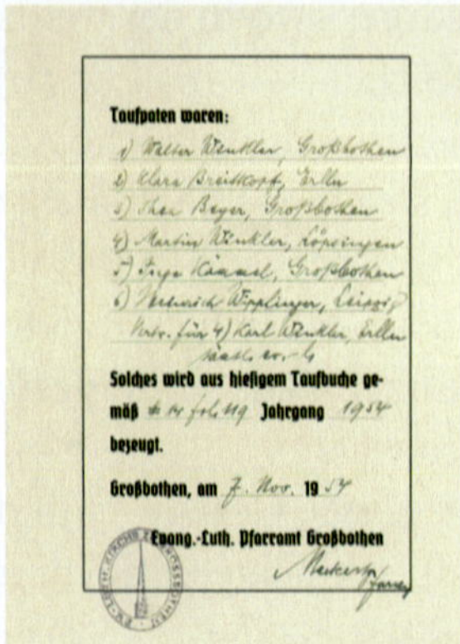

noch einmal zu sich heran.
„Kannst“, sprach er, „lesen?“ Sie nickte hastig.
Er reichte ihr den Taufschein und erhob sich. Er beobachtete, während sie las, ihr Gesicht und zitterte am ganzen Körper.
„Katinka!“, schrie die alte Guschke, „Katinka, haben die Enten die Wäsch’ gefressen?!“
„Lies zu Ende“, sagte der Holzfäller drohend. Er versperrte ihr, weiß Gott, schon den Weg, dieser Mensch. Katharina Knack vertiefte sich immer mehr in den Taufschein, vergaß Welt und Wäsche und stand da, sagen wir mal: wie ein träumendes Kälbchen, so stand sie da.
„Die Wäsch‘, die Wäsch‘“, keifte die alte Guschke von Neuem.
„Lies zu Ende“, drohte Joseph Gritzan, und er war so erregt, dass er sich

nicht einmal wunderte über seine Geschwätzigkeit. Plötzlich schoss die alte Guschke zwischen den Stachelbeeren hervor, ein geschwindes, üppiges Weib, schoss hervor und heran, trat ganz dicht neben Katharina Knack und rief: „Die Wäsch', Katinka!" Und mit einem tatarischen Blick auf den Holzfäller: „Hier geht vor die Wäsch', Cholera*!"
O Wunder der Liebe, insbesondere der masurischen; das Mädchen, das träumende, rosige, hob seinen Kopf, zeigte der alten Guschke den Taufschein und sprach: „Es ist", sprach es, „besiegelt und beschlossen. Was für ein schöner Taufschein! Ich werde heiraten." Die alte Guschke, sie war zuerst wie vor den Kopf getreten, aber dann lachte sie und sprach: „Nein, nein", sprach sie, „was die Wäsch' alles mit sich bringt! Beim Einweichen haben wir noch nichts gewusst. Und beim Plätten ist es schon so weit."
Währenddessen hatte Joseph Gritzan wiederum etwas aus seiner Tasche gezogen, hielt es dem Mädchen hin und sagte: „Willst noch Lakritz?"

* Cholera, die: eine schwere, bakterielle Infektionskrankheit; hier wird das Wort als Fluch bzw. Schimpfausdruck verwendet

1 Sprecht darüber, was ihr an dieser Geschichte überrraschend und ungewöhnlich findet.

2 Untersuche mithilfe der W-Fragen die Personen und die Handlung, z. B.:

→ **Seite 239,** Arbeitstechnik „Einen literarischen Text genau lesen und verstehen"

Wann und wo?	– vor mehr als … Jahren – in Masuren (Ostpreußen) …
Was erfahren wir von wem?	– Joseph Waldemar Gritzan – kräftig, ruhig, fleißig – … – Katharina Knack – Hausmädchen (Magd) – … – die alte Guschke – … – der Pfarrer – verlangt Arbeit für den Taufschein
Was passiert? **Wie passiert es?** **Warum?**	… … …

3 Wieso versteht Katharina Josephs Anliegen ohne Worte? Welche Rolle spielt dabei der Taufschein? – Tauscht euch darüber aus.

4 Arbeitet in Gruppen. Teilt den Text so in Abschnitte ein, dass sie die Szenen eines Theaterstücks oder eines Films sein könnten, z. B.:

1. Liebe auf den ersten Blick (Zeile … bis …)
2. Joseph Waldemar Gritzan beim Pfarrer (Zeile … bis …)
3. …

Gefühle zeigen

1 Spielt jetzt kleine Szenen aus dem Text von Seite 44 bis 47 nach. Versucht, durch Mimik und Gestik die Gefühle der handelnden Personen auszudrücken. Spielt die Szenen mehrmals.

Wählt A, B oder C:

A: Katharina sitzt am Ufer und spült die Wäsche. Joseph erblickt sie und verliebt sich augenblicklich in sie.

B: Joseph begibt sich mit dem Taufschein zu der nichts ahnenden Katharina und setzt sich neben sie.

C: Katharina nimmt den Taufschein und betrachtet ihn.

2 Drückt in weiteren Szenen besonders mit eurer Stimme die Gefühle der Beteiligten aus. Spielt die Szenen mehrmals.

Wählt A, B oder C:

A: Der Pfarrer ist verärgert über Josephs Anliegen am frühen Morgen.

B: Die schreiende alte Guschke – die lachende Guschke.

C: Katharina sagt der Guschke, dass sie heiraten wird.

→ **Seite 233,** Arbeitstechnik „Ein Rollenspiel durchführen“

3 Stellt eure Szenen als eine Folge von Standbildern dar.
Geht dabei so vor:

1. Es wird ein Regisseur* bestimmt, der die Standbilder baut.
2. Der Regisseur sucht die Mitspieler aus, die zum „Bauplan“ passen.
3. Das Bild wird langsam und schrittweise aufgebaut.
4. Alle Mitspieler verhalten sich passiv**.
5. Der Regisseur formt Körperhaltung und Gesichtsausdruck (eventuell auch durch Vormachen).
6. Während der „Bauphase“ wird nicht gesprochen!
7. Ist das Standbild fertig, erstarren alle Mitspieler 30 Sekunden lang (falls möglich, sollte dann ein Foto gemacht werden).
8. Der Regisseur erklärt seine Absichten.
9. Die Mitspieler berichten über ihre Erfahrungen.
10. Die Beobachter beschreiben genau, was sie gesehen haben, was sie dabei dachten usw.

* Regisseur, der: Spielleiter

** sich passiv verhalten: sich so verhalten, dass man etwas mit sich geschehen lässt und selbst nicht tätig ist

- Baut zunächst die erste Szene auf, z. B.:
  - Katharina „beim Spülen der Wäsche“,
  - auf den Knien,
  - den Körper gebeugt,
  - mit der Wäsche hantierend,
  - Joseph erblickt sie und wird von Amors „Rundaxt“ getroffen; Liebe auf den ersten Blick!
- Versucht, euch in die Personen hineinzuversetzen. Überlegt:
  - Was geht in ihnen vor?
  - Was fühlen sie?
  - Wie verhalten sie sich in dieser Situation?

4 Führt die gesamte Liebesgeschichte als kleines Theaterstück auf.

→ **Seite 233,** Arbeitstechnik „Ein Rollenspiel durchführen“

Wählt für die Aufführung A, B, C oder D:

A: Ihr baut mithilfe der Standbilder Szene für Szene vor dem Publikum auf.
Ein Erzähler liest die passenden Textstellen dazu vor.

B: Ihr habt die Standbilder vorher fotografiert und sie erscheinen in der passenden Abfolge auf einer Leinwand.
Ein Erzähler liest die passenden Textstellen dazu vor.

C: Ihr spielt ausgewählte Szenen als Pantomime.

D: Ihr spielt ausgewählte Szenen und lasst die Beteiligten sprechen.

TIPP!
Überlege, wen du einladen willst und welche Angaben die Einladung enthalten sollte (z. B. Ort, Tag, Uhrzeit, Eintritt).

5 EXTRA Schreibe eine Einladung und gestalte ein Plakat für die Theateraufführung.

→ **Seite 236,** Arbeitstechnik „Eine Einladung schreiben“

6 EXTRA Damals war wohl der Taufschein etwas Besonderes. Nur zu besonderen Anlässen ließ man sich so einen Schein ausstellen. Wie würde man heute einen Heiratsantrag machen?
Erfinde eine solche Szene und spiele sie zusammen mit einem Partner vor.

→ **Seite 236,** Arbeitstechnik „Etwas mit Schrift gestalten“

7 EXTRA Frage nach, wie es bei deinen Eltern und Großeltern mit dem „Heiratsantrag“ war. Berichte darüber in der Klasse.

Du liebst mich nicht genug

1 Verschaffe dir einen raschen Überblick über den Inhalt der Geschichte „Liebesbriefe". Notiere stichwortartig, worum es in dem Text geht.

Online-Link
Hörverstehen
313174-0050

Kate Walker

Liebesbriefe

Ich heiße Nick und mein Mädchen heißt Fleur. Und sie hat eine Freundin, Helen, die einen festen Freund namens Clive hat. Und dieser Clive, also, der ist echt schräg drauf. Jedenfalls weiß ich was Schräges über ihn: Er schreibt seiner Freundin Helen jeden Tag einen dreiseitigen Liebesbrief.

„Irgendwas stimmt doch nicht mit diesem Langweiler", sagte ich zu Fleur. Sie hatte während der ganzen Mittagspause nur über ihn geredet.

„Er ist total in Ordnung", sagte Fleur. „Du bist so unromantisch, Nick."

„Ich bin überhaupt nicht unromantisch", sagte ich und hielt ihr zum Beweis meine Eiskrem hin. Sie stöhnte und stülpte sich ihre Sporttasche über den Kopf. Sie wollte nicht mehr mit mir reden. Wenn Mädchen nicht mehr reden, ist das ein schlechtes Zeichen! „Was ist los?", fragte ich sie.

„Du liebst mich nicht", sagte sie. „Natürlich liebe ich dich", sagte ich. Ich bot ihr meine ganze übrige Eiskrem an. Sie wollte sie nicht.

„Du liebst mich nicht genug", sagte sie.

„Wie viel ist denn genug?" Wie viel Eiskrem war nötig?

„Du schreibst mir keine Briefe, wie Clive sie Helen schreibt", sagte sie.

„Muss ich auch nicht, ich seh dich doch jeden Tag im Computerkurs", sagte ich. „Und in Chemie."

„Clive sieht Helen jeden Tag in Bio, Kunst und Haushaltslehre, bei der Morgenandacht und bei der Anwesenheitskontrolle", sagte sie, „und er schreibt ihr trotzdem Briefe."

Ich wusste, was hier gerade abging: Meine Freundin schaltete auf Sparflamme.

„Okay", sagte ich, „ich schreib dir einen Brief."

„Oooh, Nick!" Sie riss sich die Sporttasche vom Kopf.

Ich war froh darüber, dass ich nachgegeben hatte. Fleur ist eine umwerfend scharfe Braut. Ich konnte nicht riskieren, sie wegen ein paar Kritzeleien auf Papier zu verlieren. Es gibt keinen Typen an der Schule, der mich nicht um sie beneidet. An diesem Abend pflanzte ich mich hin und schrieb meinen ersten Brief. „Liebe Fleur ..."

Dann starrte ich für die nächste halbe Stunde die leere Seite an. Was schreibt man jemandem, den man jeden Tag sieht? Ich kaute auf meinem Kuli, ich kaute auf meinen Fingernägeln. Schließlich fragte ich, der Verzweiflung nahe, meine Mum. „Schreib über Dinge, die ihr gemeinsam habt", sagte sie, also schrieb ich Folgendes: „War der Computerunterricht

am Dienstag nicht der Hammer? Das Härteste war, als Brando den Computer ein Stückchen angehoben hat, um uns den kleinen Knopf unten zu zeigen, und dann ist der Monitor runtergefallen."
Ich schrieb auch über den Chemiekurs, der allerdings weniger interessant war. Kein Einziger hatte sein Experiment vergeigt und sich dabei die Augenbrauen versengt oder so. Aber am Ende des Briefes wurde ich richtig kreativ und fügte einen Nachsatz [...] hinzu.
Am nächsten Tag bekam ich den Brief zurück, benotet mit „ungenügend".
„Was stimmt nicht dran?", fragte ich Fleur.
„Erst mal hast du ziemlich viele Rechtschreibfehler gemacht", sagte sie.
„Ich war ich selbst!", erklärte ich ihr.
„Ist mir aber gar nicht aufgefallen", sagte sie. „Es steht kein einziges persönliches Wort drin." War es das, was sie wollte – einen persönlichen Brief? Ich dachte fünf Minuten darüber nach. Der Speisesaal wimmelte von Typen, die nur darauf warteten, meinen Platz einzunehmen und ihren Kakao mit der fantastischen Fleur trinken zu dürfen. Wenn ich ein paar intime Geheimnisse verraten musste, um sie zu behalten, sollte es daran nicht liegen.
„Liebe Fleur ...", begann ich an diesem Abend den zweiten Brief. „Ich hab das noch nie jemandem erzählt, aber ich benutze ein Deodorant. Natürlich nur nach Sport oder wenn es draußen besonders heiß ist."
Nein, das war zu intim. Ich zerriss das Blatt und begann von vorn. „Liebe Fleur, weißt du was? Mrs. Hessel hat mich heute ohne besonderen Grund in Geschichte total runtergemacht. Das war todsterbenspeinlich. Gilda mit ihren blöden Kuhaugen hat sich kaputtgelacht." – Eigentlich fiel mir diese persönliche Schreiberei gar nicht so schwer, nachdem ich erst mal damit angefangen hatte. Ich erzählte Fleur, was für eine Englischnote ich wirklich im Halbjahreszeugnis gehabt hatte. Dann erzählte ich ihr von diesem Film, den ich im Kino gesehen hatte, wo dieser pioniermäßige Farmer erst seinen Ackergaul verliert, dann seine Frau, dann seine Kinder, und dann kriegen seine Kühe auch noch die Huffäule. Aber obwohl er sich deshalb stundenlang die Augen ausheult, marschiert er am Schluss dann doch, von neuer Stärke erfüllt, in den Sonnenuntergang. „Ich möchte auch mal so einen großen persönlichen Verlust erleiden", erzählte ich Fleur in dem Brief, „und gefestigt und edler daraus hervorgehen."
Ihr einziger Kommentar zu Brief Nummer zwei lautete: „Es steht überhaupt nichts über mich drin." Und damit ging sie mit Helen zum Mittagessen. Zeit für Alarmstufe Rot. Fleur witschte mir durch die Finger.
Ich stopfte mein Sandwich zurück in meine Tasche und ging nach Clive Ausschau halten. Wir verzogen uns unter die Treppen.
„Also, was steht in deinen Briefen an Helen?", fragte ich ihn. Clive stellte sich als echt in Ordnung heraus. Er beantwortete nicht nur meine Frage, er gab mir sogar eine Fotokopie seines letzten Briefes an Helen mit. Den

hättet ihr sehen sollen! „Meine liebste Helen, deine Haare sind wie Gold. Deine Augen erinnern mich an das Abendlicht über dem Fluss. Deine Ohrläppchen sind ... Deine Wimpern sind ...“ Und so weiter und so weiter ... Und als wäre das nicht schlimm genug, fing er dann auch noch mit Liebeserklärungen an: „Du bist etwas ganz Besonderes für mich, weil ... In Geschichte sehne ich mich nach dir, weil ... Ich kann keine Nudeln essen, ohne an dich zu denken, weil ...“

„Fahren Mädchen wirklich auf so was ab?“, fragte ich ihn.

„Helen schon“, sagte er. „Wenn ich ihr keine Briefe mehr schreiben würde, würde sie mich schon morgen sausen lassen. Das ist eben der Preis, den man für eine Freundin zahlt.“

Also begann ich meinen dritten Brief, wobei ich Clives Fotokopie zur Hilfe nahm. „Liebe Fleur, dein Haar ist wie ...“, fing ich an.

Eigentlich war es mir immer wie Zuckerwatte vorgekommen: auf die Entfernung ganz hübsch, aber klebrig, wenn man hineingriff – vielleicht zu viel Gel? Ich strich diese Einleitung durch und fing von vorn an.

„Liebe Fleur, deine Augen sind ...“ Eigentlich sind sie ein bisschen klein und verkniffen. Ich schätze, sie hätte eine Brille nötig, gibt es aber nicht zu. – Weg mit den Augen.

„Liebe Fleur, dein Gesicht ist alles in allem großartig. Du siehst aus wie eine von diesen Bräuten aus den Vorabendserien.“

Ich hatte gedacht, dass ich mich stundenlang über ihr Gesicht auslassen könnte, aber mit diesem einen Satz schien mir, zusammenfassend, alles gesagt.

Ich machte mit den „Ich liebe dich, weil ...“-Sätzen weiter. Kaute wieder auf meinem Kuli herum, dann auf meinen Fingernägeln. Diesmal konnte ich Mum nicht um Hilfe bitten.

Warum liebte ich Fleur? Weil sie cool war. Weil alle Typen sie toll fanden. Na ja, vielleicht nicht alle. Ein paar von ihnen hielten sie nicht für so interessant, dass man sich unbedingt mit ihr unterhalten musste, aber das schob ich deren Eifersucht zu. Trotzdem begann ich mich zu fragen, worüber wir uns in den drei Wochen, seit wir miteinander gingen, unterhalten hatten. Viel war es nicht gewesen. Dass ich Hockey spielte, hatte sie nicht genug interessiert, um mir darüber Fragen zu stellen. Und ich muss zugeben, ihr Gerede von weißen Schaftstiefeln hatte mich auch nicht besonders vom Hocker gehauen.

Kein Wunder, dass es mir so schwer fiel, ihr zu schreiben. Wir hatten keine Gemeinsamkeiten. Ich kannte sie kaum. Was dachte sie über die Endlagerung von radioaktivem Müll? Vielleicht hatte sie gar keine Meinung dazu. War sie für oder gegen die Todesstrafe? Ich hatte keine Ahnung. Ich ließ den Brief sausen, ließ Clives Fotokopie sausen und fing ganz von vorn an, diesmal ohne die geringsten Schwierigkeiten.

„Liebe Fleur, diese Briefeschreiberei war eine hervorragende Idee, weil sie mir die Gelegenheit gibt, dir was Wichtiges zu sagen. Ich halte dich für ein nettes Mädchen und fand es toll, drei Wochen mit dir zu gehen, aber ich glaube, wir sollten Schluss machen. Auch wenn das für uns beide ein großer persönlicher Verlust ist, bin ich sicher, dass wir gefestigter und edler daraus hervorgehen. Hochachtungsvoll, dein Nick."

Ich schob ihr den Brief während des Computerkurses zu. Sie trug ihn mit Fassung, zerriss ihn nur in kleine Fetzen, die sie dann in den Zerhacker fütterte. Aber zwei Tage später gingen Kopien meines persönlichen Briefes in der Schule herum.

Ich machte mir nichts draus, denn als Reaktion darauf steckte mir Kuhaugen-Gilda in Geschichte einen Zettel zu, auf dem stand: „Ich mag deinen Stil, Nick. Du hast Tiefe." Ich sah mir Kuhaugen-Gilda genauer an. Sie hat dieses wunderbare Lachen und ein echtes Händchen für Computer.

Ich schrieb sofort zurück, diesmal einen wirklich persönlichen Brief – ehrlich und auf den Punkt gebracht: „Liebe Gilda, die dreiminütige Rede, die du neulich über Maßnahmen gegen den Hunger in der Dritten Welt gehalten hast, war wirklich super. Wir könnten uns zum Mittagessen im Speisesaal treffen, falls du Lust hast."

2 Lies den Text jetzt genau. Bearbeite dann die folgenden Aufgaben schriftlich.

→ **Seite 239,** Arbeitstechnik „Einen literarischen Text genau lesen und verstehen"

3 Stelle fest, welche Personen in der Geschichte vorkommen und in welcher Beziehung sie zueinander stehen.

4 In den ersten beiden „Liebesbriefen" schreibt Nick über die Schule. Vergleiche sie mit seinem dritten Brief. Was ist darin anders? Notiere in Stichworten.

5 Was erfährst du über Nick, was über Fleur? Beschreibe beide Personen. Schreibe die Textstellen heraus, auf die du dich beziehst.

6 Woran ist die Beziehung zwischen Fleur und Nick deiner Meinung nach gescheitert? Belege deine Meinung mit Textstellen.

TIPP!
Du kannst den Szenenplan in Form einer Tabelle aufstellen.

7 Überlege, wie dieser Text in ein kleines Theaterstück umgeschrieben werden könnte. Stelle einen Szenenplan auf, in dem du die Abfolge und die Gestaltung der verschiedenen Szenen beschreibst. Schreibe in Stichworten.

Fremdwörter – fremde Wörter?

Theaterabonnement

Ab dem kommenden Monat bietet die Albert-Schweitzer-Schule allen Schülerinnen und Schülern ab der achten Klasse wieder ein Theaterabonnement an. Das Programm umfasst in dieser Spielzeit ein Drama, eine Komödie, ein Musical und eine Ballettaufführung im Großen Haus sowie vier Veranstaltungen im Jugendtheater. Die Eintrittskarten sind stark verbilligt und gelten gleichzeitig als Fahrschein im öffentlichen Nahverkehr. Interessierte Schülerinnen und Schüler melden sich bitte im Sekretariat der Schule.
Die Theater-AG

1 Viele Fremdwörter findet man in dem Bereich „Theater". Erkläre, was die folgenden Wörter bedeuten.

das Orchester – das Kino – der Regisseur
der Filmprojektor – das Kinocenter – die Komödie
das Theater – das Abonnement – das Musical
der Gastronomiebereich – die Garderobe – die Requisite
der Dolby-Surround-Ton – die Premiere – das Programm
das Ballett – das Foyer – das Drama

2 Präge dir die Schreibung der Wörter ein. Diktiert euch die Wörter gegenseitig und kontrolliert.

→ **Seite 242,** Rechtschreibstrategie „Besondere Schreibungen einprägen"

3 Wertet das Partnerdiktat aus: Welche Stellen in den Wörtern sind schwierig zu schreiben? Warum? Wie kann man sich helfen?

Laute und Buchstaben

1 Ordne die folgenden Wörter nach ihrer Herkunft.
Was vermutest du, aus welchen Sprachen die einzelnen Wörter kommen? Überprüfe deine Vermutungen mithilfe eines Wörterbuches.

die Loge – die Regie – die Szene – der Akt – das Kabarett – das Parkett – der Souffleur/die Souffleuse – der Maschinenmeister – die Projektionstechnik – das Multiplexkino – der Kinokomfortsessel – die Amphitheater-Architektur – das Popcorn – das Filmfestival – die Kassentheke – der Academy Award (Oscar) – der Restaurantbesuch – das Theatercafé – der Champagner – das Büfett (Buffet) – die Pirouette – der Jongleur – der Journalist – die Rezension – der Theatershop – zoomen – das Objektiv – der Balkon – die Etage – der Babysitter – das Chanson – der Videorekorder – thematisch – die These – rhythmisch – der Chor – kreativ – charakterisieren – das Musical – das Cembalo – atmosphärisch – der Stuntman – die Boutique (Butike) – das Klavier – die Ouvertüre

Trage die Wörter in eine Tabelle ein, z. B.:

Lateinische und griechische Herkunft:	Französische Herkunft:	Englische Herkunft:	Italienische Herkunft:
das Theater	die Loge	...	...

2 Ergänze die folgenden Tipps zum Nachschlagen.

1. **Karakter? Charakter?**
   Wenn du ein Wort unter <k> nicht findest, suche unter ... oder ...
2. **Joga? Ioga? Yoga?**
   Wenn du ein Wort unter <j> oder <i> nicht findest, suche unter ...
3. **Restorant? Restaurant?**
   Wenn du in einem Wort das <o> nicht findest, suche unter ...
4. **Wideo? Video?**
   Wenn du ein Wort unter <w> nicht findest, suche unter ...

3 **Training: Fremdwörter nachschlagen**
- Bitte einen Partner, sein Buch zu schließen. Nenne ihm dann ein Fremdwort aus der Tabelle von Aufgabe 1.
- Der Partner nennt die ersten Buchstaben des Wortes, du kontrollierst. Wechselt die Rollen. Schlage die Wörter nach, bei denen es einen Fehler gab.

Fremdwörter üben

1 Lies den Text. Notiere Fremdwörter mit schwieriger Schreibung und präge dir die Besonderheiten ein.

① Musik geht um die Welt, und auch manche Wörter haben eine Reise durch die Sprachen der Erde gemacht. Der Jazz kam aus Amerika, der Reggae aus Jamaika, und zusammen mit den Rhythmen der Musik breiteten sich die Bezeichnungen aus. An der besonderen Schreibung dieser Fremdwörter kann man oft noch heute wie an einem Fingerabdruck ihre Herkunft erkennen. Ähnlich erging es vielen Musikinstrumenten vom Cembalo über das Klavier bis zum Synthesizer und musikalischen Gattungen wie Operette, Chanson oder Musical.

② Auch in anderen Lebensbereichen signalisiert die Schreibung von Wörtern, aus welchen Kulturen sie stammen. Woher stammen Philosophie, Theorie und Hypothese? Woher Organisation und Justiz? Aus welcher Sprache wurde das Girokonto übernommen? Aus welcher kommen Journalismus und Zivilcourage, Ateliers und Boutiquen (Butiken)? Und aus welcher Volleyball, Laptop und Checkliste? Das könnt ihr herausfinden, wenn ihr die Schreibung der Wörter in einem Wörterbuch überprüft.

2 Übe mit einem Partner.

- Knicke zuerst die Hälfte der Seite in deinem Heft als Rand ab.
- Diktiert euch den Text dann gegenseitig.
- Korrigiert eure Texte.
- Schlage schwierige Wörter nach. Schreibe die Wörter und eine kurze Bedeutungserklärung auf den Rand, z. B.:

… und musikalische Gattungen wie Operette, Chanson oder Musical.	Chanson, das gesungenes Lied, Kabarettlied

3 Übt die Schreibung dieser Fremdwörter in der Klasse:

die Lyrik	das Xylofon	die Innovation
das Display	die Tradition	die Motivation
das Saxofon	die Konversation	die Funktion

Nutzt dazu die folgenden Spiele, z. B.:

Ein Kim-Spiel

1. Jede Partnergruppe braucht ca. zehn Fremdwörter. Schreibt sie mit einer kurzen, aber genauen Worterklärung gut lesbar auf eine Overheadfolie. Zerschneidet die Folie, sodass jedes Wort mit der Erklärung auf einem Folienstreifen steht.

2. Eine Partnergruppe legt ihre ca. zehn Folienstreifen vermischt auf den Projektor. Sie schaltet den Projektor eine Minute lang ein. Dann schaltet sie ihn wieder aus und nimmt ein Wort weg.
Nun schaltet sie ihn wieder ein. Die Klasse muss raten, welches Wort fehlt. Wer richtig rät und das Wort erklären und fehlerfrei an die Tafel schreiben kann, darf das nächste Wort wegnehmen. Die Partnergruppe ist während des Spiels „Schiedsrichter".

Ein Klapptafelspiel

1. Jede Partnergruppe braucht eine Liste mit ca. zehn Fremdwörtern. Schreibt zu jedem Wort eine knappe, aber genaue Erklärung oder ein bedeutungsgleiches deutsches Wort auf.

2. Eine Partnergruppe teilt den mittleren Teil der Klapptafel in zwei Hälften. Auf die linke Hälfte schreibt sie die Fremdwörter untereinander, auf die rechte die Erklärung dazu.
Die Klasse sieht sich zwei Minuten lang an, was an der Tafel steht. Dann wird die linke Hälfte zugeklappt. Die Partnergruppe liest eine der Erklärungen vor und die Klasse nennt das dazugehörige Fremdwort.
Ihr könnt das Spiel leichter oder schwieriger machen, indem ihr der Klasse die Wörterliste an der Tafel gar nicht oder mehrmals zeigt.

Fremdwörter richtig anwenden

1 Was bedeutet das? Schreibe die Fremdwörter mit der jeweils richtigen Erklärung auf, z. B.:

1. kreativ: schöpferisch

1. **kreativ:** wertvoll – bedauernswert – schöpferisch – verschnörkelt
2. **kompakt:** befähigt – warm angezogen – verbunden
3. **innovativ:** innerlich – ansteckend – vertraulich – Neues schaffend
4. **präzise:** vorzeitlich – vorzeigend – genau – bevorzugt
5. **taktisch:** klug – beweglich – den Tatsachen entsprechend – geschickt vorgehend
6. **mobil:** beweglich – zeitgemäß – sicher – gesund
7. **konstruktiv:** verschachtelt – altmodisch – wissenschaftlich – förderlich
8. **abstrakt:** allgemein – unverständlich – modern – unlogisch
9. **konservativ:** haltbar gemacht – Traditionen bewahrend – abgeschlossen – unfreundlich
10. **konkret:** ausgedacht – verwirrt – greifbar – gewölbt

2 Meine Freundin Michelle Versuche, die Fremdwörter in dem folgenden Text durch deutsche Wörter zu ersetzen. Nutze ein Wörterbuch.

Michelle gehört dem Team des „City-Coiffeurs“ an. Nicht nur im Beruf, beim Hairstyling, weiß sie, was gerade in ist. Stets passt sie ihr eigenes Outfit dem jeweiligen Ambiente an und trägt, kauft und isst, was gerade im Trend liegt. Für Wellness und Fitness reicht der Hometrainer nicht aus, einmal in der Woche steigt Michelle nach dem Krafttraining in den Pool oder relaxt in einer Sauna. Außerdem tankt sie Power im Roadrunners-Club, dessen Reklame sie auf ihren Landrover geklebt hat: „Skates – boards – and more“.

3 Hier stimmt doch etwas nicht! Schreibe die Sätze richtig auf, z. B.:

1. Klitschko siegte mit einem k.o. in der 10. Runde.

1. Klitschko siegte mit einem O.K. in der 10. Runde.
2. Der Gesetzentwurf wurde von der CDU-Fraktur eingebracht.
3. Ich möchte die Zeitung annoncieren.
4. Morgens vor der Arbeit shoppt er immer fünf Kilometer.
5. Bei Schmerzen sollten Sie einen Arzt kondolieren.
6. Der Wagentip besticht durch sportives Dessin.
7. Die notwendigen technischen Geräte wurden am Amateurenbrett übersichtlich angeordnet.
8. Aus der Niederlage zog er die Kompetenzen.
9. Meine Schwester hat endlich einen neuen Shop bekommen.

4 -ier oder -eur? Setze die passende Endung ein.
Achtung! Manche Wörter stehen im Plural.

die Fris?in, der blinde Passag?, der Dompt?, bekannte Flugpion?e, der Mass?, ein berühmter Jongl?, das Juwel?geschäft, die Dekorat?in, kluge Ingeni?e, der Elektromont?, eine Leipziger Redakt?in, viele Amat?e, der Installat?, der Marineoffiz?, ein ausgezeichneter Filmregiss?

5 Wer macht was? Setze die passenden Verben ein.

addiert · dividiert · informiert · garantiert · repariert · transportiert · trainiert · musiziert

1. Der Mathelehrer □ die Punkte in der Klassenarbeit und freut sich über die guten Noten.
2. Unser Klassensprecher □ uns über den Stand der Vorbereitung des Schulfestes.
3. Der Verkäufer □ der Kundin das Recht auf einen Umtausch.
4. Anne □ am liebsten mit Tessy und ihrem Gitarrenlehrer als Trio.
5. Die Bibliothekarin □ den leicht beschädigten Einband des Buches.
6. Britta □ täglich viele Kilometer im Schwimmbecken für die Meisterschaft.
7. Dennis □ alles, was er zum Basteln braucht, mit dem Fahrrad nach Hause.
8. Frau Klein □ die Buskosten durch die Zahl der Personen und erhält die Einzelkosten.

6 Fremdwörter mit v Bilde Wortzusammensetzungen und schreibe sie auf. Setze vor die Substantive/Nomen jeweils den Artikel, z. B.:
der Vanillepudding

~~Vanille~~ Ventil Vakuum Veranda Ventilator Sklaven Klavier Vitamin Kurve Vulkan Video Volumen privat Vase	+	Glas Dach versichert Decke Aufstand Kamera Mangel ~~Pudding~~ Konzert Berechnung Ausbruch Fahrrad Pumpe reich

Merke

In Fremdwörtern wird *v* immer *w* gesprochen, z. B. *nervös*.

4 Das Vorstellungsgespräch – deine Chance

In einem Vorstellungsgespräch kann sich entscheiden, ob du einen Praktikumsplatz erhältst. Deshalb solltest du dich gut darauf vorbereiten.

1. Ich habe den Vorstellungstermin in dem Unternehmen bestätigt. ✓
2. Ich habe die Anreise geplant und werde rechtzeitig ankommen. ✓
3. Ich weiß, was ich zu dem Vorstellungstermin anziehen werde. ✓
4. Ich habe mir etwas zu trinken eingepackt, damit ich während des Gesprächs immer mal einen Schluck trinken kann. ✓
5. Ich habe meine Bewerbungsunterlagen noch einmal durchgesehen und das Einladungsschreiben bereitgelegt. ✓
6. Ich kenne den Namen meines Ansprechpartners in dem Unternehmen. ✓
7. Ich kann meine Gründe gut formulieren, warum ich das Praktikum in diesem Unternehmen beginnen will. ✓
8. Ich habe mein Handy geladen und bereitgelegt, falls ich während des Gesprächs jemanden fragen möchte. ✓
9. Ich habe mir Informationen über das Unternehmen besorgt. ✓
10. Ich habe mir meine Fragen notiert, die ich in dem Gespräch stellen will. ✓
11. Ich habe Schreibzeug und Notizbuch bereitgelegt. ✓

1 Sprecht über die Checkliste auf Seite 60. Welche der aufgeführten Punkte sind sinnvoll und welche nicht?

2 Vor einem Vorstellungsgespräch solltest du dich auf Fragen, die dir gestellt werden könnten, vorbereiten. Ordne den folgenden Fragen die darunter stehenden Tipps zu, z. B.: 1, b); 2, …

Fragen:

1. Wie sind Sie auf unser Unternehmen gekommen?
2. Wo liegen Ihre Stärken und wo Ihre Schwächen?
3. Wie kommt die schlechte Note im Fach … zustande?
4. In welchen Gruppen oder Vereinen haben Sie Erfahrungen der Zusammenarbeit mit anderen Jugendlichen gesammelt?
5. Was machen Sie gern in Ihrer Freizeit?

Tipps für die Antworten:

a) selbstbewusst darstellen, was man gut kann, aber nicht angeben; keine Schwächen anführen, die für das Unternehmen ein Problem sein würden, z. B. Unpünktlichkeit, Unordentlichkeit, Unehrlichkeit
b) offen sagen, ob die Impulse durch Lehrer, Eltern, Bekannte, durch das Internet oder Anzeigen gekommen sind
c) Aktivitäten wie Sport, Vereinstraining, Hobbys benennen; nicht beschränken auf „nur abhängen“, „Party/Disko gehen“ und „schlafen“
d) möglichst Aktivitäten nennen, bei denen Teamwork gefragt war, z. B. als Mitglied einer Fußballmannschaft, der Freiwilligen Feuerwehr, des Schulchores
e) nicht die Schuld auf andere schieben, sondern eigene Probleme ansprechen, z. B. Aufgeregtheit während der Klassenarbeiten. Auf keinen Fall Gründe nennen wie zum Beispiel „hatte keine Lust“, „Fach ist doof“, „Lehrer kann mich nicht leiden“

3 Stell dir vor, die oben genannten Fragen würden dir in einem Vorstellungsgespräch gestellt. Wie würdest du antworten? Schreibe deine möglichen Antworten auf.

4 EXTRA Schreibe weitere mögliche Fragen und Antworten auf. Denke dabei z. B. an deine Berufswünsche, Informationen über das Unternehmen und über das aktuelle politische Geschehen.

5 Tragt in der Klasse Fragen zusammen, die ihr selbst in einem Vorstellungsgespräch stellen könntet, z. B. nach dem Ansprechpartner im Praktikum, dem genauen Arbeitsort, der Arbeitszeit, den verschiedenen Tätigkeiten, den Maschinen und Werkzeugen.

TIPP!
Ihr könnt die Checkliste auch als Arbeitsblatt herunterladen und sie bearbeiten. Nutzt dazu den Online-Link.

Online-Link
Arbeitsblatt
„Checkliste: Vorbereitung auf ein Vorstellungsgespräch“
313174-0061

Sich auf ein Gespräch vorbereiten

1 Besprecht, welche Situationen hier dargestellt werden. Bewertet das Verhalten der einzelnen Personen.

2 Erarbeitet in Gruppen, wie ein Vorstellungsgespräch ablaufen und welchen Inhalt es haben könnte, z. B.:

- Begrüßung
- euer Anliegen
- Fragen von Seiten des Betriebes
- eure Fragen
- Beendigung des Gesprächs (Wie geht es weiter?)

3 Übt in einem Rollenspiel, wie ihr euch in dem Praktikumsbetrieb vorstellen wollt. Geht so vor:

→ **Seite 233,** Arbeitstechnik „Ein Rollenspiel durchführen“

Online-Link Arbeitsblatt „Fragen und Antworten“ 313174-0063

1. Ein Schüler/eine Schülerin spielt den Praktikanten. Der „Praktikant“ geht aus dem Klassenraum und kommt dann zur Tür herein.
2. Im Klassenraum wird ein Tisch als Schreibtisch aufgestellt. Dahinter sitzt der „Meister“ oder die „Personalleiterin“, davor steht ein Besucherstuhl.
3. Die anderen Schüler sind die Beobachter. Sie machen sich Notizen zum Verhalten des „Praktikanten“.

Praktikant / Praktikantin ⟷ Meister / Meisterin

Beobachter

Übt zuerst ohne Vorbereitung. Die Beobachter achten auf:

- die Sprache: Lautstärke, Deutlichkeit, ...
- die Gesten und die Mimik: Anklopfen, Handschlag, Blickrichtung

4 Wertet das Rollenspiel aus:

- Die Beobachter sagen, was verbessert werden sollte.
- Die Darsteller sagen, wie sie sich in ihrer Rolle gefühlt haben.

5 Wechselt die Rollen und beobachtet wieder. Ändert euer Verhalten so lange, bis ihr zufrieden seid.

TIPP!
Wenn du wissen willst, welche Kleidung angemessen ist, nutze den Online-Link.

6 Was gehört eurer Meinung nach zu einem gepflegten Äußeren? Tauscht euch darüber aus.

Online-Link zu Tipps für Bewerbungen 313174-0063

7 Welche Kleidung ist eurer Ansicht nach bei einem Vorstellungsgespräch angemessen? Begründet eure Meinung.

Wie sehe ich mich – wie sehen mich andere?

Schülerinnen und Schüler einer achten Klasse haben sich selbst schriftlich eingeschätzt. Daneben steht, wie sie von anderen gesehen werden. Nicht immer stimmen die Aussagen überein.

Viola

Selbsteinschätzung

Ich bin ein ruhiger Typ und halte mich in der Gemeinschaft eher im Hintergrund. Ich fühle mich nicht wohl, wenn alle auf mich schauen. Soll ich frei vor anderen sprechen, bekomme ich rote Flecken. Vor Arbeiten und Prüfungen habe ich Angst und bin sehr aufgeregt, obwohl ich immer viel gelernt habe. Ich hasse Angeberei und Lügen.

Fremdeinschätzungen

- V. ist sehr bescheiden.
- Man merkt gar nicht, wenn sie fehlt.
- Sie ist ein langweiliger Typ und redet kaum.
- V. gehört zu den Ja-Sagern.
- Sie ist zuverlässig und eine prima Freundin.
- V. hat keine eigene Meinung.
- V. ist sehr fleißig, immer hilfsbereit und ehrlich.

Maximilian

Selbsteinschätzung

Ich kann die ganze Klasse zum Lachen bringen und lache selbst sehr gerne. Witze kann ich mir gut merken, ich erzähle sie auch sehr gerne. Und nachmachen kann ich jeden! Vielleicht werde ich Schauspieler. Dass ich der Kleinste in der Klasse bin, ertrage ich leicht. Dafür habe ich mehr Grips als andere. Aufsätze schreibe ich ganz gerne, sie gelingen meist recht gut. Wenn man mal von Sport absieht, bin ich in der Schule ganz gut. Ich hasse Typen, die keinen Humor haben und über nichts lachen können.

Fremdeinschätzungen

- M. ist unser Klassenkasper.
- Er ist ziemlich albern und äfft alle nach; keiner ist vor ihm sicher; manchmal nervt er aber ganz schön.
- M. ist kein Dummer, im Gegenteil.
- Er hat es zu Hause nicht leicht; seine Eltern sind sehr streng; müssen sie wohl auch bei fünf Kindern sein.
- M. kann Witze erzählen wie kein anderer, und das stundenlang.
- M. lacht übertrieben viel; über jeden und über alles; ernsthaft etwas besprechen kann man mit ihm nicht.

Olivia

Selbsteinschätzung

Ich tue was für meinen Körper und finde mich eigentlich sehr gut. Zweimal in der Woche trainiere ich in einer Handballmannschaft. Meine schulischen Leistungen – na ja, ich bin halt nicht die Fleißigste. Lernen macht mir eben nicht gerade Spaß. Nach dem Training kann ich mich oft nicht mehr aufraffen, etwas für die Schule zu tun. Mathe mag ich aber eigentlich ganz gerne, da braucht man nicht so zu pauken. Ich hasse Schlaffis; Jungen ohne Muckis kann man vergessen!

Fremdeinschätzungen

- O. ist sehr eingebildet.
- Man kann sich mit ihr nur über Mode, Figur und Jungen unterhalten.
- O. ist ein tolles Mädchen mit tollem Körper und nie krank.
- Sie hat immer gute Laune, mit ihr kann man Pferde stehlen; sie ist ein echter Kumpel.
- Mit O. ist es nie langweilig, sie hat oft super Ideen.
- Für O. zählen nur Äußerlichkeiten.
- O. fällt alles zu; sie braucht nicht zu lernen.

Adrian

Selbsteinschätzung

Ich sage immer, was mir nicht passt. Angst habe ich vor niemandem. Ich hasse Langweiler und Ja-Sager. In einer Gruppe bestimme ich gerne, wo es langgeht. Ich hätte das Zeug zum Klassensprecher, aber leider wurde ich nicht gewählt. In der Schule bin ich ziemlich gut, jedenfalls bin ich mit meinen Leistungen voll zufrieden, obwohl die Lehrer meinen, ich könnte mehr. Aber so ein Streber bin ich nicht.

Fremdeinschätzungen

- A. ist ein Angeber.
- A. ist sehr schlau, kann gut eine Gruppe führen und hat gute schulische Leistungen.
- Er weiß bei Problemen immer einen Ausweg.
- Viele hätten ihn gerne als Freund.
- Er hat auch den Mut, Lehrern zu widersprechen.
- A. ist ein Rechthaber.
- Manchmal mobbt er schwache Schüler.

1 Tauscht euch über die aufgeführten Stärken und Schwächen aus.

2 Wie kommt es, dass manche Schwächen von einigen auch als Stärken dargestellt werden und umgekehrt? Sprecht darüber.

3 Schätze dich selbst ein. Bitte zugleich andere, dich einzuschätzen. Vergleiche die Aussagen miteinander.

Online-Link
Arbeitsblätter „Meine starken Seiten“ und „Meine Interessen“
313174-0065

Welcher Beruf passt zu mir?

→ **Seite 239,** Arbeitstechnik „Einen literarischen Text genau lesen und verstehen“

1 Lies den Text und notiere, was du über den Autor erfährst.

Robert Walser

Der Beruf

[…] Ich habe zu allen möglichen Berufen Lust. Da ist das Wählen eine schwere Sache. Ich glaube, ich tue am besten, wenn ich irgendeinen, vielleicht den erstbesten ergreife, ihn erprobe und, wenn ich ihn satt habe, fortwerfe. Kann man denn überhaupt wissen, wie es innerhalb eines Berufes aussieht? Ich denke, das muss man doch zuerst erfahren. Unerfahrene Geister, wie wir sind, können vor kein Urteil gestellt werden, ohne sich glänzend zu blamieren. Das ist durchaus Sache unserer Eltern, uns einen Beruf auszusuchen. Sie wissen am besten, wozu wir taugen. […] Nun, mein Wunsch wäre Schiffskapitän. Aber ich frage mich, ob meine Eltern mit diesem Wunsch einverstanden sind. Sie lieben mich sehr und sie würden besorgt sein um mich, wenn sie mich den Stürmen des Meeres ausgesetzt wüssten. Das Beste wäre freilich, heimlich durchzubrennen. So zur Nachtzeit, durchs Fenster, an einem Seil herabgelassen und – ade. Aber nein! Meine Eltern habe ich nicht den Mut zu hintergehen, und wer weiß, ob ich überhaupt das Zeug zu einem Schiffskapitän habe. Schlosser, Schreiner oder Drechsler will ich nicht werden. Für einen Aufsatzschreiber von meiner Qualität ziemt sich kein solches Handwerk. Buchbinder wäre hübsch, aber meine Eltern werden es nicht zugeben wollen, weil ich ihnen, das weiß ich, viel zu gut dafür bin. Sie sollen mich nur nicht studieren lassen, ich würde verkommen. Zum Arzt habe ich keine Lust, zum Pfarrer kein Talent, zum Juristen kein Sitzleder und Lehrer werden ... ich möchte lieber sterben. Unsere Lehrer zum Mindesten sind alle nicht glücklich, man sieht es ihnen an. Förster möchte ich werden. Ich würde mir ein kleines efeuumranktes Haus am Waldrand bauen und den Tag lang bis in die Nacht im Wald umherschweifen. […] Nun habe ich noch eines auf der Seele: Gaukler sein wäre schön. Ein berühmter Seiltänzer, Feuerwerk hinten auf dem Rücken, Sterne über mir, einen Abgrund neben und so eine feine schmale Bahn vor mir zum Schreiten. – Clown? Ja, ich fühle, ich habe zum Spaßmachen Talent. Aber den Eltern würde es Kummer bereiten, mich auf der Bühne zu wissen mit einer rot bemalten langen Nase und mehlbestreuten Wangen und im weiten lächerlichen Anzug. – Was nun denn? Daheim bleiben und greinen? Das niemals. Eins ist sicher, mir ist nicht bang vor Berufen. Es gibt so viele.

2 Sicher hast du gemerkt, dass der Autor vieles ironisch meint. Lies noch einmal und schreibe auf, welchen Aussagen du zustimmst, welchen nicht.

3 Führe einen kleinen Test durch:

In der senkrechten Spalte wirst du nach deinen Stärken und in der waagerechten Spalte nach deinen Interessen gefragt. Wo sich die Felder kreuzen, findest du zwei oder drei Symbole, z. B.:

Felix ist sehr kontaktfreudig und glaubt, gut mit Menschen umgehen zu können, dann schreibt er die Symbole aus dem Feld links unten (1. Spalte, letzte Zeile) auf ein Blatt: ↗☺✪

Wähle drei Kombinationen von Interessen und Stärken.

Interessen / Stärken	Umgang mit Menschen	Soziale Aufgaben	Technische Dinge	Computer und Daten	Bücher und Medien	Musik/Kunst	Naturwissenschaft	Organisieren/ Planen
Sprache	✪☺↗	☺✪⌘	✪▣↗	▣✪↗	✪▣▲	⌘✪☺	▲✪☺	▣✪↗
Zahlen	▣↗▲	▣🚘▲	▣▲🚘	▣▲↗	▣▲⌘	▲▣⌘	▲▣↗	▣▲↗
Sport	☺▲🚘	☺▲↗	▲🚘↗	🚘↗▣	▲🚘	⌘🚘	▲🚘✪	▲▣🚘
Basteln	⌘☺🚘	↗⌘☺	🚘⌘▲	▲🚘⌘	⌘✪▣	⌘🚘✪	▲⌘🚘	▣⌘🚘
Technik	🚘↗⌘	▲🚘☺	🚘↗▣	🚘▣▲	▣🚘▲	⌘🚘▣	🚘▲⌘	🚘▣↗
Malen/ Musizieren	⌘☺✪	⌘☺▣	⌘🚘▣	⌘✪🚘	⌘✪▲	⌘✪☺	⌘▲	✪⌘▣
Soziales Engagement	☺✪↗	☺↗⌘	🚘☺▲	↗☺▣	✪☺⌘	☺✪↗	▲✪☺	▣✪☺
Kontakt/Kommunikation	↗☺✪	↗☺✪	↗🚘☺	☺⌘✪	↗✪☺	↗☺✪	✪↗☺	▣⌘☺

Auswertung:

Welches Symbol hast du am häufigsten oder am zweithäufigsten gewählt? Diese Symbole zeigen an, welche Berufsfelder dir am besten entsprechen, denn jedes Symbol ist einem bestimmten Schwerpunkt zugeordnet:

🚘	= Handwerklicher bzw. technischer Bereich, z.B. Metall verarbeitende Berufe, Maler, Installateure, Elektro- oder Baubranche, Kfz-Mechaniker
☺	= Sozialer bzw. pädagogischer Bereich, z.B. Kinderbetreuung, Sozialarbeit, Altersheim, Krankenpflege, Ernährungsberatung
▣	= Verwaltung/Organisation/Büro/Datenverarbeitung, z.B. als Sekretär(in), Datenverarbeitungskauffrau/-mann, als Verwaltungsfachangestellte(r), im Hotelbereich, Rechtsanwalts- und Notargehilfe/-gehilfin
▲	= Umwelt/Gesundheit/Naturwissenschaft, z.B. als Apotheken-, Arzt- bzw. Zahnarzthelfer(in), Hebamme, medizinisch-technische(r) Assistent(in), im Bereich Umwelttechnik
↗	= Handel/Verkauf, z.B. Banken, Versicherungen, Groß- und Einzelhandel, Innen- und Außendienst
✪	= Medien/Sprache, z.B. im Verlagswesen, Buchhandel, bei Zeitungen, beim Radio, TV, als Übersetzer(in)
⌘	= Kreativer Bereich, z.B. Kunsthandwerk, Fotografie, Grafik, Werbung, als Maskenbildner(in), Schneider(in)

sollen – wollen – können

Johann Wolfgang Goethe

Sollen, Wollen, Können – diese drei Dinge gehören in aller Kunst zusammen, damit etwas gemacht werde. Häufig findet sich im Leben nur eins von diesen dreien oder nur zwei, also
Sollen und Wollen, aber nicht können;
Sollen und Können, aber nicht wollen;
Wollen und Können, aber nicht sollen.
Das heißt, es will einer, was er soll, aber er kann's nicht machen;
es kann einer, was er soll, aber er will's nicht;
es will und kann einer, aber er weiß nicht, was er soll.

1 Lest den Text von Goethe und erklärt euch wechselseitig seinen Inhalt, indem ihr Beispiele für die dargestellten Situationen findet.

2 Versuche, den Text gut verständlich vorzutragen.

→ **Seite 228 f.,** Unregelmäßige Verben

→ **Seite 220 f.,** Zeitformen des Verbs

3 Übernimm die folgende Tabelle in dein Heft und fülle sie aus.

Infinitiv	Präsens	Präteritum	Perfekt
können	du kannst	du konntest	du hast gekonnt
wollen	…	…	…
sollen	…	…	…
dürfen	…	…	…
müssen	…	…	…
mögen	du magst	du mochtest	du hast gemocht

4 Bilde mit jedem Modalverb einen Satz zum Thema „Vorstellungsgespräch", z. B.:
Kannst du erklären, warum du unser Unternehmen ausgewählt hast?

→ **Seite 223,** Modalverben

Merke

Modalverben zeigen an, ob etwas als Möglichkeit *(können)*, als Bestreben *(wollen)*, als Forderung *(sollen)*, als Erlaubnis/Verbot *(dürfen/nicht dürfen)*, Bedürfnis *(mögen)* oder Verpflichtung *(müssen)* verstanden werden soll.

5 Setze das passende Modalverb ein, z. B.:

1. Ich will unbedingt Floristin werden.

soll | kann | muss | will | darf

1. Ich □ unbedingt Floristin werden.
2. Während des Praktikums □ ich mit meiner Betreuerin auf den Großmarkt fahren.
3. Allerdings □ ich mitten in der Nacht aufstehen, denn pünktlich um 5.00 Uhr □ es losgehen.
4. Obwohl der Motor nicht anspringen □, erreichen wir den Großmarkt pünktlich.
5. Am Tor □ meine Betreuerin den Berechtigungsschein vorzeigen, denn als Privatkunde □ man nicht auf den Großmarkt.
6. Ich □ mir nicht vorstellen, dass die unendlichen Mengen von Blumen alle verkauft werden.
7. Meine Betreuerin □ an diesem Tag vor allem Tulpen und Osterglocken kaufen.
8. Ich □ ihr helfen, die Blumen zum Auto zu bringen.

6 **Höflichkeitsbausteine** Schreibe vollständige Sätze, z. B.:

1. Dürfte ich erfahren, ob die Stelle noch frei ist?

1. Dürfte ich erfahren, …
2. Möchtest du vielleicht …
3. Ich möchte gerne wissen, …
4. Ich möchte dich bitten, …
5. Könntest du mir bitte …
6. Entschuldigung, könnten Sie …
7. Solltest du nicht lieber …
8. Sie sollten eventuell …

7 Drücke deine Absicht auf verschiedene Art und Weise aus.
Ersetze „ich möchte" durch „ich beabsichtige", „ich habe die Absicht" oder „ich habe vor", „ich würde gern", z. B.:

1. Ich beabsichtige, hier ein Praktikum zu machen.

1. Ich <u>möchte</u> hier ein Praktikum machen.
2. Ich <u>möchte</u> den Beruf des Malers erlernen.
3. Ich <u>möchte</u> den Arbeitsplatz des Tierpflegers erkunden.
4. Ich <u>möchte</u> herausfinden, was eine Altenpflegerin zu tun hat.
5. Ich <u>möchte</u> ermitteln, ob ich für diesen Beruf geeignet bin.
6. Ich <u>möchte</u> testen, ob mir dieser Beruf gefällt.

Jetzt möchte ich einen Beruf erlernen

→ Seite 68, 223, Modalverben

1 Schreibe alle Modalverben zusammen mit dem jeweiligen Personalpronomen aus dem folgenden Text heraus. Ergänze den Infinitiv, z. B.:
ich sollte – sollen

An die Bäckerei Fritz Müller,
Flankberg, Parkstr. 43

Lieber Herr Müller,

mein Opa war gestern bei Ihnen und hat gesagt, ich sollte mich mal bei Ihnen bewerben. Das ist schön, denn ich wollte schon immer eine Lehre beim Bäcker machen. Ich mag auch Ihren Kuchen sehr gerne essen. Zu Hause durfte ich auch schon allein Plätzchen backen. Die Schule hab ich zu Ende gemacht. Jetzt will ich was lernen, wo man gutes Geld verdienen kann. Ich konnte schon mal ein Praktikum in einer Bäckerei machen. Das war cool. Ich musste zwar früh aufstehen, aber das hat mir nichts ausgemacht. Ich heiße Sebastian Krause und wohne bei Ihnen gegenüber in der 46. Wenn ich kommen soll, können Sie ja bei uns klingeln.

Na, dann bis bald!
Sebastian

→ Seite 72 ff., Bewerbung

2 Du hast sicher gemerkt, dass diese Bewerbung noch nicht gut gelungen ist. Sie enthält aber einige Angaben, die in eine Bewerbung gehören. Andere Angaben müssten ergänzt werden. Prüfe, welche das sind. Beantworte dazu die folgenden Fragen.

1. Was kann man aus der Bewerbung über den Verfasser erfahren?
2. Von wem wusste Sebastian von dem Ausbildungsplatz in der Bäckerei?
3. Welchen Beruf will Sebastian erlernen?
4. Warum soll er sich in der Bäckerei bewerben?
5. Was darf Sebastian zu Hause allein tun?
6. Welche Erfahrungen konnte er bereits sammeln?
7. Was müsste er dem Bäckermeister unbedingt mitteilen?
8. Welche Unterlagen sollte er dem Bewerbungsschreiben beifügen?

3 Suche aus dem folgendem Textausschnitt die Modalverben mit den dazugehörigen Verben heraus. Schreibe so: man *muss* haben.

→ **Seite 68, 223,** Modalverben

Robert Walser

Der Beruf

Um in der Welt ein rechtschaffenes Leben zu führen, muss man einen Beruf haben. Man kann nicht nur so in den Tag hineinarbeiten. Die Arbeit muss ihren bestimmten Charakter und einen Zweck haben, zu dem sie führen soll. […]

Das Leben sei ein strenger Schulmeister, sagen sie einem und das muss wahr sein, weil es eine allgemeine Ansicht ist. Wir dürfen nach unserer Lust den Beruf wählen und wo wir das nicht dürfen, tut man uns unrecht. […]

4 Füge in jeden Satz das passende Modalverb in der richtigen Form ein.

können | sollen | dürfen | wollen | müssen

1. Ich habe erfahren, dass Sie Praktikanten einstellen ___.
2. Zuerst ___ ich mich für mein Zuspätkommen entschuldigen.
3. Im Praktikum ___ ich unbedingt die Arbeit des Zweiradmechanikers kennen lernen.
4. Bei einem Bekannten ___ ich im letzten Monat schon einige Erfahrungen sammeln.
5. Kleinere Mängel ___ ich bereits selbstständig beheben.
6. Welche Unterlagen ___ ich Ihnen zuschicken?

5 Formuliere Fragen nach folgendem Muster:
1. Wann gibst du die Unterlagen ab? (müssen) →
Wann musst du die Unterlagen abgeben?

1. Wann gibst du die Unterlagen ab? (müssen)
2. Um welche Stelle bewirbst du dich? (wollen)
3. Wann kommst du? (sollen)
4. Wo stellst du dich vor? (müssen)
5. Welche Gründe nennst du dem Ausbildungsleiter? (können)
6. Welche Arbeiten führst du schon selbstständig aus? (dürfen)
7. An wen wendest du dich im Betrieb? (können)
8. Um wie viel Uhr beginnst du morgens? (sollen)

6 Schreibe die Fragen aus Aufgabe 5 im Präteritum auf, z. B.:
1. Wann musstest du die Unterlagen abgeben?

5 Deine Bewerbung

Schülerinnen und Schüler einer Schule arbeiten während eines vierwöchigen Betriebspraktikums in der Ausbildungswerkstatt eines großen Konzerns im Rhein-Main-Gebiet. Außerdem arbeiten sie dort an Praxistagen, die im gesamten Schuljahr stattfinden. Sie können dabei die unterschiedlichen Berufe im Metall- und Elektrobereich (z. B. Mechatroniker/in) sowie im kaufmännischen Bereich (z. B. Industriekaufleute oder Kaufleute für Bürokommunikation) kennen lernen. Darüber hinaus erhalten sie Einblick in das Berufsbild „Technischer Zeichner". Die Schüler profitieren von dieser Zusammenarbeit. Allerdings machen einige von ihnen auch die ungewohnte Erfahrung, dass der Leiter der Abteilung Aus- und Weiterbildung nicht alle Schüler zum Praxistag zulässt. In einem Gespräch mit zwei Schülervertretern erläutert er seine Sichtweise.

Online-Link
Arbeitsblatt
„Checkliste: Berufsberatung"
313174-0072

1 Lies den folgenden Text.

Online-Link
Hörverstehen
313174-0072

Ein Gespräch mit dem Leiter der Abteilung Aus- und Weiterbildung

Schüler Herr Kraft, wir bedanken uns zunächst bei Ihnen, dass Sie als Führungskraft Ihrer Firma heute Zeit für uns gefunden haben, um uns zu erklären, warum Sie drei Schülerinnen und Schüler aus dem 8. Jahrgang nicht zum Praxistag zugelassen haben.

Kraft Zuerst einmal: Im Rahmen unserer Partnerschaft ist es eine Selbstverständlichkeit für mich, dass wir heute zusammengekommen sind, um das einmal in Ruhe zu besprechen. Die drei waren zwar von eurer zuständigen Lehrerin angekündigt worden und wir hatten Plätze reserviert, aber alle drei waren nicht bereit oder nicht in der Lage, eine einigermaßen annehmbare Bewerbung vorzulegen.

Schüler Das müssen Sie uns näher erklären!

Kraft Wie gesagt, Tina hat überhaupt keine Bewerbungsunterlagen abgegeben und die Unterlagen von Tobias und Mario waren, na ja, ersparen wir uns das.

Schüler Aber die beiden haben doch immerhin etwas abgegeben.

Kraft Aber was und wie! Der Lebenslauf und das Zeugnis fehlten ganz. Das Bewerbungsschreiben war voller Fehler, der angestrebte Beruf war nicht erwähnt. Wichtig ist: Die Unterlagen müssen stimmen, das heißt, sie müssen vollständig und wahrheitsgemäß sein – das Bewerbungsschreiben, ein Lebenslauf, die letzten drei Zeugnisse und eventuelle weitere wichtige Nachweise und Bescheinigungen. Ein gesondertes Deckblatt kann das Interesse beim Leser wecken.

Schüler Und sagen Sie uns doch zum Schluss bitte auch noch etwas zu der Form des Lebenslaufs. Ein Lehrer aus dem 8. Jahrgangsteam hat einen handgeschriebenen ausformulierten Lebenslauf von den Schülern verlangt.

Kraft Gut. Den Lebenslauf haben wir lieber in tabellarischer Form. Den Grund versteht ihr sofort. Wir haben über 1000 Bewerbungen für unsere Ausbildungsstellen. Da müssen wir uns schnell für eine erste Vorauswahl informieren. Bei Online-Bewerbungen müssen auf jeden Fall alle Unterlagen schriftlich nachgereicht werden. Manche Firmen wünschen einen handgeschriebenen Lebenslauf. Sie versprechen sich davon Aufschlüsse über den Charakter des Bewerbers.

Schüler Herr Kraft, Sie haben einiges geklärt und wir werden das an unsere Mitschüler weitergeben. Wir bedanken uns für dieses Gespräch.

2 Beantworte die folgenden Fragen zu den Texten auf Seite 72/73.

1. Welche Ausbildungsberufe werden in dem ersten Text genannt?
2. In welchem Zeitrahmen arbeiten die Schüler des 8. Schuljahres in dem genannten Betrieb?
3. Warum wurden drei Schülerinnen und Schüler nicht zugelassen?
4. Was sind die wichtigsten Bestandteile der Bewerbungsunterlagen?
5. Welche Form des Lebenslaufs wird in der Regel gewünscht?

Bewerbung um einen Praktikumsplatz

Marius Mirow
Zum Jugendheim 8
84587 Gelsenkirchen
Tel. (033 35) 302 01
E-Mail: marius.mirow@e-mail.de

KH Wärmetechnik GmbH
Personalabteilung
Dieselstr. 44
44147 Dortmund

16. April 2010

Betriebspraktikum als Heizungsinstallateur
Liste der Ausbildungsbetriebe in unserer Schule

Sehr geehrte Damen und Herren,

ich bewerbe mich im Rahmen des Betriebspraktikums unserer Schule als Praktikant in Ihrem Betrieb, um die Arbeiten und die Ausbildung eines Heizungsinstallateurs kennen zu lernen.
Ich besuche zurzeit die Gesamtschule in Gelsenkirchen-Buer, die ich im Sommer 2011 mit dem Hauptschulabschluss verlassen werde.
Für das Praktikum in Ihrem Betrieb habe ich mich entschieden, weil ich gerne Reparatur- und Installationstätigkeiten durchführe.
Ich möchte mich gerne bei Ihnen vorstellen und würde mich sehr über eine Einladung zu einem Gespräch freuen.

Mit freundlichen Grüßen

Marius Mirow
Marius Mirow

Anlagen: Lebenslauf mit Foto, Zeugniskopie

1 Stelle fest, worum es in diesem Bewerbungsschreiben geht. Wie begründet der Verfasser seine Bewerbung?

2 Entwirf nach diesem Muster ein Bewerbungsschreiben mit deinen Daten für ein Betriebspraktikum oder einen Praxistag.

Online-Link
Arbeitsblatt
„Das Bewerbungsschreiben"
313174-0074

In Form gebracht

Name und Anschrift des Absenders
Vollständige Anschrift der Firma

Aktuelles Datum

Betreff und Bezug
(Um welches Betriebspraktikum geht es, woher weiß man davon?)

Anrede
(Wenn kein Name bekannt ist, schreibt man:
Sehr geehrte Damen und Herren, …)

Bewerbungssatz im Text
Begründung für die Bewerbung
Darstellung der augenblicklichen Tätigkeit
Hinweis auf Vorstellungswunsch

Grußformel

handschriftliche Unterschrift

Anlagenhinweis

1 Erarbeite eine endgültige Fassung deines Bewerbungsschreibens.

2 Tauscht eure Schreiben untereinander aus und überprüft sie gegenseitig. Ihr könnt dazu die folgenden Checklisten nutzen:

Äußere Form
- sauberes weißes DIN-A4-Papier verwendet
- Seitenränder eingehalten
- den Text übersichtlich auf der Seite verteilt, in Absätze gegliedert
- handschriftliche Fassung klar und sauber geschrieben
- handschriftliche Unterschrift eingefügt

Sprache und Stil
- Rechtschreibung, Zeichensetzung überprüfen
- Anredepronomen großschreiben
- Sätze auf Vollständigkeit überprüfen
- passende Ausdrücke wählen, Umgangssprache vermeiden
- Wortwiederholungen vermeiden

→ **Seite 228 f.,** Unregelmäßige Verben

→ **Seite 230 f.,** Verben mit festen Präpositionen

Lebensläufe

TIPP!
Du kannst auch im Internet nachlesen, wie ein Lebenslauf aussehen sollte. Nutze den Online-Link.

Online-Link
zu Lebenslauf und Bewerbungsschreiben
313174-0076

Robert Kaeppel
Im Rosenbusch 13
89079 Ulm

Lebenslauf

Mein Name ist Robert Kaeppel. Ich wurde am 20.01.… in Stuttgart geboren. Ich besuchte von … bis … die Grundschule in Stuttgart. Danach zogen meine Eltern nach Ulm um. Dort besuche ich seit … die Franz-Josef-Strauss-Schule und bin im Moment in der 8. Klasse der Hauptschule.
Ich spreche sehr gut Englisch (Note 1), und meine Noten sind insgesamt so gut, dass ich hoffe, den qualifizierten Hauptschulabschluss machen zu können. Ich spiele seit vier Jahren Saxophon und bin Mitglied des Ulmer Blasorchesters. Seit 2007 helfe ich meinem Vater in seinem Handelsgeschäft bei der elektronischen Datenverarbeitung.

Ulm, im März …
Robert Kaeppel

Tabellarischer Lebenslauf

Name: Robert Kaeppel
Anschrift:

Geburtsdatum:
Geburtsort:

Schulbildung:

Sprachkenntnisse: Englisch, Schulkenntnisse

Verschiedene Kenntnisse und Fähigkeiten:
Mithilfe im Handelsgeschäft meines Vaters bei …

Ulm, im März …
Robert Kaeppel

1 Vergleicht die beiden Lebensläufe auf Seite 76. Sprecht über Vor- und Nachteile der beiden Formen.

2 Übertrage den tabellarischen Lebenslauf auf ein DIN-A4-Blatt und ergänze dabei die Lücken mithilfe des ausführlicheren Lebenslaufes.

3 Bereite deinen eigenen Lebenslauf vor. Notiere zunächst Stichworte.

- Du kannst dich an dem Beispiel aus Aufgabe 4 orientieren, aber auch eigene Punkte hinzufügen, z. B. Hobbys.
- Achte auf diese Reihenfolge: Zuerst die persönlichen Daten, danach die Schulbildung, zuletzt besondere Kenntnisse und Hobbys.

TIPP!
Für eine Bewerbung genügt in der Regel ein tabellarischer Lebenslauf.

Online-Link
Arbeitsblatt „Lebenslauf"
313174-0077

4 Jetzt kannst du deinen tabellarischen Lebenslauf gestalten. Nutze ein Textverarbeitungsprogramm oder schreibe äußerst sauber mit der Hand.

Diese Punkte musst du beachten:

- unliniertes weißes DIN-A4-Papier verwenden
- Linienpapier mit Markierung unterlegen
- Bewerbungsfoto (kein Urlaubsbild oder halbseitiges Porträtfoto) aussuchen
- den Text übersichtlich auf der Seite verteilen
- Mindestränder beachten
- korrekte Angaben machen, keine zeitlichen Lücken lassen
- Schreib- oder Tippfehler unbedingt vermeiden – Korrekturprogramm verwenden
- Ort, Datum und handschriftliche Unterschrift nicht vergessen.

Rand: 2,5 cm

Lebenslauf

Name:	Zelika Mandic
Anschrift:	Im Rosenbusch 24 89079 Ulm
Geburtsdatum:	20. Januar …
Geburtsort:	Zagreb
Staatsangehörigkeit:	deutsch
Schulbildung:	… – … Grundschule in Zagreb … – … Grundschule in Ulm ab … Realschule in Ulm
Praktikum:	4 Wochen bei Holzblasinstrumentenbauer Anton Müller
Sprachkenntnisse:	Kroatisch fließend Englisch Schulkenntnisse
Besondere Kenntnisse und Fähigkeiten:	Mithilfe im Geschäft meines Vaters bei der Büroarbeit, Querflöte spielen seit 4 Jahren, Mitglied des Schulorchesters

Ulm, im März …
Zelika Mandic

→ **Seite 19, 243,** Arbeitstechnik „Korrektur lesen"

→ **Seite 237,** Arbeitstechnik „Etwas mit Schrift gestalten"

5 EXTRA Manchmal wird ausdrücklich ein handschriftlicher ausführlicher Lebenslauf gefordert. Versuche einmal, deinen Lebenslauf fehlerfrei mit der Hand aufzuschreiben. Beachte dabei auch die Einhaltung der richtigen Form. Bei jedem Fehler musst du neu beginnen. Vergiss nicht, zum Schluss Korrektur zu lesen.

TIPP!
Besorge dir einfaches Kopierpapier. Vergiss nicht, den Papierkorb in die Mitte des Raumes zu stellen.

Für sich selbst werben

Etwas knifflig ist die Aufgabe, im Lebenslauf besondere Kenntnisse, Fähigkeiten und Aktivitäten anzuführen und zu erklären.

1 Lest, was Schüler der 8. Klasse über sich selbst geschrieben haben. Besprecht, was man davon in den Lebenslauf aufnehmen sollte und was nicht.

Achim

Ich kann Fahrrad fahren wie ein Profi. Mit meinem Bike cruise ich oft quer durch den Wald (urwaldartiges Naturschutzgebiet!). Ganze zweimal bin ich dabei erst gestürzt …

Richard

Zweimal in der Woche gebe ich meinem kleinen Bruder und seinen beiden Freunden aus der 5. Klasse Nachhilfe in Mathe. Ich bin stolz darauf, dass sie sich schon verbessern konnten.

Nora

Ich helfe oft meiner Großmutter, die nicht mehr so gut zu Fuß ist. Ich kaufe regelmäßig für sie ein und erledige Behördengänge …

Michelle

In Französisch bin ich mit Abstand die Beste in der Klasse. Ich sage manchmal sogar unserem Französischlehrer, wie man in Frankreich etwas wirklich sagt …

Simone

Ich bin äußerst vielseitig und habe es schon mit unzähligen Nebenjobs probiert: Hundesitting, Werbezettelverteilung, Aushilfe in einer Hotelküche, in einer Gärtnerei, in einer Eisdiele, in einer Kaufhalle, im Altenheim usw. Aber Spaß hat mir nichts gemacht und verdient habe ich auch viel zu wenig …

Orhan

Ich kann sehr gut mit dem PC umgehen. Meine Eltern holen sich häufig Rat bei mir, wenn es um Informationen aus dem Internet geht oder wenn irgendetwas nicht funktioniert …

Bastian

Besondere Kenntnisse habe ich nicht. Seit zwei Jahren bin ich bei der Jugendfeuerwehr. Zweimal bin ich schon aus der Schule zum Einsatz gerufen worden …

2 Stelle fest, ob die Schülerinnen und Schüler auf Seite 78 ihre Kenntnisse und Fähigkeiten geschickt beschrieben haben. Wähle zwei Beispiele aus und verbessere sie, falls nötig.

3 Hier findest du Ausschnitte aus Bewerbungen von Schülerinnen und Schülern um einen Praktikumsplatz.
Tausche dich mit deinen Mitschülern darüber aus, was für Betriebe oder Firmen hier vermutlich angeschrieben wurden.

… Für diese Tätigkeit interessiere ich mich sehr. Zweimal in der Woche betreue ich Kinder als Babysitterin. Wir gehen dann in den nahen Tierpark, um Tiere zu beobachten. Manchmal basteln wir auch Tiere aus gesammelten Materialien. Ich freue mich jedes Mal, wenn die Kinder Freude beim Umgang mit Tieren haben …

… Ich denke, dass ich auch die körperlichen Voraussetzungen für diese Tätigkeit besitze. Ich bin sehr sportlich (Note 1 in Sport), habe eine große Ausdauer und viel Kraft. Außerdem arbeite ich sehr gerne bei Wind und Wetter im Freien. Im letzten Jahr habe ich unseren Garten fast ganz alleine umgegraben und die Hecke geschnitten. In den Ferien habe ich zwei Wochen bei einer Straßenbaufirma gearbeitet. Das hat mir großen Spaß gemacht …

… In diesem Bereich habe ich bereits einige Erfahrungen. Ich versuche alle Fernsehsendungen, die sich mit Kochen, gesunder Ernährung und stilvollem Essen befassen, zu verfolgen. Ich habe das große Glück, dass ich zu Hause manches Gericht nachkochen und servieren darf. Bei größeren Familienfeiern habe ich schon öfter geholfen und mit zum Gelingen des Festes beigetragen …

TIPP!
Du kannst für Aufgabe 4 auch ein Arbeitsblatt ausdrucken. Nutze dazu den Online-Link.

Online-Link
Arbeitsblatt
„Meine starken Seiten"
313174-0079

4 Schreibe auf, welche Voraussetzungen du für das Praktikum mitbringst, das du bevorzugst.

5 Gib deinen Text einem Partner zum Lesen. Tauscht euch über eure Texte aus. Überlegt gemeinsam, was noch verbessert werden müsste. Korrigiert dann eure Texte.

→ **Seite 238,** Arbeitstechnik „Eine Schreibkonferenz durchführen"

Auf der Suche nach einem Ausbildungsplatz

1 Stelle fest, was man in der Kurzgeschichte über die Hauptperson erfährt.

Online-Link
Hörverstehen
313174-0080

→ **Seite 239,** Arbeitstechnik „Einen literarischen Text genau lesen und verstehen"

Dagmar Chidolue

Aber Spaß muss es machen

Es muss ja nicht unbedingt so ein Traumberuf sein, Mannequin oder Stewardess, aber Spaß muss es machen.

Was mir Spaß machen würde, ist hoffnungslos. Ich habe erst gar nicht darüber geredet. Nur einmal. Mit Voranmeldung bin ich da zum Arbeitsamt gegangen und habe mit einer Dame gesprochen, die ihre Finger in einem Karteikasten stecken hatte.

„Wir haben viele freie Ausbildungsstellen", sagte sie. „Ich kann Ihnen einige Anschriften aus dem Spezialverkauf nennen."

Mit ihrer freien Hand griff sie nach einer vorgedruckten Karte.

„Was ist Spezialverkauf?", habe ich gefragt.

„Alle möglichen interessanten Tätigkeiten auf dem Gebiet des Verkaufs", sagte sie.

„Was denn?", habe ich gefragt.

„Metzgerei", sagte sie. „Da werden gute Kräfte gebraucht. Spezialbekleidung. Sanitärbedarf."

„Nein", habe ich gesagt. „Das will ich nicht."

„Viel Auswahl haben Sie nicht", sagte sie. „Sie müssen sich schon der Marktlage fügen."

Da habe ich es gesagt. „Ich will Floristin werden", sagte ich.

Das ist ein schöner Name für einen Beruf, aber ich habe ihn mir nicht deswegen ausgesucht. Schuld ist der Garten meiner Oma. Schrebergarten. Wenn ich dort auf der Erde hocke, mit dem Pflanzer die Löcher steche und Erbsen fallen lasse, wenn ich später sehe, was draus wird, und die Oma an meiner Seite steht, wenn wir nichts sagen und schauen und ich weiß, dass wir das Gleiche denken, dass das nämlich Zufriedenheit ist oder eine kleine Idee von Glück, dann habe ich den Wunsch, dass das nie aufhört. Ein bisschen von diesem Gefühl, das will ich jeden Tag haben.

Etwas wachsen sehen, etwas gestalten. Ein kleiner Traum ist das schon. Ich hatte Zeitungen durchgesehen, aber Angebote für diese Ausbildung waren nicht zu finden gewesen. Da bin ich in Gärtnergeschäfte gegangen. Nur Kopfschütteln.

„Na, dann kommen Sie mal mit", sagte die Frau. Ich musste ins Nebenzimmer, da saß der Chef von der Abteilung. „Das Fräulein will Floristin werden", sagte die Frau. Zeigte auf den Stuhl vor dem Schreibtisch ihres Vorgesetzten. „Ach du Schreck", sagte er. „Hmhmhmhmhm." Mit seinem Finger fuhr er in sein Ohr und bohrte darin herum.

„Das ist auch ein Beruf, in den mehr Leute hineinwollen, als es Ausbildungsplätze gibt“, sagte er. „Sie können den ganzen Raum hier nehmen, das Umland mitgerechnet. Höchstens fünfzig bis siebzig Lehrstellen gibt es. Und Hunderte wollen das werden. Grüne Welle, verstehen Sie.“

„Ich arbeite doch nun einmal gern im Garten“, sagte ich.

„Was meinen Sie, was für eine Philosophie* bei manchen dahintersteckt“, sagte der Mann. „Viele Abiturientinnen wollen in diesen Beruf. Da haben Sie keine Chance. Gar keine.“ Ich war wie gelähmt im Kopf. Das war wohl auch der Sinn dieser Rede. Ich hätte gar nichts von meinem Traum erzählen sollen, er löste sich auf wie Seifenblasen.

„Sie können gute Ausbildungsplätze angeboten bekommen“, sagte er. „Es kommt immer auf die Leistungsbereitschaft und den Leistungswillen des Einzelnen an.“

Da war ich entlassen und durfte mich wieder zu der Dame setzen.

„Beispielsweise“, sagte sie, „hatte ich gerade einen Anruf von einem Institut. Die suchen Auszubildende zur Bürogehilfin. Zwei Jahre Training. Ich habe viele auf meiner Liste, die würden sich die Finger danach lecken. Aber da Sie hier sitzen, könnte ich Ihnen die Anschrift geben. Gehen Sie hin und sehen Sie es sich an. Es ist eine große Chance. Tippen können Sie doch?“

Ich war fast dankbar, als sie mir das Kärtchen mit der Adresse gab. Institut hörte sich immerhin besser an als Metzgerei.

Bewerbungsschreiben dann nach gelernten Regeln. Handgeschriebener Lebenslauf und Vorstellung im akkurat gebügelten Rock.

Als ich den Vertrag unterschrieben in den Händen hielt, fühlte ich mich ein bisschen wie verraten und verkauft. Aber meine Mutter war froh. An diesem Abend lachte sie.

„Mein Gott, hatte ich Angst“, sagte sie. „Ich weiß nicht, wie es gegangen wäre. Ich hätte dich doch nicht für immer ernähren können.“

Da bin ich erschrocken. Einen Moment lang dachte ich, dass sie mich gar nicht liebt.

* Philosophie, die: Wissenschaft, die versucht, die Welt und das menschliche Dasein zu deuten und zu verstehen; gemeint ist hier eine *Lebensphilosophie* (wie sich jemand sein Leben vorstellt und wie er es gestalten will)

2 Ergänze die folgenden Sätze, z. B.:

1. Bei dem Text handelt es sich um eine Kurzgeschichte.

1. Bei dem Text handelt es sich um …
2. Der Titel lautet …
3. Die Autorin der Geschichte heißt …
4. Die Ich-Erzählerin ist …
5. Es geht in der Geschichte um …
6. Die Ich-Erzählerin bewirbt sich um …
7. Ihr werden folgende Ausbildungsplätze angeboten: …
8. Sie fühlt sich am Ende, als sie ihren Vertrag in den Händen hält …
9. Aber ihre Mutter freut sich, weil …

Wie schreibt man das am besten?

1 In seiner Bewerbung schreibt Karl unter anderem:

> Ich habe von meiner Klassenlehrerin erfahren, dass Sie ab September Praktikumsplätze zur Verfügung stellen. Ich bewerbe mich deshalb hiermit um eine Praktikumsstelle in Ihrer Tischlerei. Ich benötige den Platz im nächsten Schuljahr vom 8.9. – 27.9. Ich besuche zurzeit die 8. Klasse der Heinrich-Heine-Schule. Ich möchte während des Praktikums in Ihrer Firma die Arbeitswelt einer Tischlerei erkunden. Ich lege dem Bewerbungsschreiben einen tabellarischen Lebenslauf, ein Passfoto sowie die Kopie des letzten Schulzeugnisses bei.

→ **Seite 224 f.,** Umstellprobe zum Erkennen von Satzgliedern

Stelle fest, mit welchem Satzglied alle Sätze in der Bewerbung beginnen. Überarbeite den Text so, dass unschöne Wiederholungen vermieden werden. Stelle die Sätze dazu um.

2 Übernimm die folgende Tabelle in dein Heft und trage die Satzglieder aus dem Text von Aufgabe 1 ein.

Satz	Akkusativobjekt	Dativobjekt	Präpositionalobjekt
1.	…	…	von meiner Klassenlehrerin
2.	…		…

Merke

- Akkusativobjekt – Objekt im 4. Fall (Man fragt: wen? oder was?), z. B.: *Er liest <u>die Zeitungsanzeige</u>.*
- Dativobjekt – Objekt im 3. Fall (Man fragt: wem?), z. B.: *Sie antwortet <u>dem Personalchef</u>.*
- Präpositionalobjekt – Objekt mit Präposition (Man fragt mit der Präposition: zu wem? von wem? wozu? über wen? worüber? worum? usw.), z. B.: *Er bewirbt sich <u>um einen Praktikumsplatz</u>.*

→ **Seite 225,** Adverbialbestimmungen

3 Suche aus dem Text von Aufgabe 1 alle Adverbialbestimmungen heraus und schreibe sie auf, z. B.: ab September → Adverbialbestimmung der Zeit

4 Schreibe aus dem folgenden Text alle unterstrichenen Substantive/Nomen mit ihren Attributen heraus. Unterstreiche die vorangestellten Attribute rot und die nachgestellten blau.

→ **Seite 225,** Attribute

> Der für mich zuständige Berufsberater bei der Arbeitsagentur hat mir mitgeteilt, dass in Ihrem Betrieb Praktikanten aus den 8. Klassen eingestellt werden. Ich möchte mich deshalb bei Ihnen um einen solchen Praktikumsplatz als Betriebsschlosserin bewerben ...
> Diesem Bewerbungsschreiben lege ich einen tabellarischen Lebenslauf bei.

5 Bestimme in diesen Satzgefügen die Haupt- und Nebensätze, z. B.:

1. HS, NS.

1. Wir treffen uns, wo wir uns gestern auch getroffen haben.
2. Sobald ich die Schule beendet habe, werde ich mich um einen Ausbildungsplatz bewerben.
3. Ich möchte einen Praktikumsplatz bei Ihnen, weil ich später hier eine Ausbildung machen will.
4. Indem ich ein Praktikum auf dieser Baustelle gemacht hatte, konnte ich viele praktische Erfahrungen sammeln.

6 Bei den Nebensätzen aus Aufgabe 5 handelt es sich um Adverbialsätze. Erfrage sie und stelle so fest, ob es sich jeweils um einen Adverbialsatz der Zeit/Temporalsatz, um einen Adverbialsatz des Ortes/Lokalsatz, um einen Adverbialsatz des Grundes/Kausalsatz oder um einen Adverbialsatz der Art und Weise/Modalsatz handelt.

→ **Seite 126 ff., 225 f.,** Haupt- und Nebensätze, Adverbialsätze

7 Ergänze Adverbialsätze, z. B.:

1. Ich gehe, wohin du gehst.

1. Ich gehe, wohin ...
2. Ich muss einen Bericht schreiben, wenn ...
3. Ich komme gerne, weil ...
4. Er führte mich ins Praktikum ein, indem ...
5. Ich werde arbeiten, wo ...
6. Ich konnte nicht zur Arbeit kommen, da ...
7. Ich erhielt eine Einladung zum Vorstellungsgespräch, als ...
8. Ich war sehr aufgeregt, als ...

Fragen über Fragen

1 Stelle dir vor, du willst dich in einem Betrieb bewerben und dich vorher genauer über ihn erkundigen. Formuliere Fragen, z. B.:
1. Wer ist hier der Ausbildungsleiter?

1. Wer? – Ausbildungsleiter?
2. Wem? – Unterlagen schicken?
3. Wen? – bei Unklarheiten fragen?
4. Wann? – Arbeitsbeginn und Arbeitsende?
5. Welche? – Arbeitsmittel? Arbeitskleidung?
6. Wie? – Betriebsklima?
7. Wo? – Arbeitsplatz?
8. Mit wem? – zusammenarbeiten?

2 Frage nach den Wörtern, die in den Sätzen unterstrichen sind, z. B.:
1. An wen schreibt sie?

1. Sie schreibt an den Ausbildungsleiter.
2. Du bist mit ihr zusammen in diesem Betrieb.
3. Er hat es durch Bekannte erfahren.
4. Sie erzählt gerne von ihm.
5. Es geht um eine Auszubildende.
6. Auf den Jungen ist immer Verlass.
7. Er spricht nicht gerne über seine Eltern.
8. Sie stimmt für die Freundin.
9. Er hat sich schon 15-mal um eine Stelle beworben.

→ **Seite 230 f.,** Verben mit festen Präpositionen

3 Frage nach den Wörtern, die unterstrichen sind, z. B.:
1. Womit arbeitet er?

1. Er arbeitet mit komplizierten Geräten.
2. Sie sparen für einen neuen Computer.
3. Sie haben über meinen Lebenslauf gesprochen.
4. Er berichtet von der Arbeit.
5. Sie erfuhr durch Zufall davon.
6. Es geht um die Berufswahl.
7. Sie erinnert an sein Versprechen.
8. Sie hoffen auf gute Zusammenarbeit.
9. In seinem Praktikumsbericht schreibt er über dieses Vorkommnis.

4 Setze die passende Präposition ein, z. B.:

1. Ich antworte auf Ihre Anzeige vom 30.05.

→ **Seite 230 f.,** Verben mit festen Präpositionen

mit – über – um – vom – auf – in – zu – von – an – für

1. Ich antworte … Ihre Anzeige … 30.05.
2. Ich bitte Sie … eine rasche Information.
3. Ich habe mich … einer Ausbildung entschlossen.
4. Ich werde … der Veranstaltung teilnehmen.
5. Ich freue mich sehr … Ihre Antwort.
6. Ich interessiere mich sehr … Ihr Angebot.
7. Sie können sich … meinem Können überzeugen.
8. Ich rechne noch … dieser Woche … der Antwort.

5 Gib die Antworten, z. B.:

*1. **Das ist** von den Prüfungsergebnissen **abhängig**.*

TIPP!
Achte auch auf die Wortstellung.

1. Wovon **ist das abhängig**? → die Prüfungsergebnisse
2. Womit bist du einverstanden? → eure Einschätzung
3. Wozu bist du nicht fähig? → selbstständige Lösung der Aufgabe
4. Wofür bist du dankbar? → der schnelle Termin
5. Womit bist du fertig? → die Hausaufgaben
6. Woran bist du interessiert? → ein Praktikum
7. Wovon bist du begeistert? → meine Arbeit
8. Worauf bist du neugierig? → der Betrieb

6 Forme die Sätze um, z. B.:

1. Er bietet mir an, bei der Arbeit zu helfen.

1. Er bietet mir die Hilfe bei der Arbeit an.
2. Er bemüht sich um die Erzielung guter Ergebnisse.
3. Sie plant eine Verlängerung ihrer Ausbildung.
4. Die Eltern ermöglichen ihm eine Ausbildung in den USA.
5. Sie beabsichtigt eine Bewerbung in dieser Firma.
6. Sie unterstützen sie bei der Überwindung der Schwierigkeiten.
7. Mir fällt das Formulieren der Sätze sehr schwer.
8. Ich wurde zur Darstellung der Geschehnisse aufgefordert.

6 Dein Betriebspraktikum

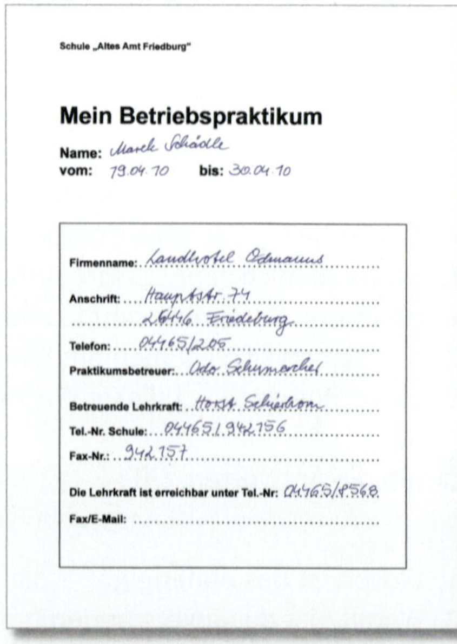

Schule „Altes Amt Friedburg"

Mein Betriebspraktikum

Name: Marek Schädle
vom: 19.04.10 **bis:** 30.04.10

Firmenname: Landhotel Odmanns
Anschrift: Hauptstr. 74
26446 Friedeburg
Telefon: 04465/205
Praktikumsbetreuer: Odo Schumacher
Betreuende Lehrkraft: Horst Schiedrom
Tel.-Nr. Schule: 04465/942156
Fax-Nr.: 942157
Die Lehrkraft ist erreichbar unter Tel.-Nr: 04465/8568
Fax/E-Mail: ....

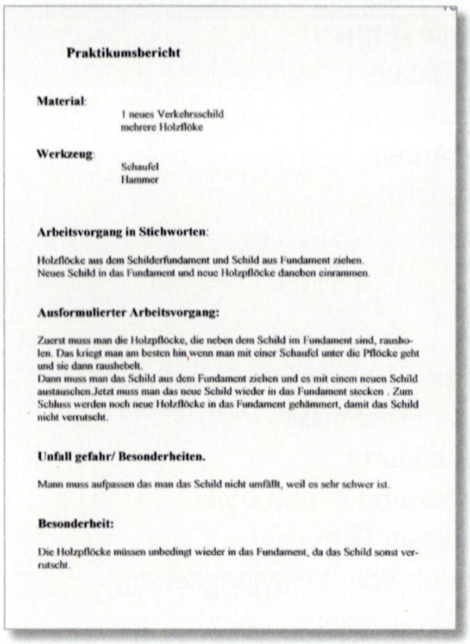

Praktikumsbericht

Material:
1 neues Verkehrsschild
mehrere Holzflöke

Werkzeug:
Schaufel
Hammer

Arbeitsvorgang in Stichworten:

Holzflöcke aus dem Schilderfundament und Schild aus Fundament ziehen.
Neues Schild in das Fundament und neue Holzpflöcke daneben einrammen.

Ausformulierter Arbeitsvorgang:

Zuerst muss man die Holzpflöcke, die neben dem Schild im Fundament sind, rausholen. Das kriegt man am besten hin,wenn man mit einer Schaufel unter die Pflöcke geht und sie dann raushebelt.
Dann muss man das Schild aus dem Fundament ziehen und es mit einem neuen Schild austauschen.Jetzt muss man das neue Schild wieder in das Fundament stecken . Zum Schluss werden noch neue Holzflöcke in das Fundament gehämmert, damit das Schild nicht verrutscht.

Unfall gefahr/ Besonderheiten.

Mann muss aufpassen das man das Schild nicht umfällt, weil es sehr schwer ist.

Besonderheit:

Die Holzpflöcke müssen unbedingt wieder in das Fundament, da das Schild sonst verrutscht.

1 Im 8. Schuljahr führt ihr ein Betriebspraktikum durch.
Tauscht euch darüber aus, was eurer Meinung nach alles zu einer guten Vor- und Nachbereitung gehört.

Unterschiedliche Tagesberichte kennen lernen

1 Eindrücke, die man während des Praktikums hat, und Erfahrungen, die man in dieser Zeit sammelt, werden in Praktikumsberichten festgehalten. Sieh dir das folgende Beispiel an und besprich mit deinen Mitschülern, wen und worüber solche Berichte informieren sollen.

Tagesbericht **Dienstag, den 09.03.2010**

Zeit/Ort	Tätigkeiten	Arbeitsmittel	Arbeitsablauf
5.30 – 6.00 Friedeburg-Emden	Fahrt zur Arbeitsstätte		
6.30 – 10.00 Fa. Windkraft Emden, Fertigungshalle für Schaltanlagen	Schutzschlauch in die dafür vorgesehene Verschraubung eingeführt Verschraubung mit Rohrzange festgezogen	Verteilerkasten der Anemometerheizung* Kabel Schutzschlauch Rohrzange	1. den Kabelschutzschlauch in den vorgesehenen Löchern des Verteilerkastens der Anemometerheizung verschrauben 2. mit einer Rohrzange festziehen
10.00 – 10.15 Aufenthaltsraum	Frühstückspause		
10.15 – 12.30 Fa. Windkraft Emden, Fertigungshalle für Schaltanlagen	Schutzschlauch zurechtgeschnitten Kabel durchgeführt Schrumpfschlauch über Schutzschlauch geschoben verschrumpft	Verteilerkasten der Anemometerheizung Spiralrohre Schutzschlauch Kabel (3-mal 1,5 Nym, 2-mal 1,0 Nym) Heißluftföhn	1. den Schutzschlauch zurechtschneiden (Maße: 150 cm) 2. den Schrumpfschlauch über den Schutzschlauch schieben 3. mit einem Heißluftföhn bei 400 Grad verschrumpfen
12.30–13.00	…	…	…

* Anemometer, das: Windmesser

2 Welchen Beruf hat der Schüler (siehe Bericht, S. 87) in seinem Praktikum vermutlich kennen gelernt? Tauscht euch in der Klasse darüber aus.

3 Hier findest du einen Auszug aus einem weiteren Bericht. Stelle fest, welchen Beruf das Mädchen kennen gelernt hat.

Der dritte Tag 03.03.10

Heute begann mein Arbeitstag erst um 12.00 Uhr.

Zu Anfang kontrollierte ich gemeinsam mit Herrn Genske alle Umkleideschränke.
Dabei achteten wir besonders auf Folgendes:
Die Verankerung der Schränke, die Schlösser und die Schlüsselbänder.
Um 11.00 Uhr ging ich in die Schwimmhalle; ich führte dort gemeinsam mit dem Schwimmmeister die Aufsicht. Eine Gruppe von kleinen Kindern wollte ihr Schwimmabzeichen ablegen. Zuerst schrieb ich alle Namen und das Geburtsjahr auf. Dann begannen die Kinder mit der ersten Übung, dem Zeitschwimmen. Ich stoppte die Zeit. Nach der ersten Übung und einer kleinen Pause warf ich für jedes Kind einen Ring ins Wasser, den es anschließend heraufholte. Alle Kinder erhielten ihr „Seepferdchen“. Dies alles dauerte bis 17:30 Uhr.
Danach hatte ich eine kleine Pause, bevor ich weiter Aufsicht führte.
Meine Arbeitszeit endete um 18:30 Uhr.

Heike Dirks

4 Untersuche, wodurch sich die beiden Berichte (S. 87 und 88 oben) unterscheiden. Vergleiche z. B. Aufbau, Satzbau, Verbformen.

5 Tragt zusammen, welche Berufe ihr im Praktikum kennen lernen konntet, z. B.: Bäcker, Kosmetikerin …

Die passende Form finden

1 Verfasse mithilfe der folgenden Stichpunkte einen tabellarischen Tagesbericht (siehe Bericht auf Seite 87).

→ **Seite 236,** Arbeitstechnik „Einen Bericht schreiben"

Arbeitsbeginn um 10:00 Uhr – T-Shirt bedrucken – Vorlage in den Arbeitscomputer einscannen und bearbeiten – Motiv an Cutter senden, der mit dem Arbeitscomputer verbunden ist – spezielle T-Shirt-Folie einspannen und zuschneiden – überflüssige Folie vom Folientransparent abziehen – Presse auf 180 Grad Celsius einstellen – das Motiv auf das T-Shirt pressen – nach 12 Sekunden das abgekühlte Folientransparent abziehen – T-Shirt des Kunden ist fertig – Herrn Peter Fragen über den Betrieb gestellt – Laden schließen – Verkaufsständer einfahren – aufräumen und Staub saugen im Geschäft – 18:00 Uhr nach Hause

2 In einem ausführlichen Tagesbericht ist es nicht immer einfach, die einzelnen Sätze miteinander zu verknüpfen. Untersuche, wie die Verfasserin des Berichtes auf Seite 88 die Sätze miteinander verknüpft.

3 Verfasse mithilfe der folgenden Stichworte einen ausführlichen Tagesbericht. Du kannst weitere Daten hinzufügen. Nutze die Wörter auf den gelben Kästchen, um deine Sätze sinnvoll zu verknüpfen.

- erster Tag des Praktikums
- 8:00 Uhr Ankunft im Alten- und Pflegeheim
- durch Praktikumsbetreuerin Frau Müller begrüßt
- Räumlichkeiten gezeigt
- Aufgaben beschrieben
- dem Pflegepersonal zugesehen
- Wäsche sortiert
- Essen aus der Küche geholt
- Essen an Heimbewohner ausgeteilt
- Küche gesäubert
- den Heimbewohnern Getränke gebracht
- 15:30 Uhr ersten Arbeitstag beendet

jetzt | bevor | nach dem Essen | am Mittag

um … Uhr | danach | schließlich | während

nachdem | nun | von … bis … | als

heute | bald | endlich | dann

Einen Abschlussbericht verfassen

→ Seite 236, Arbeitstechnik „Einen Bericht schreiben"

1 Am Ende eines Praktikums sollt ihr einen Abschlussbericht schreiben. Seht euch dieses Beispiel an:

Abschlussbericht

Die Friedrich-Händel-Schule führte vom 1. bis 16. Mai 2010 ein Betriebspraktikum für den Jahrgang 8 durch. Ich arbeitete im Bauunternehmen „Schmidt-Bau" und lernte dort unter anderem den Beruf des Maurers kennen.
Die Firma beschäftigt insgesamt sieben Mitarbeiter und Mitarbeiterinnen: vier Maurer, zwei Zimmerleute und eine Sekretärin. Hauptsächlich werden Einfamilienhäuser gebaut; dadurch hatte ich auch die Gelegenheit, die anderen Berufe ein wenig kennen zu lernen.

Gleich am ersten Tag wurde ich …
- …
- …

Insgesamt hat mir das Praktikum gut gefallen. Die Mitarbeiter nahmen mich vom ersten Tag an sehr freundlich auf. Ich durfte …
Ich könnte mir vorstellen, den Beruf …

2 Tragt zusammen, welche Informationen ein Abschlussbericht eurer Meinung nach enthalten sollte, z. B.:

Name

Zeit

Welchen Beruf lernte ich kennen?

Über welche Berufe konnte ich mich außerdem informieren?

War ich ausreichend vorbereitet?

Wie nützlich war das Praktikum für die eigene Berufswahl?

Welche Schwierigkeiten traten bei der Umstellung von der Schule auf den Beruf auf?

Ergänzt fehlende Angaben.

3 Bringe die folgenden Fragen in die Reihenfolge, in der du sie in einem Abschlussbericht beantworten würdest. Gliedere in

Einleitung | Hauptteil | Schluss

a) Was hat dir gut, was hat dir nicht gefallen?
b) Wie hast du dich mit den Mitarbeitern/Mitarbeiterinnen und deinem Chef/deiner Chefin verstanden?
c) Hältst du das Betriebspraktikum für sinnvoll?
d) Welche Tätigkeiten hast du hauptsächlich ausgeführt?
e) Sind deine Erwartungen erfüllt worden?
f) Wo, wann und in welchem Beruf absolviertest du das Praktikum?
g) Was hast du im Praktikum gelernt
   - über einen bestimmten Beruf?
   - über spezielle Tätigkeiten?
   - über die Arbeitswelt allgemein?
h) Durftest du einzelne Tätigkeiten selbstständig verrichten?
i) Was müsste bei künftigen Praktika besser gemacht werden?
j) Welchen Einfluss hat das Praktikum auf
   - deinen Berufswunsch?
   - deine Einstellung zur Schule?

4 Formuliere die Einleitung eines Abschlussberichts, z. B.:
In der Zeit vom … führte … Ich erhielt einen Platz …

5 Schreibe einen vollständigen Abschlussbericht. Bringe darin auch deine Vorschläge oder deine Erfahrungen zum Ausdruck, z. B.:

Ich hätte nicht gedacht, dass man im Betrieb so auf jede Minute achtet, die man später kommt oder früher geht.

Ich musste im Sekretariat Briefe in Fächer sortieren. So ein Beruf im Büro wäre nichts für mich.

Man müsste schon vor dem Praktikum eine Betriebserkundung durchführen.

Praktikumspräsentation – Kosmetikerin

Maria berichtet

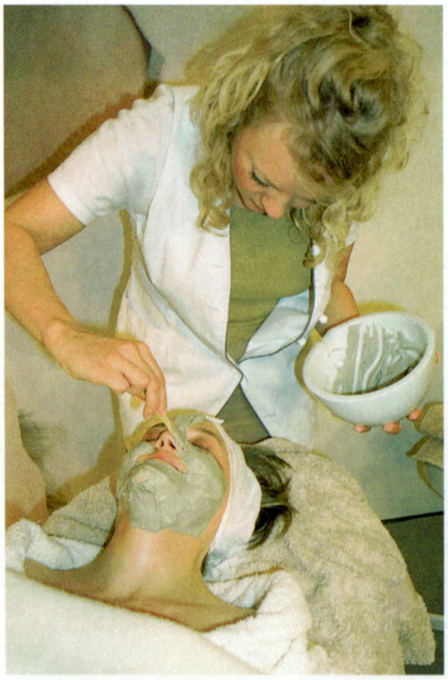

Ich stelle euch heute den Beruf der Kosmetikerin vor. Mein Praktikum habe ich im Beauty Salon in der Lyoner Straße abgeleistet, in dem vier Kosmetikerinnen tätig sind. Der Arbeitstag beginnt dort morgens um 9 Uhr.

1. Bevor die ersten Kunden behandelt werden können, werden die Behandlungsräume und Liegen vorbereitet. Zusätzlich bedeutet das, dass Handtücher und Decken zurechtgelegt und alle Präparate und Hilfsmittel bereitgestellt werden. Die Art und Weise der Behandlung ist sehr unterschiedlich: So wird bei Neukunden zunächst eine ausführliche Hautdiagnose* durchgeführt, an die sich eine Beratung anschließt. Hautbehandlungen werden in der Regel in unterschiedlicher Form von den Kosmetikerinnen vorgenommen: Die Haut wird gereinigt und gepeelt, sie wird mit Kräutern bedampft, Haare und Unreinheiten werden entfernt, ebenso kleinere Talgzysten. Natürlich werden auch die Hände und Füße behandelt und kosmetisch versorgt. Packungen, Masken und andere Auflagen werden im Gesicht angebracht, Wimpern und Augenbrauen werden gefärbt, die Haut dekoriert … Darüber hinaus werden auch kosmetische Mittel verkauft.
Alle Behandlungen werden in Kundenkarteikarten eingetragen und dokumentiert. Am Ende des Behandlungstages werden alle Arbeitsgeräte gereinigt und die benutzten Handtücher, Waschlappen und Laken gewaschen.

* Diagnose, die: Beurteilung des Zustandes von etwas oder von jemandem. Eine Diagnose ist das Ergebnis einer Untersuchung.

2. In der ersten Woche habe ich all diese Tätigkeiten beobachtet. Die eigentlichen Tätigkeiten einer Kosmetikerin führte ich allerdings noch nicht selber aus.
Ich habe jedoch oft die Behandlungsräume vorbereitet und die Arbeitsgeräte zurechtgelegt.
In der letzten Woche führte ich bei Stammkunden, wenn diese einverstanden waren, auch die Grundreinigung und das Peeling durch.
Die komplizierteren Arbeiten aber verrichteten die Kosmetikerinnen.

1 Lies den Praktikumsbericht aufmerksam durch. Vielleicht hast du selbst schon etwas über den Beruf der Kosmetikerin erfahren und kannst die aufgeführten Tätigkeiten erklären und ergänzen.

2 Lies jetzt noch einmal Marias Bericht und achte auf die unterschiedliche sprachliche Darstellung im ersten und zweiten Teil ihres Berichtes:

- Wie bildet Maria ihre Sätze, wenn sie beschreibt, wie die Kunden behandelt werden?
- Wie formuliert sie, wenn sie beschreibt, was sie selbst getan hat?

3 Übernimm die Tabelle in dein Heft. Suche alle Passivformen aus dem Bericht heraus und ordne sie ein:

Subjekt	Personalform von werden	Partizip II
die Kunden	werden	behandelt
die Behandlungsräume	...	...

→ **Seite 222,** Aktiv und Passiv

4 Schreibe alle Sätze auf, in denen Maria berichtet, was sie während ihres Praktikums getan hat.

5 Im zweiten Abschnitt berichtet Maria, was sie selbst getan hat. Dabei verwendet sie Aktivformen. Wandle die Aktivsätze in Passivsätze um, z. B.:

Aktivsatz:	Passivsatz:
In der ersten Woche habe ich all diese Tätigkeiten beobachtet.	In der ersten Woche wurden all diese Tätigkeiten von mir beobachtet.

Merke

Ereignisse und Vorgänge können im **Aktiv** oder im **Passiv** beschrieben werden:
- Wenn man im Aktiv formuliert, stehen die ausführenden Personen oder Einrichtungen (z. B. Behörden) im Vordergrund, z. B.: *Die Kosmetikerin reinigt die Haut.*
- Wenn man im Passiv formuliert, stehen die Vorgänge oder die beschriebenen Dinge im Vordergrund, z. B.: *Die Haut wird gereingt.*

Es muss nicht immer Passiv sein

→ **Seite 93, 222,**
Aktiv und Passiv

1 Passivsätze klingen manchmal etwas umständlich. Das kann an der mehrteiligen Verbform liegen, die mit „werden" gebildet wird.
Forme die Passivsätze im folgenden Text in Aktivsätze um.
Verwende „man", wo es gut passt, und das Verb im Aktiv, z. B.:

Passivsatz:
Avocados werden nicht nur gegessen, ihr Fruchtfleisch wird auch zur Herstellung von Gesichtsmasken verwendet.

Aktivsatz mit „man":
Avocados isst man nicht nur, das Fruchtfleisch verwendet man auch zur Herstellung von Gesichtsmasken.

Schöne Haut durch Avocados

Avocados werden nicht nur gegessen, das Fruchtfleisch wird auch zur Herstellung von Gesichtsmasken verwendet. Durch eine Avocado-Gesichtsmaske wird die Haut auf natürliche Art und Weise entspannt und erfrischt.
Die Avocado wurde im 16. Jahrhundert von dem spanischen Eroberer Hernán Cortés in Mexiko entdeckt. Die Pflanze wurde von ihm nach Europa gebracht und damit auch in unseren Breitengraden bekannt gemacht.
Wegen ihrer positiven Wirkungen für die Haut wird die Avocado in vielen Kosmetikprodukten verwendet.
Soll die Avocado für eine Gesichtsmaske verwendet werden, muss beim Einkauf darauf geachtet werden, dass sich die Frucht leicht mit den Fingern eindrücken lässt. Wenn das Fruchtfleisch noch fest ist, muss die Frucht einfach einige Tage zum Nachreifen liegen gelassen werden.

Merke

Wenn man die handelnde Person nicht nennen will, kann man mit einem unpersönlichen Subjekt wie „man" **Aktivsätze** bilden und so komplizierte Passivkonstruktionen vermeiden, z. B.:
Zuerst reinigt man die Haut und entfernt die Haare.

2 Beschreibe, wie eine Avocado-Gesichtsmaske hergestellt wird. Forme die schräg gedruckten Sätze und Satzteile in Passivsätze oder in Aktivsätze mit „man" um, z. B.:

→ **Seite 236,** Arbeitstechnik „Einen Vorgang beschreiben"

Beim Einkauf muss darauf geachtet werden, dass …
oder
Beim Einkauf muss man darauf achten, dass …

Entscheide, welcher Satz jeweils besser klingt.

Die Avocado-Gesichtsmaske

Beim Einkauf darauf achten, dass sich die Frucht leicht mit den Fingern eindrücken lässt.
Nur reife Früchte verwenden.
Zunächst die Frucht rundherum bis zum Kern durchschneiden.
Die so entstehenden beiden Hälften sanft gegeneinanderdrehen, um sie voneinander zu lösen.
Etwa zwei Esslöffel pürierte Avocado mit einem Teelöffel Bio-Joghurt und einem halben Teelöffel Honig verrühren.
Die Masse erst unmittelbar vor der Verwendung herstellen, da das Fruchtfleisch von Avocados schon nach kurzer Zeit an der Luft braun wird.
Die angemischte Avocadomasse anschließend auf das Gesicht auftragen.
Man sollte sich bequem in einen Stuhl setzen oder auf eine Liege legen und die Maske etwa 10 bis 15 Minuten einwirken lassen.
Anschließend die Reste mit lauwarmem Wasser abwaschen.
Damit die in die Haut eingezogenen Inhaltsstoffe der Avocado auch nach der Maske noch weiterwirken können, *keine Seife beim Abwaschen verwenden.*
Die Haut beginnt anschließend leicht zu prickeln und ist nach der Maske herrlich weich. Außerdem wird die Durchblutung der Haut gefördert.

3 EXTRA Überzeuge dich von der wohltuenden Wirkung der Avocado-Gesichtsmaske. Besorge die Zutaten und probiere die Maske aus.

Aktiv und Passiv

→ Seite 222, Aktiv und Passiv

1 Setze die richtigen Verbformen ein, z. B.:
1. Im Gespräch wird mit dem Kunden eine Typberatung durchgeführt.

Friseur/Friseurin

1. Im Gespräch wird mit dem Kunden eine Typberatung ... (durchführen).
2. Heutzutage wird die Beratung sogar schon mithilfe des Computers ... (vornehmen).
3. Der Kopf des Kunden wird mit einer Digitalkamera ... (aufnehmen).
4. Im Bildkatalog werden geeignete Frisuren ... (aussuchen).
5. Dann werden die Bilder mit einem speziellen Programm ... (bearbeiten), ... (ausdrucken) und mit dem Kunden ... (besprechen).
6. In der Hauptsache werden vom Friseur oder der Friseurin Haare ... (schneiden), Haare ... (färben) und Frisuren ... (formen).
7. Aber auch Haarersatz, d. h. Perücken und Perückenteile, wird ... (herstellen).

2 Wandle die man-Sätze in Passivsätze um, z. B.:
1. Hauttyp und Hautzustand des Kunden werden umfassend beurteilt.

Kosmetiker/Kosmetikerin

1. Man beurteilt umfassend Hauttyp und Hautzustand des Kunden.
2. Man führt vielfältige Hautbehandlungen durch.
3. So reinigt man zum Beispiel Gesicht, Hals und Dekolletee*.
4. Man entfernt Pickel und zupft überflüssige Härchen aus.
5. Darüber hinaus führt man kosmetische Gesichts-, Hand-, Fuß- und Körpermassagen durch.
6. Auch Bestrahlungen nimmt man vor.
7. Natürlich gestaltet man auch Make-ups und modelliert Finger- und Fußnägel.

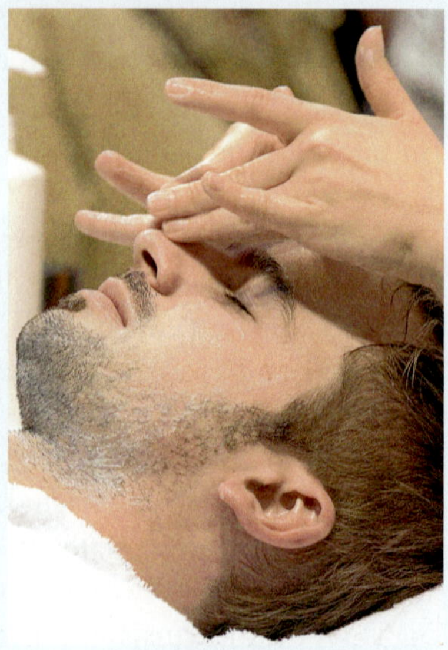

* Dekolletee, das: Halsausschnitt von Blusen und Kleidern

3 Beschreibe die Aufgabengebiete eines Landschaftsgärtners, z. B.:
1. Baustellen werden vorbereitet, eingerichtet und vermessen.
Nutze die Angaben auf Seite 97 oben.

Landschaftsgärtner/Landschaftsgärtnerin
1. Baustellen vorbereiten, einrichten und vermessen
2. Böden sanieren und pflegen
3. Be- und Entwässerungsarbeiten durchführen
4. Gehölze, Stauden und Sommerblumen pflanzen
5. Pflanzenbestände anlegen
6. Rasen einsäen, Rollrasen fachgerecht verlegen

4 Wandle in Aktivsätze um, z. B.:
1. In den Restaurants und Hotels beraten sie die Gäste bei der Auswahl der Speisen und Getränke.

Restaurantfachmann/Restaurantfachfrau
1. In den Restaurants und Hotels werden die Gäste von ihnen bei der Auswahl der Speisen und Getränke beraten.
2. Gegebenenfalls werden Menüs mit mehreren Gängen von den Restaurantfachleuten zusammengestellt.
3. Aber auch Sonderveranstaltungen, z. B. Spezialitätenwochen, werden von ihnen vorbereitet.
4. In großen Hotels wird auch der Etagenservice von Restaurantfachleuten übernommen.
5. Auch Nacharbeiten, wie das Abräumen der Tische und das Aufräumen der Restauranträume, werden von ihnen durchgeführt.

5 Schreibe einen vollständigen Text. Nutze die grün gedruckten Wortgruppen. Verwende Aktiv- und Passivformen.

Bäcker/Bäckerin
Bäcker und Bäckerinnen stellen verschiedene Brotsorten und Kleingebäck wie Brötchen, Hörnchen und Feinbackwaren her. Das ist eine vielseitige Tätigkeit:

- die Rohstoffe auswählen, dosieren und nach Rezept zusammenführen
- den Teig ansetzen, kneten und formen
- den Backprozess überwachen

Zum Beruf des Bäckers gehört aber auch das Herstellen von Füllungen und Cremes. Hierbei sind z. B. folgende Tätigkeiten wichtig:

- Früchte schneiden und kochen
- Sahnefüllungen zubereiten
- Nuss-, Marzipan- und Nugatfüllungen rühren

7 Wie war das eigentlich?

Stundenprotokoll

Fach: Deutsch
Klasse: 8b
Thema: Planung eines Projektes
Datum: 18.01.2010
Zeit: 3. Stunde (09.55–10.40 Uhr)
Protokollführer: Steffen Peters

1. Begrüßung und Kontrolle der Anwesenheit: Es fehlten Paul und Laura.
2. Kontrolle der Hausaufgaben
3. Diskussion: Besuch des Alten- und Pflegeheims – Durchführung eines Unterrichtsprojektes
   - Zusammenfassung der letzten Stunde: Kapitel aus deutsch.kombi plus 4, Seite 62–63
   - Klassengespräch
     Nach längerer Diskussion beschließt die Klasse mit 16:7 Stimmen, das Projekt „Junge Menschen engagieren sich" zu Beginn des 2. Schulhalbjahres durchzuführen.
4. Aufstellung einer Liste, wer welche vorbereitenden Arbeiten übernimmt. Die Liste liegt dem Protokoll als Anlage bei.

19.01.2010 *Steffen Peters*

Online-Link
zum Stichwort „Protokoll"
313174-0098

1 Was versteht man unter einem Protokoll? Schlage in einem Lexikon nach.

2 Sammle und erkläre Wörter und Wortverbindungen, die mit dem Wort Protokoll zusammenhängen, z. B.:
- Protokollant → Person, die ein Protokoll schreibt
- zu Protokoll geben → …

3 Notiere, zu welchen Anlässen, warum und für wen häufig Protokolle geschrieben werden:
- Gerichtsverhandlungen
- SV-Sitzungen
- …

Ein Protokoll schreiben

1 Schau dir das Stundenprotokoll auf Seite 98 an. Ordne dann die Angaben auf den gelben Kästen den folgenden Überschriften zu:

Protokollkopf – Hauptteil – Schluss

Datum (der Stunde) | Klasse | Beginn – Ende

Beschlüsse | Unterschrift | Fach / Anlass

Gliederungspunkte | Thema | Datum der Anfertigung

Name des Protokollierenden | Unterpunkte

2 Stell dir vor, du sollst die gerade laufende Unterrichtsstunde protokollieren. Formuliere dazu den Protokollkopf.

3 Entwirf für diese Stunde eine Gliederung, z. B.:

1. Begrüßung und …
2. …

Arbeitstechnik

Ein Protokoll schreiben

1. Gib im Protokollkopf an:
   - das Fach / den Anlass
   - die Klasse (Teilnehmer)
   - das Thema
   - das Datum und die Zeit sowie
   - den Namen des Protokollierenden
2. Gliedere den Hauptteil:
   - Trenne Wichtiges von Unwichtigem.
   - Beachte die Reihenfolge der Unterpunkte.
   - Halte wichtige Ergebnisse fest.
   - Formuliere knapp, aber genau.
   - Verwende das Präsens.
3. Beende das Protokoll mit Datum und Unterschrift.

→ **Seite 235,** Arbeitstechnik „Ein Protokoll schreiben“

Protokollformen

1 Lies den Ausschnitt aus dem Protokoll der SV-Sitzung und vergleiche ihn mit dem Stundenprotokoll auf Seite 98. Worin ähneln, wodurch unterscheiden sich die Protokolle?

2 Lies den folgenden Diskussionsausschnitt und fasse den Inhalt wie im Beispiel auf Seite 101 oben zusammen.

Protokoll der SV-Sitzung

Datum:	23. 02. 2010
Zeit:	6. Stunde
Ort:	Klassenraum der 6b
Teilnehmer:	alle Klassensprecher
Protokollführerin:	Sabrina Wallmann

TOP 1: Eröffnung der Sitzung durch die Schulsprecherin Genehmigung des Protokolls der letzten Sitzung …

Auszüge aus einer SV-Sitzung

Sven Ich unterstütze den Vorschlag, dass jede Klasse einmal den Aufräumdienst in der Cafeteria übernehmen sollte.

Mareike Der Meinung bin ich auch, dann achten vielleicht alle mehr auf Ordnung.

Peter Das geht aber nur, wenn wir einen verbindlichen Plan aufstellen.

Eike Ich denke, wir sollten die Diskussion an dieser Stelle beenden und abstimmen.

Zwischenrufe: Richtig, abstimmen!

Eike Wer für den Antrag ist, der hebt die Hand. Ich stelle fest, das ist die Mehrheit …

Eike Als letzter Punkt unserer heutigen Sitzung steht das nächste Schulfest auf der Tagesordnung. Wer möchte etwas dazu sagen? Ja, Mathias!

Mathias Ich bin für ein Verschieben des Schulfestes in den Herbst, dann haben wir wenigstens genügend Zeit, um zu planen.

Kathrin Lasst uns eine Arbeitsgruppe einsetzen, die bis zur nächsten Sitzung einen Organisationsplan ausarbeitet. Dann können wir immer noch über eine Verschiebung nachdenken.

Michael Das finde ich auch, ich würde auch in der Gruppe mitarbeiten.

Eike Wenn alle einverstanden sind, übertragen wir die Planung einer Gruppe.

Merke

Wenn man in einem Protokoll nur die Ergebnisse eines Ereignisses festhalten will, z. B. die Ergebnisse einer Diskussion, dann verfasst man ein **Ergebnisprotokoll**. Dabei hält man die wichtigsten Ergebnisse nach der Sache gegliedert fest. Wenn man in einem Protokoll jedoch den genauen Verlauf eines Ereignisses, z. B. einer Unterrichtsstunde, festhalten will, schreibt man ein **Verlaufsprotokoll**. Darin hält man den Verlauf in der richtigen zeitlichen Abfolge fest.

So kannst du arbeiten, wenn du ein Protokoll schreiben sollst:

Notizen	Protokollformulierungen
jede Klasse Aufräumdienst in der Cafeteria mehr Ordnung Plan aufstellen Abstimmung	Vorschlag: Jede Klasse übernimmt abwechselnd nach einem festen Plan den Aufräumdienst in der Cafeteria. Die Mehrheit stimmt dem Vorschlag zu.
Schulfest: Verschieben? keine Einigung Arbeitsgruppe bilden → Organisationsplan bis zur nächsten Sitzg.	Beschluss: Es wird eine Arbeitsgruppe gebildet, die bis zur nächsten Sitzung einen Organisationsplan für das Schulfest erarbeitet.

3 Gib jedem der beiden Tagesordnungspunkte eine Überschrift, z. B.:
TOP 1: Ordnung …

4 Als Protokollant/Protokollantin musst du mitschreiben, was gesagt und beschlossen wird. Stelle dafür Tipps und Tricks zusammen, z. B.:
- gut zuhören
- Notizen machen
- nicht alles mitschreiben
- …

5 Übt das Mitschreiben. Lasst euch einen Text vorlesen. Macht euch dabei Notizen zum Inhalt. Beachtet die Hinweise aus der Arbeitstechnik.

Arbeitstechnik

Etwas mitschreiben

1. Schreibe in Stichworten oder kurzen Sätzen mit.
2. Verwende Abkürzungen.
3. Unterstreiche Wichtiges in deinen Notizen.
4. Notiere verkürzte Sätze, die du aber später noch verstehst.
5. Lass auf dem Blatt einen breiten Rand für spätere Zusammenfassungen.

Ein Protokoll der SV-Sitzung

1 Lies den Text und notiere die Hauptergebnisse der Diskussion.

Karina Liebe Leute, ich begrüße euch alle recht herzlich zu unserer SV-Sitzung. Ich bitte Laura, heute das Protokoll zu schreiben.

Laura Okay.

Karina Prima. Wir haben dieses Mal nur den Punkt „Karnevalsfeier" auf der Tagesordnung stehen. Wie ihr wisst, haben wir die Möglichkeit, einen Karnevalstag zu gestalten. Ich bitte euch um Vorschläge.

Igor Ich finde, wir sollten eine gigantische Disco in der Aula veranstalten. Ich weiß einen Discjockey.

Laura Du spinnst vielleicht! Weißt du eigentlich, wie viele Leute wir sind?

Tatjana Ich schlage vor, dass wir kleine Sketche vorführen. Wir könnten doch in den Klassen rumfragen, was die vielleicht beitragen können.

Chris Das finde ich schon gut, aber auch da haben wir das Problem, dass wir eigentlich viel zu viele Schüler sind.

Frau Wacker Dann müssen wir halt die Feier trennen. Wir könnten zum Beispiel ein Programm für die Klassen 5, 6, 7 in der Sporthalle anbieten und ein anderes Programm für die Großen in der Aula. Ich schlage euch vor, dass wir erst einmal klären, ob wir für die Schülerinnen und Schüler unserer Schule unterschiedliche Programme anbieten wollen.

Karina Also dann stelle ich den Antrag, dass wir zwei verschiedene Programme vorbereiten.

Igor Hey, warte mal, Karina. Ich bin ja in der 7. Klasse. Ich glaube aber, dass wir lieber mit den Großen feiern als mit den Kleinen aus der 5. und 6.

Frau Wacker Ja, aber das kriegen wir dann nicht geregelt, wir müssen für zwei etwa gleich große Gruppen sorgen.

Karina Lasst uns mal abstimmen: Wer ist dafür, dass wir die Karnevalsfeier in zwei Feiern aufteilen – und zwar Klasse 5, 6, 7 und 8, 9, 10? 20 Stimmen dafür und 4 dagegen! Gut, dass hätten wir schon mal beschlossen. Jetzt müssen wir noch überlegen, was wir machen wollen.

Igor Ich bin für eine Disco.

Valentin Weißt du was, Igor? Du gehst mir echt auf den Geist mit deiner Disco!

Laura Ich schlage vor, dass die Klassen 8, 9 und 10 mit einem Wechselprogramm aus Disco und Schülerbeiträgen den Tag bestreiten.

Tatjana Das finde ich auch gut, wir könnten die Schülerband fragen und die Theatergruppe.

Frau Wacker Ich schlage vor, dass ihr darüber abstimmt, ob ihr grundsätzlich in beiden Stufen ein gemischtes Programm anbieten wollt.

Karina Ach, Frau Wacker, dann formulieren Sie doch gleich den Antrag.

Frau Wacker Wer ist dafür, beiden Stufen ein gemischtes Programm anzubieten?

Karina Prima, alle sind dafür, also einstimmig! Wir haben nicht mehr viel Zeit, aber wir sollten noch einen Festausschuss bilden, und alles andere besprechen wir in der nächsten Sitzung. Wer hat Lust, im „Karnevalsfestausschuss" mitzuarbeiten? Tatjana, Valentin, Leon, Igor, Ava, schön, und ich mache auch mit. Wir fangen dann schon einmal mit der Organisation an. Vielen Dank! Die Sitzung ist geschlossen.

2 Schreibe den Protokollkopf von der SV-Sitzung.

2. Stunde | Raum 102 | alle Klassensprecher

Frau Wacker | SV-Lehrerin | 18.02.10 | außer 6 b

3 Schreibe nun das gesamte Ergebnisprotokoll. Diese Formulierungen kannst du im Protokoll verwenden:

- Der Antrag wird einstimmig angenommen. Es wird beschlossen, dass …
- Mitarbeiten werden: …
- Nach einer lebhaften Diskussion stellt … den Antrag, dass …
- Ein Festausschuss, bestehend aus …, soll schon mit der Organisation beginnen.
- Der Antrag wird mit … Stimmen und … Gegenstimmen angenommen.
- Nach der Diskussion verschiedener Möglichkeiten stellt … den Antrag, …
- Da nicht alle Schülerinnen und Schüler zusammen feiern können, wird beschlossen …
- Verschiedene Programmvorschläge werden diskutiert.

Wortarten, Wortfamilien und Wortfelder

→ **Seite 218 ff.,** Wörter und Wortarten

1 Erkläre mithilfe der Übersicht und der Angaben auf Seite 218 ff. die Eigenschaften und Funktionen der verschiedenen Wortarten, z. B.:
Substantive/Nomen bezeichnen Lebewesen, Dinge, Gedanken und Zustände. Adjektive …

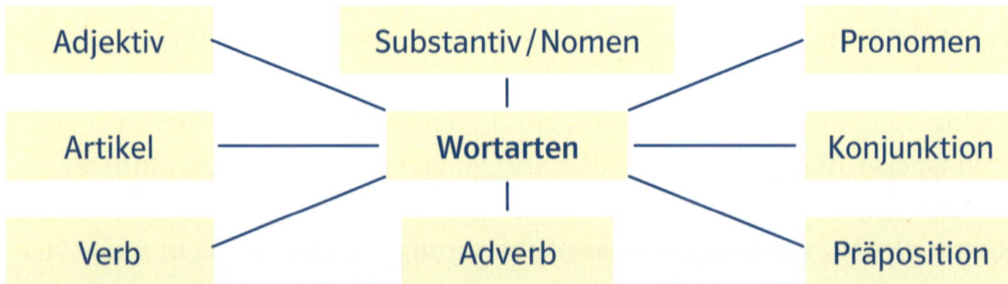

2 Ordne diese Wörter den Wortarten zu.

Protokoll – schreiben – ein – aus – dem – gut – heute – euer – wenn – vergleichen – in – dich – bei – schon – erst – gelb – Wortart – länger – mit – wann – klar – bestimmen – Vormittag – gerne – dieser – als – ob – das – dass – wo – Zuhören – zuhören – ab – uns – denn – fertig – besser – ableiten – Anhang – anhänglich

3 Wörter können auf unterschiedliche Weise gebildet werden. Übernimm die Tabelle in dein Heft und ordne die Wörter richtig ein.

Zusammensetzung	Ableitung
Ergebnisprotokoll	*ländlich*
…	…

Ergebnisprotokoll – ländlich – Wortfamilie – Wortbildung – Ableitung – Landtag – Landwirt – Wirtschaft – ungenau – verständlich – hellblau – Vergangenheit – vorgestern – besprechen – Zeitform – Suchmaschine – Begleitsatz – erkennbar – Verstand – bläulich – förmlich – Wortfeld – aufschreiben – Lebewesen – ansehen – Wiederholung – unterschiedlich

4 Wortfamilien Bilde durch Ableitung und Zusammensetzung weitere Wörter zu den Wortfamilien „gehen“ und „kaufen“, z. B.:
– vergehen, vergänglich, gangbar, Gehhilfe, …
– verkaufen, …

5 Ordne die Wörter, die du in Aufgabe 4 gefunden hast, nach Wortarten.

TIPP!
Du kannst dazu eine Tabelle nutzen.

6 Welche beiden Wortfamilien sind hier vermischt worden?
Ordne die folgenden Wörter entsprechend in die Tabelle ein.

bauen, zusehen, aufbauen, sehen, Aufbau, besehen, Aufseher, Bau, einsehen, abbauen, absehen, zubauen, Versehen, verbauen, ansehen, Gebäude, Ansicht, einbauen, Einbau, Fernseher, Bauten, bebauen, baulich, erbauen, Bauleiter, Bauvereine, Sehhilfe

Wortfamilie „…“	**Wortfamilie „…“**
…	…
…	…

7 Wortfelder Um welche beiden Wortfelder geht es hier?
Ordne die folgenden Wörter entsprechend in die Tabelle ein.

spazieren, wandern, brüllen, reden, stottern, stolzieren, hasten, humpeln, schlendern, grölen, eilen, sagen, hinken, staksen, schwatzen, lustwandeln, quasseln, stammeln, trotten, flüstern, schreien, gehen, murmeln, waten, sich schleppen, sprechen, schleichen, walken

Wortfeld „…“	**Wortfeld „…“**
…	…
…	…

8 Sammle gemeinsam mit einem Partner Wörter zum Wortfeld „essen“.
Du kannst auch ein Wörternetz nutzen, z. B.:

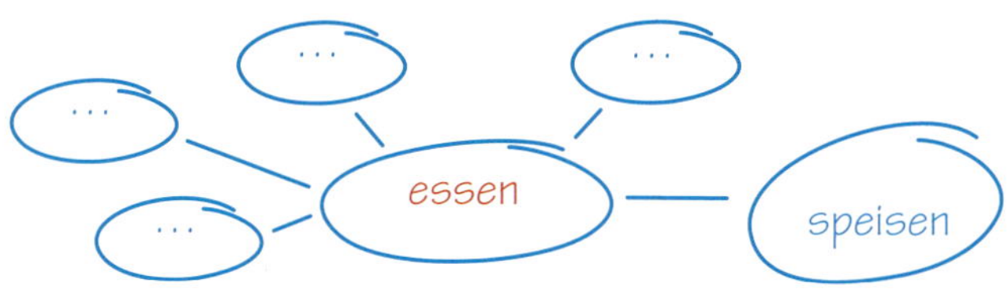

9 EXTRA Stelle zu den Wörtern „krank“, „lustig“, „betrübt“ möglichst umfangreiche Wortfelder zusammen.

Wörter – Wörter – Wörter!

→ **Seite 228 f.,** Liste unregelmäßiger Verben

1 Wortarten Jeweils zwei Wörter passen nicht in die Reihe. Welche sind das? Begründe, z. B.:
1. Das Wort „da“ passt nicht in die Reihe, weil es eine Konjunktion ist. Das Wort „wie“ passt nicht in die Reihe, weil es eine vergleichende Konjunktion ist.

1. ich – ihr – er – da – du – uns – ich – wir – wie – euch – sie – es
2. sprechen – innen – tanzen – schreiben – weinen – tun – außen
3. ist – haben – isst – habe – werde – wird – hast – hasst – bist – hat
4. der – ein – die – dein – das – eine – rein
5. mein – sein – euch – eure – ihre – deine – ihm

2 Untersuche die Bedeutung der unterstrichenen Wörter. Was erkennst du?

1. Sie setzte sich auf die Bank. – Sie hat ihr Konto bei dieser Bank.
2. Er spannte seinen Bogen. – Er schrieb es auf einen leeren Bogen.
3. Er öffnete seinen Atlas. – Im Atlas gibt es mächtige Berge.

3 Formuliere ähnliche Sätze wie in Aufgabe 2, in denen dieselben Wörter unterschiedliche Bedeutung haben.

Ball | Bande | Schloss | Zug | Satz

4 Sage das Gegenteil, indem du die unterstrichenen Wörter austauschst, z. B.: *1. Er schrieb viel. → Er schrieb wenig.*

1. Er schrieb viel.
2. Es war schon dunkel.
3. Die Heftseiten waren alle voll.
4. Wir kamen pünktlich.
5. Er blieb lange.
6. Sie aß alles.
7. Er ist ein guter Vater.
8. Er sagte wenig.

5 Oberbegriffe Suche Oberbegriffe zu folgenden Wortreihen, z. B.:
1. Hose, Rock, Hemd, Mantel → Kleidungsstück

1. Hose, Rock, Hemd, Mantel →
2. Joghurt, Käse, Butter, Quark →
3. Hammer, Feile, Säge, Bohrer →
4. Sieb, Kelle, Toaster, Mixer →

6 Unterbegriffe Suche zu folgenden Oberbegriffen jeweils vier Unterbegriffe, z. B.:
1. Möbel → Schrank, Tisch, Stuhl, Sessel

1. Möbel →
2. Software →
3. Sportarten →
4. Automarken →

7 Wortbildung Welches Wort passt hier nicht in die Reihe? Begründe, z. B.:
1. Das Wort „richtig“ passt nicht in die Reihe, weil es mit dem Endbaustein „ig“ geschrieben wird.

1. verständlich – erfreulich – richtig – deutlich – friedlich
2. entscheiden – entfernen – entschließen – enden – entdecken
3. wiederholen – widersprechen – wiedergeben – wiederkommen
4. aufstellen – aufsagen – aussprechen – aufziehen – aufregen

8 Hier stimmt doch etwas nicht! Korrigiere, z. B.:
1. Ebbe und Flut

1. Ebbe und Sturm
2. außer Rand und Land
3. mit Lust und Spaß
4. bei Wind und Sturm

9 Lies rückwärts Welche Wörter und Sätze erkennst du? Schreibe sie auf.

1. Otto, Retter, Rentner, neben, Reliefpfeiler →
2. Lager, Bart, euer, lieb, Nebel, grub, →
3. Leg Raps neben Spargel. →
4. Nur du, Gudrun! →
5. Sagt Gas. →

TIPP!
Achte auf die Groß- und Kleinschreibung.

10 Verschiedene Bedeutungen Bilde Sätze, in denen die folgenden Wörter ganz unterschiedliche Bedeutungen haben, z. B.:
1. Bank → Er setzte sich auf die Bank.
Bank → Sie eröffnete ein Konto bei der Bank.

1. Bank
2. Schloss
3. Ball
4. Satz
5. Bande
6. Bogen

8 Gedanken zu Bildern

Stimmungen

Edward Hopper, Automat (1927)

1 Lass das Bild auf dich wirken, ohne mit anderen darüber zu sprechen. Schreibe dann Fragen auf, die dir zu dem Bild einfallen, z. B.:

Wer könnte die Frau sein? | Wo …?

Wann …? | Ist die Frau …? | Was …?

Weshalb …? | Wieso …? | Warum …?

2 Notiere stichwortartig die Gedanken und Gefühle, die das Bild in dir auslöst. Du kannst dazu auch ein Wörternetz knüpfen.

→ **Seite 237,** Arbeitstechnik „Ein Wörternetz knüpfen"

3 Tauscht euch aus: Welche eurer Beobachtungen und Gedanken sind gleich oder ähnlich, welche ganz anders?

4 Schreibt Texte, die zu dem Bild passen. Arbeitet in Gruppen.

Wählt A oder B:

A: Ihr schreibt auf, was die Person auf dem Bild denkt (innerer Monolog).
B: Ihr schreibt einen Brief, der etwas mit der Frau auf dem Bild zu tun hat.

A

1. Stellt zunächst die Szene auf dem Bild als Standbild nach.
2. Versucht nacheinander, die Haltung der Frau möglichst genau einzunehmen.
3. Sprecht aus dieser Haltung heraus einen Satz, der euch passend erscheint.
4. Denkt euch in die Frau hinein und beantwortet Fragen aus der Gruppe, z. B.:

Wer bist du? | Was machst du hier?

Woher kommst du? | Wie alt bist du?

5. Schreibt auf, was die Frau in diesem Moment denkt.
6. Vergleicht eure Ergebnisse.

B

1. Stellt euch vor, die Frau steht auf und verlässt den Raum. Dabei fällt ihr ein Brief aus der Tasche. Ihr könnt fünf Wörter auf dem Brief erkennen. Schreibt diese Wörter auf.
2. Die Frau kommt längere Zeit nicht wieder. Ihr seid neugierig geworden, hebt den Brief auf und lest ihn. Schreibt auf, was in dem Brief steht.
3. Vergleicht eure Ergebnisse. Habt ihr mehr lustige, spannende oder traurige Briefe geschrieben? Wie erklärt ihr euch die Ergebnisse?

5 EXTRA Warum hat der Maler das Bild wohl „Automat" genannt? Denke dir einen anderen Namen für das Bild aus und begründe ihn.

Der Sand verrinnt, die Zeit läuft

1 Notiere, was dir spontan zu diesem Bild einfällt.

Michael Böhme, Die Sanduhr (1998)

2 Michael Böhme hat zu seinem Bild Folgendes geschrieben:

„Bei der Betrachtung des oberen Teils der Sanduhr könnte man auf die Idee kommen, alles sei in Ordnung.
Warum soll man sich Sorgen machen, solange es noch solche Idyllen* gibt? Und verhalten wir uns nicht alle so wie die Betrachter des oberen Teils der Sanduhr?
Aber schaut man etwas genauer hin, dann merkt man, dass da ein Prozess** eingesetzt hat, der kaum noch aufzuhalten ist. Und wollen wir das Schlimmste verhindern, dann können wir keine Sekunde mehr zögern und müssen handeln."
(Michael Böhme, Juli 1998 zu seinem Bild „Die Sanduhr"; www.michael-boehme.com)

* Idylle, die: Darstellung eines harmonischen, durch nichts bedrohten ländlichen Lebens

** Prozess, der: hier: eine Entwicklung

Tausche dich mit einem Partner über diese Gedanken aus.
Vergleicht sie mit euren eigenen Notizen zu dem Bild aus Aufgabe 1.

3 Schreibe zu dem Bild einen Text.

→ **Seite 237,** Arbeitstechnik „Ein Wörternetz knüpfen"

Wähle A, B oder C:

A
Du erfindest eine Geschichte, in der diese Sanduhr real existiert. Alessia beginnt beispielsweise so:

Es war ein Tag wie jeder andere auch. Ich saß zu Hause an meinem Schreibtisch und lernte für die Schule. Dann kam meine Oma uns besuchen. Sie brachte mir ein Geschenk mit. Ich war glücklich und packte es aus. Es war eine Sanduhr. Zuerst fiel mir nichts auf. Doch dann …

B
Du schreibst auf, welche Gedanken dir beim Betrachten des Bildes in den Sinn gekommen sind. Alexander beginnt beispielsweise so:

Es scheint, als könnte die Erde den Rest ihrer verbleibenden Existenz in Ruhe und Frieden verbringen. Doch irgendwann ist es vorbei und das letzte Korn rinnt durch die Engstelle. Wie es dann mit der Welt weitergeht, bleibt im Dunst der Wolken verborgen …

C
Du schreibst ein Gedicht, das zu der Aussage des Bildes passt.
Jonas schreibt beispielsweise so:

Die Jahreszeiten
Die bunten Farben
Das Pfeifen der Vögel
Das Wachsen der Pflanzen
Der erste Sonnenschein
Das saftige Grün
Das Lachen der Kinder
Der helle Himmel
Die natürliche Wärme
Das Rascheln der Blätter …

… Alles ist weiß
Das Knirschen des Schnees
Das Frieren der Finger
Der Geruch von Plätzchen
Doch nichts bleibt, wie es ist
Der Wechsel der Jahreszeiten
Alles geht vorüber
und kommt wieder
Die Zeit verrinnt
Wie in einer Sanduhr.

Werbung find ich gut!

1 Auf Seite 113 oben findest du einen Untersuchungsbogen mit Angaben zur Werbeanzeige ❶. Prüfe, ob die Angaben zutreffen.

Fundort Wochenzeitschrift

Produktgruppe Urlaubsreise

Wofür wird geworben? Fluglinie

Was ist abgebildet? Gesichter eines jungen Paares, das aneinandergelehnt schläft.

Slogan „Alles für diesen Moment" und „There's no better way to fly"

Weiterer Text (zusammengefasst)
Ausgebildetes Fachpersonal kümmert sich um die Sicherheit, sodass man beruhigt fliegen kann.

Verhältnis von Text zu Bild Das Bild steht im Vordergrund.

Besonderheiten Junge Menschen in einer Zweierbeziehung werden angesprochen. Das Logo der Fluglinie ist deutlich auf dem Bild erkennbar. Die drei Sätze über dem Slogan „Alles für diesen Moment" sind gleich gebaut und vermitteln dadurch zusätzliche Sicherheit.

2 Für die weitere Arbeit müsst ihr euch eigenes Untersuchungsmaterial beschaffen.
Bildet Arbeitsgruppen und einigt euch auf bestimmte Produkte oder Produktgruppen (z. B. Urlaubsreise, Auto, Kosmetik, Mobilfunk, Fernsehen).

TIPP!
Ihr könnt auch das 2. Beispiel auf Seite 112 nutzen.

3 Sammle Werbeanzeigen aus Zeitschriften oder Zeitungen oder besorge dir Werbematerial aus verschiedenen Geschäften.

4 Verschafft euch einen Überblick über das Werbematerial in eurer Gruppe und wählt einige Anzeigen aus, die euch besonders gut gefallen.

5 Untersucht diese Anzeigen genauer. Füllt dazu in einem ersten Schritt einen Untersuchungsbogen aus. Ihr könnt dafür ein eigenes Muster entwickeln oder das abgebildete Beispiel oben übernehmen.

Auf den zweiten Blick

1 Untersuche die Werbebeispiele, die du in Aufgabe 3, S. 113, gesammelt hast genauer. Nutze dazu die folgenden Fragen.

Fragen, die helfen können, Werbung zu analysieren:

1. Was fällt dir beim ersten Blick besonders auf? (Zeigt euch die Anzeige gegenseitig fünf Sekunden. Was habt ihr gesehen?)
2. Welche Farben werden verwendet?
3. Welche Gegenstände oder Personen werden dargestellt?
4. Gibt es eine direkte Verbindung von Text und Bild oder muss man die Verbindung erst herausfinden?
5. Welche Personen (alt, jung, Frauen, Männer, Kinder, Jugendliche) sollen besonders angesprochen werden?
6. Wie werden Personen dargestellt und welche Wünsche werden dadurch beim Betrachter geweckt?
7. Warum werden gerade diese Gegenstände, Personen, Farben gewählt?
8. Warum wurden bislang vor allem junge Menschen dargestellt? Warum werden aber gerade heute zunehmend ältere Menschen angesprochen?
9. Welche Gefühle lösen die Abbildungen aus?
10. Wird im Rahmen der Werbung eine „Geschichte" erzählt? Was wird erzählt? Welche Personen kommen vor?

2 Fasse deine Untersuchungsergebnisse schriftlich zusammen.

3 Werbetexter arbeiten mit bestimmten **sprachlichen Auffälligkeiten**. Hier werden einige Beispiele aufgeführt. Lies sie genau durch:

1. Redewendung
Hier werden bekannte Redewendungen leicht verändert:
Ich sehe was, was du nicht siehst – ZDF.

2. Informationen
Hier werden informierende Texte verwendet, um das Produkt zu erklären.

3. Adjektive
Hier werden Adjektive verwendet: ***verführerischer*** Duft, ***herzhafter*** Geschmack. Oder es werden neue Wörter durch Zusammensetzungen gebildet: ***aprilfrisch.***

4. Imperative*
Hier werden Werbetexte als Aufforderungen formuliert:
Hol dir die Krönung!

5. Fremdsprache
Hier werden Sätze oder Ausdrücke in einer Fremdsprache verwendet: *There's no better way to fly.*

6. Steigerungen
Hier werden Komparative und Superlative verwendet:
*Wenn sie noch **länger** warten, haben sie das **erfolgreichste** Auto aller Zeiten verpasst.*

7. Sprachspiele
Hier wird mit Wortklang und Wortbedeutung gespielt:
*Darf's ein bisschen **Meer** sein?* (Reklame für eine Schiffsreise)

* Imperativ, der: Aufforderungs- bzw. Befehlsform des Verbs

→ **Seite 219,** Steigerung des Adjektivs

→ **Seite 257,** Komparativ

→ **Seite 258,** Superlativ

4 Prüfe, ob ähnliche sprachliche Mittel in den Werbetexten, die du ausgewählt hast, verwendet wurden. Vielleicht musst du die Übersicht aus Aufgabe 3 noch ergänzen.

5 Stelle deine Ergebnisse in der Klasse vor:
- Könnt ihr in euren Werbebeispielen Gemeinsamkeiten im Sprachgebrauch feststellen?
- Wie wird das Interesse der Konsumenten geweckt?

6 Bewertet in der Klasse die ausgewählten Werbebeispiele: Können die Versprechen eingehalten werden? Ist die Werbung glaubhaft?

Freude am Lernen – Schillerschule!

Ich lerne gern
Mathildenschule!

EINFACHER
ist einfach besser

Realschule Essen

Der leichteste Weg zum
Mittleren Abschluss

PARKSCHULE

SCHNELLER LERNEN,
WENIGER RAUFEN!

ASTRID-LINDGREN-SCHULE

Let's make
things better

OFFENE SCHULE
BABENHAUSEN

Manches ist **preiswert,**
die Comeniusschule
ist mehr wert!

Wir haben das Outfit, du hast den Kopf –
Kantschule!

Wo das Lernen einfach Spaß macht:
Kreativitätsschule Berlin!

1 Was hältst du von solcher Werbung? Notiere deine Gedanken.

2 Untersuche genauer, was in den einzelnen Slogans versprochen wird. Was bedeutet zum Beispiel die Aussage der Parkschule „Der leichteste Weg zum Mittleren Abschluss"?

3 Hast du ähnliche Slogans bei deiner Untersuchung von Werbeanzeigen gefunden? Nenne Beispiele.

Merke

Slogan Ein Slogan ist ein kurzer Spruch, der sich leicht einprägt. Slogans werden in der Werbung verwendet. Ein Slogan kann das Erkennungszeichen einer Marke sein oder die wichtigsten Eigenschaften eines Produktes zusammenfassen. Das Wort stammt aus Schottland und bedeutete ursprünglich „Schlachtruf".

4 Welche Slogans auf Seite 116 gefallen dir, welche findest du besonders einfallsreich? Begründe deine Meinung.

5 Lass deine Fantasie spielen und erfinde ähnliche Werbetexte: Wirb für

- ein Fantasieprodukt,
- für eure Fußball-AG,
- für ein Jugendcafé,
- ...

Am einfachsten ist es, wenn du dazu bekannte Werbeslogans verwendest und diese abwandelst, z. B.:

Mitmachen und Mitlachen – Das Witzemagazin der 8b

Genieß ein Stück Schulfreiheit! – Die Theater-AG

Ein königliches Vergnügen – Matheunterricht bei Frau König

6 Tauscht eure Arbeitsergebnisse aus. Welche sprachlichen Mittel habt ihr verwendet und wie wirken sie auf euch?

7 EXTRA **„Gute Werbung – schlechte Werbung"** Schreibe zu diesem Thema einen kurzen Text für eure Schulhomepage oder für eure Wandzeitung. Begründe deine Meinung anhand von Beispielen.

Höchste Ansprüche – vollste Zufriedenheit

1 Formuliere Werbeslogans nach dem folgenden Muster:
1. Einfacher ist besser!

1. einfach ist gut
2. wenig ist viel
3. preiswert ist wertvoll
4. schnell ist nah
5. langsam ist gut
6. hoch ist weit

2 Steigere. Schreibe so:
1. niedriger Preis → ein niedrigerer Preis – der niedrigste Preis

1. niedriger Preis
2. gute Qualität
3. große Sicherheit
4. hohe Ansprüche
5. volle Zufriedenheit
6. reicher Genuss

3 Formuliere Werbeslogans nach folgendem Muster:
1. Überleg nicht lange – greif zu!

1. nicht lange überlegen – zugreifen
2. klug sein – ein Buch lesen
3. etwas tun – darüber sprechen
4. eine Entscheidung treffen – anrufen
5. mit Verstand essen – Bio nehmen
6. sich einen Ruck geben – loslaufen
7. für sich werben – einfach schreiben

4 **Hier stimmt doch etwas nicht!** Korrigiere.

1. Zum Lernen ist es immer zu spät.
2. Der Appetit kommt beim Schlafen.
3. Wer alles haben will, bekommt am Ende alles.
4. Was sein muss, soll sein.
5. Was nicht ist, kann nicht werden.
6. Ohne Fleiß kein Geld.

→ **Seite 219,** Steigerung des Adjektivs

5 Formuliere um und steigere dabei die Adjektive, z. B.:
1. für gemütliche Stunden → für gemütlichere Stunden

1. für gemütliche Stunden
2. aus guten Zeiten
3. auf schnellem Weg
4. an kurzen Tagen
5. an langen Abenden
6. über interessante Bücher

Die Schule in Blankenhain bekommt ein neues Schülercafé. In den Pausen soll für Schüler etwas zum Essen und zum Trinken verkauft werden. Für Schüler, die länger Unterricht haben, soll ein kleiner Imbiss als Mittagessen angeboten werden. Außerdem sollen sich Schülerinnen und Schüler dort in Freistunden aufhalten dürfen.

6 Übernimm die Tabelle in dein Heft. Notiere darin, wie das Schülercafé gestaltet sein und was es alles bieten sollte.

TIPP!
Die Wörter aus den farbigen Kästchen helfen dir dabei.

Raum (Größe, Ausstattung)	*Ein großer heller Raum, Wände mit bunten Farben, …*
Essen, Getränke, Mahlzeiten …	
Preise …	
Bedienung	*Eine nette, freundliche Bedienung, …*
Öffnungszeiten …	

Lampen – Stühle – Sessel – Sitzecken – Theke – Wände – Geschirr – Besteck – Gläser – Becher – Musikanlage – Farben

Festpreis für ein Mittagessen – 1 Euro

höflich – leise – flott – jung – schnell – preiswert – billig – niedrig – schmackhaft – heiß – kalt – frisch – gesund – appetitlich – sauber – hell – ruhig – bunt – bequem – strapazierfähig – warm

belegte Brötchen – Tee – Kaffee – Obst – Wasser – Nudelgerichte – Joghurt

7 Das Schülercafé braucht einen passenden Namen.
Die 8. Klasse schlägt vor:

- Café „Ruh-dich-aus"
- Café „Wundertüte"
- Café „Leckermaul"
- Café „Schnelle Ecke"

Welchen Vorschlag hast du? Schreibe ihn auf.

8 Formuliere einen Slogan, der die Vorteile des Schülercafés hervorhebt, z. B.: *Im Café „Ruh-dich-aus" ist die Welt zu Haus!*

9 Für das Schülercafé soll in der Schule geworben werden. Gestalte dafür ein Plakat oder eine Anzeige für eure Homepage.

9 Risiken gibt es überall

Körperschmuck im Trend?

→ **Seite 240,** Arbeitstechnik „Einen Sachtext lesen und verstehen“

Tätowierungen gibt es seit Menschengedenken. Schon der etwa 5300 Jahre alte Ötzi hatte welche, die angeblich heilende Wirkung hatten. Die Tattoo-Welle in Europa begann, als James Cook 1775 einen über und über tätowierten Tahitianer von seinen Reisen mitbrachte. Fortan waren es besonders die Seeleute, die sich tätowieren ließen, und ab diesem Zeitpunkt entwickelten sich Tattoos zu einem unaufhaltbaren Trend. Natürlich hat sich auch die Tätowiertechnik weiterentwickelt.

Wo früher einfach Kohle oder Erde in tiefe Schnitte eingerieben wurde, benutzen Tätowierer heute Maschinen, die mit bis zu 3600 Nadelstichen pro Minute ein Tattoo in die Lederhaut stechen.

Saarbrücker Zeitung *09.02.2005*

→ **Seite 240,** Arbeitstechnik „Ein Diagramm verstehen und auswerten“

Das Ergebnis einer Umfrage: Würdest du dich tätowieren lassen?

Online-Link
Hörverstehen
313174-0121

Auf immer und ewig

Über die Vor- und Nachteile einer Tätowierung

Nach Silke Rossmann

Saarlouis – Was früher nur Seefahrern, Verbrechern und den unteren gesellschaftlichen Schichten eigen war, ist heute ein beliebter Modetrend in allen Alters- und Gehaltsschichten geworden. Ob an den gängigen Stellen Schulter, Nacken, Oberarm, Knöchel oder Steißbein, der Fantasie bei Stellen- und Motivwahl sind kaum Grenzen gesetzt. Das Motiv sollte einem auf Anhieb gefallen, sonst sollte man es vielleicht besser lassen. Fragt auch mal den Tätowierer, ob es geeignet ist für die Stelle, die ihr euch ausgesucht habt. Erkundigt euch genau, wie ihr das Tattoo nach dem Stechen pflegen müsst, denn die meisten Probleme mit Tattoos treten auf, wenn sie nicht richtig gepflegt werden. Nach ein paar Tagen fängt das Tattoo an zu jucken und die überschüssige Farbe löst sich ab. Diese Tage müsst ihr möglichst ohne Kratzen überstehen, weil sonst Flecken im Tattoo entstehen und ihr eventuell zum Nachstechen müsst.

Aber was ist, wenn einem das Tattoo irgendwann nicht mehr gefällt? Die einzige Möglichkeit, ein Tattoo wieder loszuwerden, ist eine spezielle Lasertherapie. Die in der Haut eingekapselten Farbpigmente werden dabei mit einem Rubin-Laser beschossen und zertrümmert. Daraufhin erkennt das Immunsystem die einzelnen Trümmerteile als Fremdkörper und transportiert sie ab. Wie oft man sich diesen Lasersitzungen unterziehen muss, hängt davon ab, wie groß das Tattoo ist, wie tief und in welcher Farbe es gestochen wurde.

Die Entscheidung für ein Tattoo sollte auf jeden Fall gut überlegt sein. […]

Saarbrücker Zeitung, 09.02.2005

→ **Seite 240,** Arbeitstechnik „Einen Sachtext lesen und verstehen"

→ **Seite 240,** Arbeitstechnik „Wörter (Begriffe) aus dem Zusammenhang erschließen"

1 Was erfahrt ihr durch das Foto und die Texte auf diesen Seiten über Tätowierungen? Tragt die Informationen zusammen und stellt sie in einer gemeinsamen Mind-Map* dar.

* Mind-Map, die: geordnete Darstellung von Einfällen und Wissen zu einem Thema

2 Wähle A oder B:

A: Deine Eltern sind gegen Tattoos. Bitte sie in einem Brief um Erlaubnis, dich tätowieren zu lassen. Überzeuge sie mit Argumenten.

B: Deine Freundin oder dein Freund will sich tätowieren lassen. Du bist dagegen. Überzeuge sie/ihn in einem Brief von deiner Meinung.

→ **Seite 232,** Arbeitstechnik „Sich auf eine Diskussion vorbereiten"

Gesundheitsrisiko Piercing

Online-Link
Hörverstehen
313174-0122

→ **Seite 240,** Arbeitstechnik „Einen Sachtext lesen und verstehen"

→ **Seite 240,** Arbeitstechnik „Wörter (Begriffe) aus dem Zusammenhang erschließen"

Wenn Juckreiz und Bläschen die Lust am Körperschmuck verleiden

Gesundheitsrisiko Piercing: Viele Jugendliche landen mit Allergien, Nervenschäden und Entzündungen in Arztpraxen

Gerade bei Jugendlichen liegt Piercing voll im Trend. Dabei ist das Durchstechen einzelner Körperteile zur Befestigung von Modeschmuck wie Ringen oder Stiften nicht ohne Risiko. Allergien, Nervenschäden oder Entzündungen bis zum Herauseitern des gepiercten Metalls können die Lust an der vermeintlichen Schönheit verleiden. Vor allem beim Einsetzen von nickelhaltigem Modeschmuck in die gepiercte Stelle reagiert der menschliche Körper oft mit einer Allergie.

„Meist kommt es bei einer Nickelallergie zu schwerem Juckreiz, Verdickung, Rötung und schuppender Haut", erklärt die Expertin. Auch Bläschen, blutende Einrisse und daraus folgende Ansteckungen durch Krankheitserreger seien möglich. Bestehe erst einmal eine bestimmte Empfindlichkeit, so bleibe sie ein Leben lang erhalten. Bei Hautkontakt mit nickelhaltigen Metallen wie beispielsweise Münzgeld könnten dann Allergien auftreten.
Bei einem Zungenpiercing besteht zudem die Gefahr von Zahnschäden, da das Schmuckstück kontinuierlich gegen den Zahnschmelz reiben kann. Auch bestehe das Risiko, dass durch in Lösung gehende Bestandteile des Metalls Gewebeschäden hervorgerufen und Vergiftungserscheinungen ausgelöst werden.

Wird das Piercing unsachgemäß und unsauber durchgeführt, ist das Risiko von Gesundheitsschäden besonders hoch. So monierte die Stiftung Warentest bei einer Überprüfung von zehn Berliner

Tätowier- und Piercing-Studios unsaubere Arbeitsgeräte oder verschmutzte Finger beim Personal. In der Hälfte der Studios liefen Hunde frei herum. Werde die Hygiene nicht eingehalten und würden unsaubere Geräte mehrfach verwendet, könnten lebensbedrohliche HIV-Erreger übertragen werden.

Grundsätzlich kritisierten die Tester, dass nur angelerntes Personal mit den offenen Wunden ihrer Kunden umgehe. Eine Ausbildung gebe es nicht. Ohne genaue Kenntnisse des menschlichen Körperbaus könnten beim Durchstechen von Zunge, Nase oder Hautfalten jedoch leicht Nerven verletzt werden. Dann drohten Lähmungen von Körperteilen.

Bevor die Hohlnadel oder das Schussgerät zum Piercen angesetzt werden, muss der Kunde schriftlich in den Eingriff einwilligen. „Denn rechtlich gesehen ist Piercing Körperverletzung", sagt Markus Schimmelpfennig, ein Mitarbeiter im Gesundheitsamt Kassel. Jugendliche müssten daher immer auch die Erlaubnis ihrer Eltern vorweisen, sonst mache sich der Piercer strafbar.

Es wird empfohlen, den Körperschmuck in einer Hautarztpraxis anbringen zu lassen. Durch die Verwendung steriler Instrumente und Einmalartikel könnte die gesundheitliche Gefährdung gesenkt werden.

Saarbrücker Zeitung

1 Erschließe die folgenden Fremdwörter aus dem Textzusammenhang: monieren (Z. 22) – steril (Z. 42) – kontinuierlich (Z. 17) – reagieren (Z. 7).

→ **Seite 240,** Arbeitstechnik „Wörter (Begriffe) aus dem Zusammenhang erschließen"

2 In dem Text werden viele gesundheitliche Risiken genannt.
- Suche sie heraus und fasse sie in Stichworten zusammen.
- Schreibe Maßnahmen auf, mit denen sich die gesundheitlichen Risiken beim Piercing verringern lassen.

3 Versuche zu erklären, warum sich Menschen trotz der gesundheitlichen Risiken piercen lassen.

4 Wähle A oder B:

A: Deine Eltern sind gegen Piercing. Bitte in einem Brief um Erlaubnis, dich piercen zu lassen. Versuche, sie mit Argumenten zu überzeugen.

B: Deine Freundin / dein Freund will sich piercen lassen. Du bist dagegen. Überzeuge sie / ihn in einem Brief von deiner Meinung.

→ **Seite 232,** Arbeitstechnik „Sich auf eine Diskussion vorbereiten"

Riskanter Sport

1 In den folgenden Sätzen fehlt doch etwas!
Welche unterschiedlichen Bedeutungen findest du?

1. **Wir empfehlen ihm nichts von dem Risiko zu sagen.**
   (Was wird wem empfohlen?)
2. **Heike verspricht ihrer Freundin das Trikot zu färben.**
   (Wessen Trikot wird gefärbt?)
3. **Er riet dem Jungen schnell zu helfen.**
   (Wer soll hier wem helfen?)
4. **Henrik Daniel sein Bruder und Sabrina wollten sich das Spiel ansehen.**
   (Wie viele Personen wollten sich das Spiel ansehen?)

2 Schreibe die Sätze aus Aufgabe 1 zweimal auf, setze dabei die Kommas unterschiedlich, z. B.:

1. Wir empfehlen, ihm nichts von dem Risiko zu sagen.
   Wir empfehlen ihm, nichts von dem Risiko zu sagen.

3 Schreibe den Text von Hans Manz ab. Setze an einigen Stellen anstelle eines Wortes das Satzzeichen.

Hans Manz

Satzzeichen unter sich

Wenn ich Komma Komma Komma
Die Sätze nicht gliedern würde Komma
Könnte man sie gar nicht verstehen Punkt

Ach Komma du Großhans Komma
Du willst mehr sein als ein Fragezeichen Fragezeichen

4 Schreibe den Text ab, setze die notwendigen Kommas.

TIPP!
Prüfe: Was zu einem Glied der Aufzählung gehört, erkennst du am besten, wenn du mitzählst: Gebannt sehe ich unter mir 1. weiße Wolken, 2. winzige Straßen, …

Fallschirmspringen

Zweifel Freude und Angst schießen mir durch den Kopf.

Gebannt sehe ich unter mir weiße Wolken winzige Straßen einen sich windenden Fluss und grüne Wälder.

Wir haben die richtige Höhe erreicht die Sicherheitsleine ist eingehakt der Pilot gibt das Zeichen.

Ich wende mich ab dann überlege ich kurz aber ich springe doch.

Ich bin begeistert wie sich die Schwerelosigkeit anfühlt wie mich die eisige Luft umströmt wie ich mich auf einmal frei fühle.

Merke

Ein **Komma** steht bei **Aufzählungen** von
- Wörtern,
- Wortgruppen,
- Sätzen.

Achtung: **und** und **oder** ersetzen das Komma.

→ **Seite 244,** Komma bei Aufzählungen

5 Vergleiche die beiden Sätze. Erkläre die unterschiedliche Aussageweise und die Zeichensetzung.

→ **Seite 222,** Indikativ/Konjunktiv (Aussageweisen des Verbs)

→ **Seite 223,** Zeichensetzung bei der direkten/wörtlichen Rede

Die erste Ballonfahrt

Der Junge berichtet, dass er noch nie so etwas Schönes wie die Fahrt mit einem Heißluftballon erlebt habe.

Der Junge berichtet: „Mama, so etwas Schönes habe ich noch nie erlebt."

6 Schreibe die folgenden Sätze in direkter/wörtlicher Rede auf, z. B.:
Er sagte: „Ich …

Er sagte, er habe oftmals die bunten Kugeln am Himmel gesehen. Endlich, nach vielen Verschiebungen wegen der Ungunst des Wetters, berichtet er, sei es soweit gewesen. Sie seien am Nachmittag gestartet, erklärte er. Er meinte, dass er keine Angst verspürt habe, eher Sorge, dass das Vergnügen vorzeitig zu Ende gehe.

Spaß – Mut – Leichtsinn

Wasserrutschen – ein neuer Wettkampfsport

1 Verbinde die beiden Sätze zu drei verschiedenen Satzgefügen. Gehe jeweils nach dem angegebenen Muster vor.

Die Kinder suchen in einem Schwimmbad gern die Wasserrutsche auf.	(weil) Sie finden das Rutschen lustig.

1.

Hauptsatz	,	Konjunktion	Nebensatz	.
Die Kinder suchen in einem Schwimmbad gern die Wasserrutsche auf	,	weil	sie das Rutschen lustig finden	.

2.

Konjunktion	Nebensatz	,	Hauptsatz	.
Weil	sie das Rutschen lustig finden	,	suchen die Kinder in einem Schwimmbad gern die Wasserrutsche auf	.

3.

Hauptsatz(teil)	,	Konjunktion	Nebensatz	,	Hauptsatz(teil)	.
Die Kinder suchen	,	weil	sie das Rutschen …	,	in einem Schwimmbad …	.

→ **Seite 226,** Satzgefüge

→ **Seite 220,** Konjunktionen

→ **Seite 227,** Konjunktionalsätze

2 Verbinde die folgenden Satzpaare zu Satzgefügen. Unterstreiche anschließend die Prädikate, kreise die Konjunktionen ein und setze die Kommas.

Man muss sich wie in jeder Sportart warm machen.	(bevor) Man hält sich am Start bereit.
(Sobald) Der Startschuss fällt.	Man drückt sich von der Startstange ab.
(Wenn) Man hält die Kontaktfläche zwischen Körper und Rutschbahn so gering wie möglich.	Man rutscht am schnellsten.
Man sollte das Gesäß hochdrücken.	(damit) Man rutscht nur auf Fersen und Schulterblättern.
(Obwohl) Fettige Haut kommt der Schnelligkeit zugute.	Man darf sich nicht dick mit Creme einschmieren.

3 Bilde mit dem folgenden Satzpaar ein Satzgefüge, bei dem der Nebensatz in den Hauptsatz eingeschoben ist. Achte auf die Kommasetzung.

Unter den vielen Badegästen in den Schwimmbädern befinden sich zahlreiche Rutschtalente.	Das kann man vermuten.

→ **Seite 226 f.,** Nebensätze

4 Verbinde den ersten Hauptsatz mit den beiden anderen Hauptsätzen zu einem Satzgefüge. Verwende dazu die vorgegebenen Relativpronomen.

→ **Seite 219,** Relativpronomen

→ **Seite 227,** Relativsätze

Gefährlicher Bergsport

Jährlich verzeichnet der **Bergsport** etwa hundert tödliche **Unfälle.**

der ↙ — die ↙

Der **Bergsport** erfreut sich zunehmender Beliebtheit.

Die **Unfälle** passieren häufig durch den Leichtsinn einiger Bergtouristen.

Jährlich verzeichnet der Bergsport, der sich …, etwa hundert tödliche Unfälle, die häufig durch den …

5 Verbinde die folgenden Sätze zu Satzgefügen mit Relativpronomen, z. B.: *Ein Grund liegt in der großen Anzahl von* ***Menschen,*** *die dem Alltag entfliehen wollen.*

Ein Grund liegt in der großen Anzahl von Menschen.	Die Menschen wollen dem Alltag entfliehen.
Über Lifte, Wege und Schutzhütten gelangt man mühelos in größere Höhen.	Die Wege sind ausgezeichnet markiert.
Ein plötzlicher Wetterumschwung mit Kälte, Nässe, Sturm, Steinschlag und Bächen gefährdet den Menschen.	Bäche verwandeln sich in reißende Fluten.
Dabei warnen doch die Wetterberichte und auch die Einheimischen vor den Gefahren.	Die Einheimischen verfügen häufig über einen großen Erfahrungsschatz.

Höher, härter und riskanter

1 Informiere dich, was das für Sportarten sind:

Bungee Jumping | Canyoning | Paragliding | Rafting | Mountainbiking | Freeclimbing

→ **Seite 125, 244,** Komma bei Aufzählungen

2 Schreibe die Sätze ab, unterstreiche die Aufzählungen und setze die fehlenden Kommas, z. B.:

1. Zu den riskantesten Sportarten gehören Bungee Jumping, Canyoning, Paragliding, Rafting, Mountainbiking und Freeclimbing.

1. Zu den riskantesten Sportarten gehören Bungee Jumping Canyoning Paragliding Rafting Mountainbiking und Freeclimbing.
2. Höher härter und riskanter – immer mehr Jugendliche suchen das Risiko.
3. Risikosportlern geht es um Lust Leistung und Nervenkitzel.
4. Sie suchen Spaß Kick Abenteuer und gemeinsame Erlebnisse.
5. Häufig werden auch das Bergsteigen das alpine Skilaufen das Fallschirmspringen und das Tiefseetauchen zu den Risikosportarten gezählt.
6. Der Sport ist das einfachste Hilfsmittel gegen Langeweile im Alltag Erlebnisarmut Einschränkungen der Freiheit sowie Frust und Einsamkeit.

→ **Seite 223,** direkte/wörtliche und indirekte Rede

3 Wandle die indirekte Rede in direkte Rede um. Schreibe die Sätze auf und setze die richtigen Zeichen, z. B.:

1. Experten warnen: „Der Erlebnishunger macht die Risikosportler für die Gefahren blind."

1. Experten warnen, dass der Erlebnishunger die Risikosportler für die Gefahren blind mache.
2. Sie meinen, dass tödliche Unfälle nicht selten Folge dieses Erlebnishungers seien.
3. Befürworter der Risikosportarten halten entgegen, dass ihr Anteil am gesamten Unfallgeschehen gering sei.
4. Bei den Schadensfällen im Sport stehe der Fußball an erster Stelle, stellt ein Experte fest.
5. Risikosport sei nicht nur Männersache, betonen die Fachleute.
6. Am Bergsport und Tiefseetauchen, so heben sie hervor, hätten auch Frauen ein riesiges Interesse.

4 Schreibe den Text in dein Heft und setze die fehlenden Satzzeichen. Achte auf die Großschreibung am Satzanfang.

> **TIPP!**
> Mache nach jedem Satz eine kurze Pause.

Sieben Prozent der Jugendlichen in Deutschland haben bereits Bungee-Jumping-Erfahrung beim Sprung von der Brücke oder dem Fernsehturm dreimal so viele (21 %) wollen den Sturzflug noch ausprobieren am meisten können sich die Jugendlichen derzeit für das Fallschirmspringen begeistern fast ein Viertel aller Jugendlichen (23 %) will in der nächsten Zeit den Fallschirmsprung noch wagen dies geht aus einer Befragung von 3.000 Personen ab 14 Jahren hervor

5 Bilde mithilfe des passenden **Einleitewortes** Satzgefüge.
Achte auf die Endstellung der gebeugten Verbform im Nebensatz.
Schreibe in dein Heft, z.B.:

1. Sport treiben manche nicht nur wegen der Gesundheit, sondern weil sie dabei Abenteuer erleben wollen.

Nur kein Leichtsinn!

1. Sport treiben manche nicht nur wegen der Gesundheit.	Sie wollen dabei Abenteuer erleben.
2. In den Abenteuersportarten passieren Unfälle.	Einige Teilnehmer verhalten sich zu tollkühn.
3. Mountainbiking ist eine Abenteuersportart.	Beim Mountainbiking werden Herz und Kreislauf trainiert.

~~sondern weil~~ bei der weil

6 Wandle die Sätze wie im folgenden Beispiel um:

1. Eine Befragung bringt den Nachweis, dass es Risikosportlern vor allem um Spaß und Leistung geht.

1. Eine Befragung bringt den Nachweis: Risikosportlern geht es vor allem um Spaß und Leistung.
2. Es wurde festgestellt: Risikosportarten breiten sich weltweit aus.
3. Die Wissenschaft weist nach: Oft wenden sich stark unterforderte Jugendliche Risikosportarten zu.
4. Untersuchungen haben gezeigt: Viele Jugendliche wollen einfach etwas „Verrücktes“ tun, wenn sie mit einem Risikosport beginnen.
5. Jugendforscher haben erkannt: Die Ausübung von Risikosport ist auch ein Mittel, Gewalttaten zu verhüten.

10 Morgen- und Abendgedichte

Günther von Stünzner
Der Morgen

Grauschimmelfarb,
So tritt er aus dem Düstern,
zunächst noch scheu.
Dann wiehert er –
Und dann liebkost er mich mit rosa Nüstern,
frisst meiner Träume grünes Heu.

Eduard Mörike
In der Frühe

Kein Schlaf noch kühlt das Auge mir,
Dort gehet schon der Tag herfür
An meinem Kammerfenster.
Es wühlet mein verstörter Sinn
Noch zwischen Zweifeln her und hin
Und schaffet Nachtgespenster.
– Ängste, quäle
Dich nicht länger, meine Seele!
Freu dich! schon sind da und dorten
Morgenglocken wach geworden.

Online-Link
Hörverstehen
313174-0130

→ **Seite 239,** Arbeitstechnik „Ein Gedicht wirkungsvoll vortragen"

1 Lies die beiden Gedichte mehrmals laut vor.

2 Wie wird der Morgen in den zwei Gedichten geschildert? Versuche, das Thema und den Inhalt der Gedichte jeweils in einem Satz festzuhalten.
In dem Gedicht von Eduard Mörike geht es um …

3 Wie empfindet jeweils das „lyrische Ich" in den Gedichten den Morgen? Tauscht euch darüber aus.

Merke

In vielen lyrischen Texten wird die Ich-Form verwendet. Sie wird dann als *lyrisches Ich* bezeichnet. Dieses *lyrische Ich* ist nicht mit dem Autor identisch. Ein erwachsener Autor kann z. B. ein kindliches Ich sprechen lassen, ein männlicher Autor kann ein weibliches Ich sprechen lassen usw.

Ludwig Tieck

Unsinn und Poesie

„Der Morgen erwacht.“ Es gibt keinen Morgen.
Wie kann er schlafen? Es ist ja nichts als
die Stunde, in der die Sonne aufgeht.
Verflucht! Die Sonne geht ja nicht auf,
auch das ist ja schon Unsinn und
Poesie. O dürfte ich nur einmal
über die Sprache her und
sie so recht säubern
und ausfegen!

4 Was ist in dem Gedicht gemeint, wenn es heißt, das sei „Unsinn und Poesie“? Erkläre es an den Begriffen Morgen und Sonne.

5 Suche in den Gedichten auf S. 130 nach der „Poesie“. Erkläre die „Personifizierungen“ in den Gedichten und schreibe sie auf, z. B.:
Der Schlaf kühlt … Der Tag geht …

Merke

1. Von „Personifizierung“ spricht man, wenn in der Literatur Dinge, Begriffe oder Naturerscheinungen „vermenschlicht“ werden, z. B.: *die Sonne lacht, Mutter Natur.*
2. In vielen Gedichten werden Reime verwendet, z. B. Paarreim, Kreuzreim oder umarmender Reim. Ein Reim ist ein Gleichklang von Wörtern, z. B.: *singen – klingen.*
3. In Gedichten werden oft mit Sprache Bilder „gezeichnet“, die das Denken und Fühlen des Lesers anregen. Diese Bilder dienen der Veranschaulichung von Eigenschaften oder Vorgängen, z. B.: *grauschimmelfarb.*
4. Unter „Rhythmus“ versteht man eine gleichmäßige Abfolge von betonten und unbetonten Silben beim Sprechen. Der Rhythmus wird auch durch Pausen und die Satzmelodie beeinflusst.

→ **Seite 133,** Beispiele für Reimformen

6 Versuche, dir zu „grauschimmelfarb“, „er wiehert“ und „er liebkost mich mit rosa Nüstern“ Bilder vorzustellen, die zu einer Morgenstimmung passen. Beschreibe die Bilder.

7 Lies die Gedichte noch einmal. Untersuche sie auf Reim und Rhythmus.

Online-Link
Hörverstehen
313174-0132

1 Lies das Gedicht zuerst still durch oder lass es dir vorlesen.

Hans Herbert Ohms

Abends am Fenster

1
Abends, wenn die Polterstadt
langsam leiser wird
und die gelbe Straßenbahn
nur noch selten klirrt,

2
abends mag ich gern allein
noch am Fenster stehen.
Unten schläft die Straße ein,
doch ich kann nun sehen:

3
Lichter, Lichter! Tausendmal
gelbe Fenstersterne.
Autoblitze, lang und schmal,
nah und in der Ferne.

4
Funkelschlange Eisenbahn
seh ich drüben ziehn,
manchmal auch ein Flugzeug nahn,
immer Rot und Grün.

5
Wo am hohen Rundfunkmast
rot die Kugel wacht,
glaubt ich an den Vollmond fast,
doch ich hab gelacht:

6
Denn ich sah ihn hinterm Park
aus den Bäumen schweben,
groß und rund und viel zu stark,
um am Mast zu kleben.

7
Blaue Worte gehen an,
auch ein Bild darüber;
schöner als man träumen kann.
Nein – ich träume lieber.

2 Stelle fest, welcher Satz inhaltlich zu welcher Strophe gehört. Nummeriere, z. B.:
1, b), …

a) Der Vollmond erscheint hinter den Bäumen des Parks.
b) Die Geräusche der Stadt werden abends leiser.
c) Das lyrische Ich steht abends gern allein am Fenster.
d) Eisenbahn und Flugzeug werden an typischen Lichtern erkannt.
e) Das lyrische Ich hält das Warnlicht des Rundfunkmastes für den Mond.
f) Beim Anblick der Leuchtreklame erkennt das lyrische Ich, dass es lieber eigene Träume hat.
g) Das lyrische Ich sieht tausende Lichter von Häusern und Autos.

3 Schreibe auf, welche sprachlichen Bilder der Verfasser verwendet,
z. B.: 1. die laute Großstadt → Polterstadt

1. die laute Großstadt
2. die Lichter der Häuser
3. die Lichter der Eisenbahn
4. das Licht der Reklame
5. die Lichter der Autos
6. das Licht des Mastes

4 Was ist mit „schläft die Straße ein“ gemeint? Schreibe es mit eigenen Worten auf.

5 Untersuche, welche dieser Reimformen in dem Gedicht auf Seite 132 „Abends am Fenster“ verwendet werden:

Paarreim:	Kreuzreim:	umarmender Reim:
a	a	a
a	b	b
b	a	b
b	b	a

6 Übe, das Gedicht wirkungsvoll vorzutragen.

→ **Seite 239,** Arbeitstechnik „Ein Gedicht wirkungsvoll vortragen“

7 EXTRA Schreibe auf, wie du dir das lyrische Ich vorstellst. Gib auch an, woraus du deine Vorstellungen ableitest.

Arbeitstechnik

Ein Gedicht erarbeiten

1. Lies das Gedicht mehrmals, auch laut.
2. Stelle fest, um welches Thema es geht. Fasse den Inhalt (auch Strophe für Strophe) zusammen.
3. Kläre fremde oder nicht bekannte Wörter.
4. Untersuche die Form und Gestaltung (Reim, Bilder, Vergleiche, Personifizierung).
5. Überlege, wie das Gedicht wirkt und was damit beabsichtigt sein könnte.
6. Nimm abschließend Stellung zu dem Gedicht. Begründe dein Urteil.

→ **Seite 130 f.,** Erklärungen zu Fachbegriffen: Reim, Rhythmus, Bild, Vergleich, Personifizierung

Stimmungen und Gefühle

1 Lies zunächst alle Gedichte auf diesen zwei Seiten und wähle dann für die genauere Betrachtung ein Gedicht aus.

Online-Link
Hörverstehen
313174-0134

Joachim Ringelnatz

Morgenwonne

Ich bin so knallvergnügt erwacht.
Ich klatsche meine Hüften.
Das Wasser lockt. Die Seife lacht.
Es dürstet mich nach Lüften.

Ein schmuckes Laken macht einen Knicks
Und gratuliert mir zum Baden.
Zwei schwarze Schuhe in blankem Wichs
Betiteln mich „Euer Gnaden".

Aus meiner tiefsten Seele zieht
Mit Nasenflügelbeben
Ein ungeheurer Appetit
Nach Frühstück und nach Leben.

Peter Härtling

Nachts

Nachts
Türmen sich Hügel auf
Und verschwinden wieder.
Sterne wandern,
ordnen sich zu neuen Bildern:
der Kleine Wolf und
der Alte Bär.
Mühelos gelingt es mir
Mein Kinderdorf aus dem Schlaf
Zu rufen.
Die Schwester,
die ich vergaß,
halte ich plötzlich
an der Hand:
Sie kommt,
wenn es tagt.

Joseph von Eichendorff

Mondnacht

Es war, als hätt der Himmel
Die Erde still geküsst,
Dass sie im Blütenschimmer
Von ihm nun träumen müsst.

Die Luft ging durch die Felder,
Die Ähren wogten sacht,
Es rauschten leis die Wälder,
So sternklar war die Nacht.

Und meine Seele spannte
Weit ihre Flügel aus,
Flog durch die stillen Lande,
Als flöge sie nach Haus.

Theodor Storm

In der Frühe

Goldstrahlen schießen übers Dach
Die Hähne kräh'n den Morgen wach;
Nun einer hier, nun einer dort,
So kräht es nun von Ort zu Ort;
Und in der Ferne stirbt der Klang –
Ich höre nichts, ich horche lang.
Ihr wackern Hähne, krähet doch!
Sie schlafen immer, immer noch.

2 Informiere dich über den Autor des von dir ausgewählten Gedichts. Notiere das Wichtigste.

3 Schreibe in ein bis zwei Sätzen auf, worum es in dem Gedicht geht.

4 Stelle fest, mit welchen Bildern in dem Gedicht Empfindungen ausgedrückt werden. Mache dir Notizen, z. B.:
Das Wort „Nasenflügelbeben" in dem Gedicht von Joachim Ringelnatz ist ein Bild. Ich stelle mir vor, wie dem lyrischen Ich der Duft von Kaffee und frischen Brötchen in die Nase steigt …

→ **Seite 130 f.,** Erklärungen zu Fachbegriffen: Reim, Rhythmus, Bild, Vergleich, Personifizierung

5 Untersuche, welche Personifizierungen in dem Gedicht vorkommen. Schreibe sie heraus. Wie wirken sie? Schreibe deine Überlegungen auf, z. B.: *„Die Seife lacht" ist eine Personifizierung. Damit wird meiner Meinung nach verdeutlicht, dass der Tag fröhlich beginnt, denn …*

6 Untersuche Reim und Rhythmus. Schreibe die Ergebnisse auf, z. B.:
In dem Gedicht wurden Kreuzreime verwendet, z. B. …

7 Fasse die Ergebnisse aus den Aufgaben 2 bis 6 in einem Text zusammen.

8 Stelle ein Gedicht in der Klasse vor.

9 Suche dir aus diesem Kapitel ein Gedicht, das dir besonders gefällt, und lerne es auswendig. Du kannst es in der Klasse oder Gruppe vortragen.

→ **Seite 238,** Arbeitstechnik „Ein Gedicht auswendig lernen"

Von Paarreim bis Rhythmus

Du kannst Wörter mit Rechtschreibbesonderheiten sammeln und sie im Laufe des Schuljahres ergänzen. Präge sie dir ein.

→ **Seite 242,** Arbeitstechnik „Besondere Schreibungen einprägen“

1 Schreibe diese Wörter in eine Tabelle und ergänze möglichst viele Wörter mit aa, ee, oo, mit ai sowie mit y.

die Lyrik | der Paarreim | die Mainacht | der Rhythmus | das Segelboot | das Meeresrauschen

Wörter mit *aa – ee – oo*	Wörter mit *ai*	Wörter mit *y*
…	…	…

2 Stelle fest, welche Wörter in dem folgenden Satz nicht einfach zu schreiben sind. Erkläre, warum das so ist.

Er fährt mit seinem Pferd in die Stadt.

3 Sammle Wörter mit *pf*. Nutze dazu ein Wörterbuch.

Wörter mit *pf* am Anfang	Wörter mit *opf*	Wörter mit *mpf*
Pfad, Pfaffe, Pfahl, …	Knopf, stopfen, …	kämpfen, Sumpf, …

4 Vor welchen Buchstaben kann das unhörbare *h* stehen? Probiere es mit möglichst vielen Wörtern aus, z. B.:
Mehl, lahm, Huhn, Verkehr, …

5 Schreibe einen Satz mit **„Stadt“** und einen mit **„statt“**.

6 Erfinde Sätze, in denen möglichst viele dieser Wörter vorkommen:

erwachsen | vielleicht | ähnlich | der Draht | ungefähr | gewöhnen | nächste

Ende gut, alles gut

1 Schreibe diese Wörter alphabetisch geordnet auf. Bilde mit ihnen Sätze.

das Omelett | das Quartett | violett | das Kabarett | komplett | das Tablett | das Skelett | das Kotelett

2 Beantworte die folgenden Fragen:

1. Was ist ein Streichquartett und was ist ein Streichquintett?
   Unter einem Streichquartett versteht man …
2. Was sind Koteletts und was sind Koteletten?
   Koteletts sind …
3. Was sind Tabletts und was Tabletten?
   …

3 Ordne den Fremdwörtern mit ***-ieren*** die deutschen Begriffe zu, z. B.:
addieren = hinzufügen

~~addieren~~, dividieren, korrigieren, kritisieren, probieren, trainieren, zensieren, radieren

tilgen, benoten, teilen, ~~hinzufügen~~, berichtigen, tadeln, versuchen, üben

4 Ordne die Wörter nach Wortarten.

→ **Seite 219 f.,** Wortarten

aggressiv – Infinitiv – aktiv – Nominativ – naiv – Substantiv – negativ – Adjektiv – passiv – Akkusativ – objektiv – Dativ – positiv – Genitiv – primitiv – Superlativ – relativ

5 EXTRA Stelle Listen mit Fremdwörtern zusammen, z. B.:

-al	-ant	-ell	-eur
sozial	*riskant*	*speziell*	*Redakteur*
…	…	…	…

-ion	-tion	-ine	-ik
Aggression	*Konzentration*	*Maschine*	*Grammatik*
…	…	…	…

Reederei oder Rederei?

→ **Seite 242,** Arbeitstechnik „Besondere Schreibungen einprägen“

1 Schreibe die Sätze ab und setze die richtigen Wörter ein.

1. *Boote oder Bote?*
   Der **?** brachte das Paket. – Die **?** schaukelten im Wind.
2. *Beete oder bete?*
   Er jätete die **?**. – Er sagte, dass er jeden Abend **?**.
3. *Seen oder sehen?*
   Kannst du ihn **?**? – Kennst du die tiefsten **?** der Erde?
4. *Leer- oder Lehr-? geleert oder gelehrt?*
   Ihr gefällt dieses **?**buch. – Das Auto rollte im **?**lauf.
   Der Briefkasten wurde **?**. – Er redete sehr **?**.
5. *Waagen oder Wagen?*
   Die unterschiedlichen **?** zeigten unterschiedliche Gewichte. –
   Sie fährt einen neuen **?**.
6. *Meer oder Mehr?*
   ? weiß ich nicht. – Sie fahren ans **?**.
7. *Heer oder Her?*
   Ein **?** von Touristen strömt in den Süden. –
   Mir missfällt das Hin und **?**.

TIPP!
Schlage bei Unklarheiten in einem Wörterbuch nach.

2 Verwechslungswörter Wähle sechs Paare und verwende die Wörter in Sätzen, z. B.: Die Blüte der Rose war einmalig schön. – Im Frühling grünte und blühte es überall.

1. ~~Blüte – blühte~~
2. Namen – nahmen
3. Zuname – Zunahme
4. Wahl – Wal
5. wahr – war
6. hol – hohl
7. Mahl – mal
8. Verse – Ferse
9. viel – fiel
10. Saite – Seite
11. Laie – leihe
12. Waise – Weise
13. Lid – Lied
14. Mine – Miene

3 Übernimm die folgende Tabelle in dein Heft und sortiere die Wörter ein.

~~Christ~~ – Chor – ~~charmant~~ – Chaussee – Charakter – Champignon – Chlor – Chef – Chrom – Champagner – Chronik – Chaos

ch wie *k* gesprochen	*ch* wie *sch* gesprochen
Christ	charmant
...	...

4 Übernimm das Rätsel in dein Heft und ergänze jeweils die fehlende Silbe. Schreibe die Wörter auf und kläre die Bedeutung der Wörter, die du nicht kennst, z. B.:

Machete → Buschmesser, …

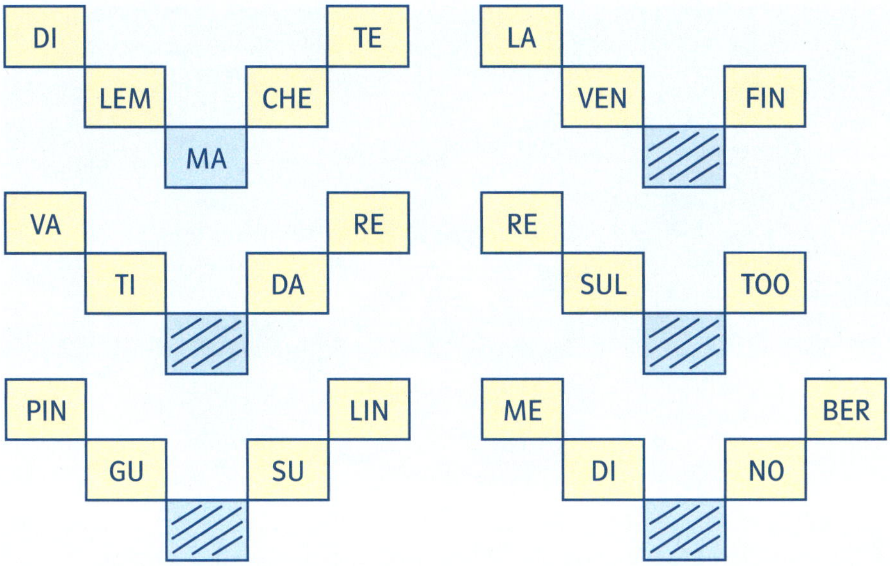

5 Übernimm die folgende Tabelle in dein Heft. Schreibe die darunter stehenden Wörter in normaler Schreibung in die richtige Spalte.

TIPP!
Vier Wörter können in beide Spalten eingeordnet werden.

Substantive / Nomen	Adjektive
das Lineal	horizontal
…	…

LINEAL, HORIZONTAL, OVAL, ZENTRAL, MINERAL, IDEAL, VOKAL, INTERNATIONAL, KARNEVAL, PEDAL, BANAL, QUERULANT, AMBULANT, HYDRANT, INTERESSANT, TRABANT, ELEGANT, CHARMANT, LIEFERANT, AMÜSANT

6 Bilde zusammengesetzte Wörter. Schreibe die Substantive / Nomen mit ihrem Artikel auf, z. B.:

impfen → der Impfausweis, …

1. impfen
2. dampfen
3. empfinden
4. krampfen
5. empfehlen
6. Trumpf
7. Strumpf
8. Sumpf
9. Kampf
10. Rumpf
11. Pfad
12. Pferd
13. Pfütze
14. Pforte
15. Pfand

11 Zueinanderstehen

→ **Seite 239,** Arbeitstechnik „Einen literarischen Text genau lesen und verstehen“

1 Sieh dir die Fotos an, lies die Überschrift und den ersten Satz des Textes. Stelle jetzt Vermutungen über den Inhalt der Kurzgeschichte an.

Günther Weisenborn

Zwei Männer

Online-Link
Hörverstehen
313174-0140

Als der Wolkenbruch, den sich der argentinische Himmel damals im Februar leistete, ein Ende gefunden hatte, stand das ganze Land unter Wasser. Und unter Wasser standen die Hoffnungen des Pflanzers von Santa Sabina. Wo ein saftgrünes Vermögen in Gestalt von endlosen Teefeldern mit mannshohen Yerbabüschen* gestanden hatte, dehnte sich morgens ein endloses Meer. Der Farmer war vernichtet, das wusste er. Er saß auf einer Maiskiste neben seinem Haus und zählte die fetten Blasen, die an seine Schuhe trieben und dort zerplatzten. Das Maisfeld glich einem See. Der Rancho** des Peons*** war darin verschwunden. Sein Schilfdach trieb im Strom davon, eine nickende Straußenleiche vor sich herschiebend. Der Peon hatte sich zu seinem Herrn geflüchtet und saß neben ihm. Es war ein Indio, der mit breitem, eisernem Gesicht ins Leere starrte. Seine Frau war ertrunken, als sie sich losließ, um ihre Hände zur Madonna zu erheben. Der Peon hatte drei Blasen gezählt. Ihre Hand hatte die letzte Blase zerschlagen. Der Farmer hatte seine Frau in der Stadt. Sie würde vergeblich auf seinen Schritt vor der Tür warten. Denn der Farmer gab sich noch eine Nacht. Es ist unter Männern Brauch, dass man sich in gewissen Lagen die letzte Zigarette teilt.

* Yerba, die: eine Teepflanze (Mate-Tee)

** Rancho, der: Hütte

*** Peon, der: Tagelöhner

Der Farmer, im Begriff, nach Mannes Art zu handeln, wurde von seinem Peon unterbrochen. „Herr!“, rief der Indio. „Der Parana! Der Strom kommt …“ Er hatte Recht. Man hörte in der Ferne ein furchtbares Donnern. Der Parana, angeschwollen von Wasser und Wind, brach in die Teeprovinzen ein. Parana, so heißt der größte Strom Argentiniens. Dieses Donnern war das Todesurteil für die Männer von Santa Sabina. Sie verstanden sich auf diese Sprache, die Männer. Sie hatten tausendmal dem Tod ins Auge gesehen.

Sie hatten das Weiße im Auge des Pumas gesehen und der Korallenschlange ins kaltstrahlende Gesicht. Sie hatten dem Jaguar gegenübergestanden und der großen Kobra, die sich blähte. Sie hatten alle diese Begegnungen für sich entschieden, denn ihr Auge war kalt und gelassen ihre Hand.

Jetzt aber halfen keine Patronen und kein scharfes Auge. Dieser Feind hier, das Wasser, war bösartig wie hundert Schlangen, die heranzischen, und todesdurstig wie der größte Puma auf dem Ast. Man konnte das Wasser schlagen, es wuchs. Man konnte hineinschießen, es griff an. Es biss nicht, es stach nicht, das Wasser. Es suchte sich nur mit kalten Fingern eine Stelle am Mann, seinen Mund, um ihn anzufüllen, bis Blasen aus der Lunge quollen. Das Wasser war gelb und lautlos. Und man sah vor Regen den Himmel nicht.

Auf einer kleinen Insel, halb unsichtbar in der triefenden Finsternis, saß der Farmer mit seinem Peon vor seinem Haus.

Dann kam der große Parana. Er kam nicht mit Pauken und Posaunen. Nein, man merkte ihn gar nicht. Aber plötzlich stand der Schuh des Farmers im Wasser. Er zog ihn zurück. Aber nach einer Weile stand der Schuh wieder im Wasser, weiß der Teufel … Und wenn man die Maiskiste zurücksetzte, so musste man sie bald noch ein wenig zurücksetzen, denn kein Mann sitzt gern im Wasser. Das war alles, aber das war der Parana.

Gegen Abend fiel das Hühnerhaus um. Man hörte das halb erstickte Kreischen der Vögel, dann war es wieder still. Später zischte es plötzlich im Wohnhaus auf, denn das Wasser war in den Herd gedrungen.

Als es dunkel wurde, standen der Farmer und sein Peon bereits bis zum Bauch im Wasser.

Sie kletterten auf das Schilfdach. Dort auf dem Gipfel saßen sie schweigend, dunkle Schatten in der dunkelsten aller Nächte, indes Töpfe und Kästen aus den Häusern hinausschwammen.

Ein Stuhl stieß unten das Glasfenster in Scherben. Das Wasser rauschte.

Die Blasen platzten. Ein totes Huhn schwamm im Kreise vor der Haustür.

Als das Wasser das Dach erreicht hatte, stieß es die Hausmauern nachlässig um. Das Dach stürzte von den gebrochenen Pfosten, schaukelte und krachte; dann drehte es sich um sich selbst und trieb in die rauschende Finsternis hinaus. Das Dach ging einen langen Weg. Es fuhr kreisend zu

Tal. Es trieb am Rande der großen Urwälder vorbei. Es segelte durch eine Herde von Rindern, die mit himmelwärts gestreckten Beinen totenstill auf dem wirbelnden Wasser trieben. Glotzäugige Fische schossen vor dem Schatten des Daches davon. Schwarze Aasgeier trieben, traubenweise an ein Pferd gekrallt, den Strom hinab. Sie blickten mordlustigen Auges herüber … Blüten, Möbel und Leichen vereinigten sich zu einem Zug des Todes, der talwärts fuhr, einem undurchsichtigen Ende entgegen.

Gegen Morgen richtete sich der Farmer auf und befahl seinem Peon, nicht einzuschlafen. Der Indio verwunderte sich über die harte Stimme seines Herrn. Er wäre bedenkenlos dem Farmer um die Erde gefolgt. Er war Indio und wusste, was ein Mann ist. Aber er wusste auch, dass ein Mann ein schweres Gewicht hat.

Wenn nur ein Mann auf dem Dach sitzt, so hält es natürlich länger, nicht wahr, als wenn es unter dem schweren Gewicht zweier Männer auseinanderbricht und versinkt. Und dann gute Nacht …

Er glaubte nicht, dass der Farmer gutwillig das Dach verlassen würde; aber man konnte ihn hinunterkippen, denn es ging hier um Leben und Tod. Das dachte der Indio, und er rückte näher. Sein Gesicht war steinern, es troff vor Regen. Das Dach würde auf keinen Fall mehr bis zum Morgen schwimmen. Jetzt schon brachen einzelne Bündel ab und schwammen nebenher. Die Männer mitten auf dem furchtbaren Strom wussten nicht, wo sie waren. Dichter Nebel fuhr mit ihnen. Ringsum das Wasser schien stillzustehen. Fuhren sie im Kreis? Sie wussten es nicht. Sie sahen sich an.

Da folgte der Farmer dem Brauch aller Männer, zog seine letzte Zigarette, brach sie in zwei Teile und bot dem Indio einen an. Sie rissen das Papier ab und kauten den Tabak, da sie kein Feuer hatten. Er ist ein guter Kamerad, dachte der Peon. Es hat keinen Zweck. Es soll alles seinen Weg gehen. Als er den würzigen Geschmack des Tabaks fühlte, wurde aus der Feindschaft langsam ein Gefühl der Treue. Was willst du? Der Peon hatte seine Frau verloren und sein Kind. Sie hatte die letzte Blase ihres Atems mit ihrer Hand zerschlagen. Er hatte nichts mehr, was ihn zu leben verlockte. Das Schilfdach sank immer tiefer. Wenn er selbst ins Wasser sprang, hielt das Dach vielleicht noch und trug seinen Herrn bis zum Morgen.

Der Dienst ist aus, adios, Señor*! Der Peon kletterte über den Giebel bis an den Rand des Daches, als er plötzlich im dunklen Wasser Jaguare sah, die ihn aufmerksam anstarrten. Zum ersten Mal verzog der Indio sein Gesicht, dann hielt er den Atem an und sprang.

Aber er wurde im selben Moment von seinem Chef gehalten, der ihn wieder aus dem Wasser zog und seinen Peon zornglühend anschrie. Kreideweiß, mit rotgeränderten Augen und triefenden Haaren, beugte sich der Farmer über ihn, nannte ihn den Vater allen Unsinns und rüttelte ihn. Dann befahl er ihm, seinen Platz einzunehmen und den Mut nicht zu verlieren, verdammt noch mal …! Gegen Morgen trieben sie an Land, sprangen über Baumäste und wateten stundenlang, bis sie ins Trockene kamen. Sie klopften den Boden mit Stöcken nach Schlangen ab, und ehe sie sich zum Schlafen in das Maisfeld legten, sagte der Farmer:

„Morgen gehen wir zurück und fangen wieder an."

„Bueno**", sagte der Indio. Der Regen hörte auf.

* Señor, der: Herr

** bueno: gut; in Ordnung

2 Hier findest du Fragen zum ersten Abschnitt der Kurzgeschichte. Beantworte sie mithilfe der Textstellen.

Frage	Textstelle
1. Wo spielt die Handlung?	„Als der Wolkenbruch, den sich der **argentinische** Himmel damals im Februar leistete, ein Ende gefunden hatte, stand das ganze Land unter Wasser …" (Z. 1–3)
2. Welche Figuren spielen in der Geschichte eine Rolle?	„Und unter Wasser standen die Hoffnungen **des Pflanzers** von Santa Sabina …" (Z. 3–4) „**Der Peon** hatte sich zu seinem Herrn geflüchtet und saß neben ihm …" (Z. 10–11)
3. Was beobachten die beiden?	„Das Maisfeld glich einem See. Der Rancho des Peons war darin verschwunden. Sein Schilfdach trieb im Strom davon, eine nickende Straußenleiche vor sich herschiebend." (Z. 8–10)
4. Was ist mit der Frau des Peons passiert?	„**Seine Frau war ertrunken,** als sie sich losließ, um ihre Hände zur Madonna zu erheben. Der Peon hatte drei Blasen gezählt. Ihre Hand hatte die letzte Blase zerschlagen." (Z. 12)

→ **Seite 239,** Arbeitstechnik „Einen literarischen Text genau lesen und verstehen“

3 Verteilt die farbig gekennzeichneten Abschnitte der Geschichte auf Gruppen. Formuliert selbst Fragen zum Text.

- Stellt die Fragen anschließend der Klasse.
- Achtet darauf, dass die Antworten immer mit der entsprechenden Textstelle belegt werden, z. B.:

Frage	Textstelle
Woran erkennt der Peon, dass der Parana kommt?	Der Farmer, im Begriff, nach Mannes Art zu handeln, wurde von seinem Peon unterbrochen. „Herr!“, rief der Indio. „Der Parana! Der Strom kommt …“ Er hatte Recht. Man hörte in der Ferne ein furchtbares Donnern. (Z. 19–22)

Online-Link
zu Günther Weisenborn
313174-0144

4 Informiere dich über den Autor und über die Entstehungszeit der Geschichte. Halte deine Ergebnisse in Stichworten fest.

→ **Seite 234,** Arbeitstechnik „Eine Inhaltsangabe schreiben“

5 Formuliere einen Einleitungssatz für eine Inhaltsangabe zu Weisenborns Kurzgeschichte. Orientiere dich dabei an folgenden Stichworten:

Textsorte	Kurzgeschichte
Titel	…
Verfasser	…
Worum es geht	…

6 Gib den Inhalt eines jeden Abschnitts in möglichst einem Satz wieder, z. B.:
- *Ein Farmer und sein Peon erleben, wie durch die Überschwemmung ihr Besitz zerstört wird.*

7 Fasse die Sätze zu einer Inhaltsangabe zusammen.

8 Sprecht darüber, warum der Farmer seinen Peon zornglühend anschreit (Zeile 100).

9 Welche Rolle spielt das Teilen der Zigarette (Zeile 17/18, 85 bis 90)? Lest die Textstellen dazu noch einmal und tauscht euch darüber aus.

10 Diskutiert über das Ende der Kurzgeschichte.
- Lest euch die letzten beiden Zeilen noch einmal durch. Was erfahrt ihr? Was bleibt offen?
- Wie beurteilt ihr das Verhalten der beiden Figuren? Warum gehen sie beide vermutlich das Risiko ein zu ertrinken?

Merke

Typische Merkmale einer Kurzgeschichte
- kurze Erzählung
- häufige Verwendung von Alltagssprache
- unvermittelter Beginn
- Konzentration auf einen Ausschnitt des Geschehens
- Wendepunkt
- offener Schluss

11 Weise anhand der Merkmale nach, dass es sich bei dem Text um eine Kurzgeschichte handelt.

12 EXTRA Wie beurteilst du das Verhältnis zwischen Mensch und Natur? Schreibe deine Gedanken dazu auf. Lies auch noch einmal die Textstelle „Dieser Feind hier …“ (ab Zeile 32).

13 EXTRA Auch in unserer Region kommt es immer öfter zu Überschwemmungen und anderen Naturkatastrophen. Informiere deine Mitschüler anhand eines Beispiels über die Ursachen.

TIPP!
Nutze den Online-Link.

Online-Link zu Naturkatastrophen 313174-0145

Online-Link
Hörverstehen
313174-0146

Josef Reding

Fahrerflucht

Ich habe nicht auf die neue Breite geachtet, dachte Ellebracht. Nur deswegen ist es so gekommen.
Der hemdsärmelige Mann nahm die rechte Hand vom Lenkrad und wischte sich hastig über die Brust. Als er die Hand zurücklegte, spürte er, dass sie noch immer schweißig war, so schweißig wie sein Gesicht und sein Körper. Schweißig vor Angst.
Nur wegen der Breite ist alles gekommen, dachte der Mann wieder. Er dachte es hastig. Er dachte es so, wie man stammelt. Die Breite des Wagens, diese neue, unbekannte Breite. Ich hätte das bedenken sollen.
Jäh drückte der Fuß Ellebrachts auf die Bremse. Der Wagen kreischte und stand. Eine Handbreit vor dem Rotlicht, das vor dem Eisenbahnübergang warnte.
Fehlte grade noch!, dachte Ellebracht. Fehlte grade noch, dass ich nun wegen einer so geringen Sache wie Überfahren eines Stopplichtes von der Polizei bemerkt werde. Das wäre entsetzlich. Nach der Sache von vorhin …
Mit hohlem Heulen raste ein D-Zug vorbei. Ein paar zerrissene Lichtreflexe, ein Stuckern, ein verwehter Pfiff. Die Ampel klickte auf Grün um.
Ellebracht ließ seinen Wagen nach vorn schießen. Als er aufgeregt den Schalthebel in den dritten Gang hineinstieß, betätigte er die Kupplung zu nachlässig. Im Getriebe knirschte es hässlich.
Bei dem Geräusch bekam Ellebracht einen üblen Geschmack auf der Zunge. Hört sich an wie vorhin, dachte er. Hört sich an wie vorhin, als ich die Breite des Wagens nicht richtig eingeschätzt hatte. Dadurch ist es passiert. Aber das wäre jedem so gegangen. Bis gestern habe ich den Volkswagen gefahren. Immer nur den Volkswagen, sechs Jahre lang. Und heute morgen zum ersten Male diesen breiten Straßenkreuzer. Mit dem VW wäre ich an dem Radfahrer glatt vorbeigekommen. Aber so …
Fahr langsamer, kommandierte Ellebracht sich selbst. Schließlich passiert ein neues Unglück in den nächsten Minuten. Jetzt, wo du bald bei Karin bist und den Kindern. Karin und die Kinder. Ellebrachts Schläfen pochten.

Er versuchte sich zu beruhigen: Du musstest weg von der Unfallstelle, gerade wegen Karin und der Kinder. Denn was wird, wenn du vor Gericht und ins Gefängnis musst? Die vier Glas Bier, die du während der Konferenz getrunken hast, hätten bei der Blutprobe für deine Schuld gezeugt, und dann? Der Aufstieg deines Geschäfts wäre abgeknickt worden. Nicht etwa darum, weil man etwas Ehrenrühriges in deinem Unfall gesehen hätte. Wie hatte doch der Geschäftsführer von Walterscheidt & Co. gesagt, als er die alte Frau auf dem Zebrastreifen verletzt hatte? Kavaliersdelikt!

Nein, nicht vor der Schädigung meines Rufes fürchte ich mich. Aber die vier oder sechs Wochen, die ich vielleicht im Gefängnis sitzen muss, die verderben mir das Konzept! Während der Zeit schickt die Konkurrenz ganze Vertreterkolonnen in meinen Bezirk und würgt mich ab. Und was dann? Wie wird es dann mit diesem Wagen? Und mit dem neuen Haus? Und was sagt Ursula, die wir aufs Pensionat* in die Schweiz schicken wollen?

„Du hast richtig gehandelt!", sagte Ellebracht jetzt laut, und er verstärkte den Druck auf das Gaspedal. „Du hast so gehandelt, wie man es als Familienvater von dir erwartet."

Verdammte Rotlichter!, dachte Ellebracht weiter und brachte den Wagen zum Stehen. Ich will nach Hause. Ich kann erst ruhig durchatmen, wenn der Wagen in der Garage steht und ich bei der Familie bin.

Und wann ist der Mann mit dem Fahrrad bei seiner Familie? Der Mann, der mit ausgebreiteten Armen wie ein Kreuz am Straßenrand gelegen hat? Der Mann, der nur ein wenig den Kopf herumdrehte – du hast es im Rückspiegel deutlich gesehen –, als du den bereits abgestoppten Wagen wieder anfahren ließest, weil dir die wahnsinnige Angst vor den Folgen dieses Unfalls im Nacken saß? Du, wann ist dieser Mann bei seiner Familie?

Jetzt werd bloß nicht sentimental!, dachte Ellebracht.

* Pensionat, das: Internatsschule

1 Untersuche, wie diese Kurzgeschichte beginnt.
„Ich habe nicht auf die neue Breite geachtet, dachte Ellebracht. Nur deswegen ist es so gekommen …"
Notiere, was du durch die ersten Sätze erfährst.

2 Schreibe auf, weshalb deiner Meinung nach Ellebracht nicht angehalten hat. Belege deine Aussagen mit passenden Textstellen.

3 Wie endet die Geschichte? Was erfährst du, was erfährst du nicht? Beantworte diese Fragen schriftlich.

4 Wie beurteilst du Ellebrachts Verhalten? Notiere deine Überlegungen.

5 Weise nach, dass es sich bei dem Text um eine Kurzgeschichte handelt.

→ **Seite 145,** Merkmale einer Kurzgeschichte

Könnte ich mir wünschen ...

1 Der Text enthält Verben im Konjunktiv. Ersetze die Konjunktivformen durch Formen mit „würde", z. B.:
was er einer Fee antwortete → was er einer Fee antworten würde
Beurteile, welche Formulierungen besser klingen.

„Du hast drei Wünsche frei!" – Wer hat nicht schon einmal überlegt, was er einer Fee **antwortete,** die ihm dieses verlockende Angebot **machte?** Aus Sagen und Märchen weiß man nur zu gut, wie leicht man da einen Fehler machen **könnte** und wie schnell dann die einmalige Chance verspielt **wäre.** Also, was tun? Sich mit dem ersten Wunsch wünschen, dass man viele Wünsche **hätte?** Aber **fühlte** sich die Fee dann nicht betrogen? **Verschwände** sie nicht verärgert für immer? Und weitere Fragen drängen sich auf: **Erfüllte** die Fee nur Wünsche für die Zukunft? Oder **könnte** man auch wünschen, dass die Dinge in der Vergangenheit anders gelaufen **wären?** Was **geschähe,** wenn die Wünsche von anderen nicht zu den eigenen **passten – gäbe** es da eine Wunschkonkurrenz?

→ **Seite 222,** Indikativ und Konjunktiv

2 Indikativ oder Konjunktiv? Ordne die Verbformen in eine Tabelle ein, z. B.:

Verbform im Indikativ (Wirklichkeitsform)	Verbform im Konjunktiv (Möglichkeitsform)
er isst	*er äße*
...	...

er äße – er isst / ihr sprecht – ihr sprächt / sie weiß – sie wüsste / du darfst – du dürftest / wir sehen – wir sähen / wir tränken – wir trinken / ich bräuchte – ich brauche / es wäre – es ist / ihr stündet – ihr steht / sie sängen – sie singen / ich ließe – ich lasse / sie kommen – sie kämen / er müsste – er muss / er riefe – er ruft / es geschieht – es geschähe

Merke

Diese Verbformen stehen im Indikativ:	Diese Verbformen stehen im Konjunktiv:	Man kann auch so formulieren:
ich nehme	ich nähme	ich würde nehmen
du sprichst	du sprächst	du würdest sprechen
wir geben	wir gäben	wir würden geben

3 Wie kann man ausdrücken, dass etwas nur unter einer bestimmten Bedingung möglich wäre? Bilde Sätze, z. B.:

Wenn ich mir etwas wünschen könnte, machte ich eine Reise nach Italien.
oder: *Wenn ich mir etwas wünschen könnte, würde ich eine Reise nach Italien machen.*

hätte		
machte		(spielen) ich Lotto und (gewinnen).
könnte	Wenn ich mir etwas wünschen (können)	(erfüllen) ich mir einen Traum.
beriete	Wenn ich sehr reich (sein)	(helfen) ich meinen Freunden.
wäre	Wenn ich die Möglichkeit (haben)	(machen) ich später eine Ausbildung zum/zur …
spielte		(beraten) ich mich mit meinen Eltern.
hülfe		
gewänne		
erfüllte		

4 Was würdest du dir wünschen, wenn du drei Wünsche frei hättest? Ordne deine Wünsche in eine Tabelle ein. Verwende z. B.:

etwas Persönliches	beruflicher oder schulischer Erfolg	etwas für Freunde und Familie	etwas für alle Menschen
weniger naschen	…	…	…

5 Schreibe deine Wünsche als Sätze auf. Verwende Verbformen im Konjunktiv und Formulierungen mit „würde". Lies deine Wunschsätze vor, z. B.:

Ich würde mir wünschen, ich naschte weniger.

Ich würde mir wünschen, dass alle Menschen in Frieden lebten.

Was wäre, wenn ...?

→ **Seite 148, 222,** Indikativ und Konjunktiv

1 Lies, was Jugendliche auf solche Fragen geantwortet haben.

1. Was wäre, wenn es auf der Welt nur eine einzige Sprache gäbe?

Franziska Ich fände das super. Wir müssten keine Fremdsprache lernen. Uns bliebe manches Leid erspart. Mir gefiele das ausgezeichnet. Aber das bedeutet ja noch viel mehr: Es gäbe keine Verständnisprobleme. Beim Kennenlernen könnte jeder mit dem anderen über alles sprechen, auch wenn der aus einem anderen Land käme. Die Partnersuche ginge viel komplikationsloser vor sich ...

2. Was wäre, wenn du ein Multimillionär wärst?

Ilias Ich gäbe mindestens die Hälfte meines Vermögens für arme Kinder. Dann erließe ich ein Gesetz, dass alle sehr reichen Leute das auch tun müssten. Hunger dürfte es auf der Welt nicht mehr geben ...

3. Was wäre, wenn du einen Tag lang einfach perfekt wärst?

Nadine Ich sähe perfekt aus. Unter meiner Mathearbeit befände sich eine perfekte Eins. Ich erhielte an diesem Tag überhaupt nur Einsen, auch in Sport. Ich ließe mich in allen Fächern prüfen. Ich hätte auch in Englisch immer die perfekte Antwort parat ...

4. Was wäre, wenn Menschen nicht lügen könnten?

Arpad Niemand würde einen loben, wenn man nicht gut wäre. Manchmal müsste man jemandem ins Gesicht sagen, wie schrecklich man ihn findet. Aus dem Urlaub schriebe man niemandem reine „Anstandskarten“ ...

2 Was antwortest du auf diese Fragen? Schreibe zu jeder Frage mindestens zwei Antwortsätze auf.

3 Schreibe alle Konjunktivformen aus Aufgabe 1 heraus. Füge jeweils den Infinitiv und die Präteritumsform des Verbs hinzu, z. B.:

Konjunktiv	Präteritum	Infinitiv
wäre	war	sein
gäbe	gab	geben
...	...	...

4 Es wäre gut, wenn . . . Ergänze folgende Sätze, z. B.:
1. Es wäre gut, wenn der Zug pünktlich kommen würde. 2. …

Es wäre gut, wenn …

1. der Zug kommt pünktlich
2. du lernst regelmäßig
3. die Bücher kosten weniger
4. die Ferien dauern länger
5. sie geht sofort zum Arzt
6. er sagt es selbst
7. wir fahren mit dem Bus
8. er kommt heute noch

5 Höflichkeit Ergänze die Sätze, z. B.:
1. Entschuldigen Sie, könnte ich hier meinen Koffer abstellen? 2. …

1. Entschuldigen Sie, könnte ich …?
2. Ich würde gerne …
3. Du solltest lieber …
4. Hätten Sie vielleicht …?
5. Wir müssten eigentlich …
6. Ich möchte am liebsten …
7. Entschuldigung, dürfte ich …?
8. Könnten Sie …?

6 Verwende anstelle der Konjunktivformen die Indikativformen, z. B.:
1. Wenn ich das weiß, komme ich auch dorthin. 2. …

1. Wenn ich das wüsste, <u>käme</u> ich auch dorthin.
2. Wenn er plötzlich vor mir stände, <u>riefe</u> ich laut um Hilfe.
3. Nur, wenn ich das mit eigenen Augen <u>sähe</u>, könnte ich es glauben.
4. Müsste ich es ihnen mitteilen, <u>schriebe</u> ich die ganze Wahrheit.

7 Formuliere die Sätze aus Aufgabe 6 um: Verwende anstelle der unterstrichenen Konjunktivformen die würde-Formulierungen, z. B.:
Wenn ich das wüsste, würde ich auch dorthin kommen. 2. …

8 Suche dir eine Frage aus und beantworte sie, z. B.:
1. Wenn Schüler nicht schwindeln könnten, dann …

1. Was wäre, wenn die Schüler nicht schwindeln könnten?
2. Was wäre, wenn man Vergangenes neu erleben könnte?
3. Was wäre, wenn du das letzte Jahr noch einmal erleben könntest?
4. Was wäre, wenn du drei Ereignisse oder Verhaltensweisen rückgängig machen könntest?

12 Einmal ein Star sein!

Jule ist ein fünfzehnjähriges Mädchen mit einer Figur, die sie selbst als 1,68 im Quadrat bezeichnet. Sie begleitet ihre attraktive Schwester Cindy zu einem Casting für die Rolle in der Daily Soap „Nachts ist die Liebe dunkler als draußen“. Der Produzent allerdings entdeckt bei dieser Gelegenheit Jule für die Rolle der Dicken; zum einen wegen ihres losen Mundwerkes, zum anderen weil er findet, dass sowieso eine Dicke in der Serie fehlt. Cindy hat sich eigentlich nur für das Casting gemeldet, um Ralf, dem Star der Serie, näherzukommen. So muss Jule ihr jetzt versprechen, sie bei der nächsten Gelegenheit mit ihm bekannt zu machen.
Mit viel Humor, Selbstironie* und einer Portion Frechheit bewegt sich Jule in der Welt der Fernsehstars. Schon bald legt sie sich mit Ralf an, der sich als arroganter** Schönling entpuppt.
„Das Buch ist wie eine Soap“, schrieb die Süddeutsche Zeitung. „Jule, filmreif“ kam auf die Liste der „besten 7 Bücher für junge Leser“ …

* Selbstironie, die: Verspottung der eigenen Person

** arrogant: eingebildet, hochnäsig

→ **Seite 241,** Arbeitstechnik „Sich schnell über den Inhalt eines Buches informieren“

1 Klappentexte stellen den Lesern das Buch vor.
Was erfährst du hier über
- die Art des Buches,
- seinen Inhalt,
- seine Bewertung?

2 Was erfährst du in dem Text über die Hauptperson und wie stellst du sie dir vor? Tausche dich mit deinen Mitschülern darüber aus.

Hexenkessel – Jules erster Drehtag

1 Jule lernt an ihrem ersten Drehtag viele Menschen mit unterschiedlichen Aufgaben kennen. Suche entsprechende Textstellen heraus.

Online-Link
Hörverstehen
313174-0153

→ **Seite 239,** Arbeitstechnik „Einen literarischen Text genau lesen und verstehen“

Es ist so weit. Unglaublich, wie viele Leute hier herumlungern. Ich komme mir vor wie ein Alien im Ameisenhaufen. Alle scheinen sich zu kennen, begrüßen sich, lachen und klopfen sich auf die Schultern.
Ich bin froh, dass mich eine blasse, dünne Gestalt, die alle kurz Eff nennen, herumführen muss. Allein würde ich mich hier niemals zurechtfinden.
Zuerst bringt Eff mich zum Kostümbildner. Dort sieht es aus wie in der Umkleidekabine eines Faschingsvereins. Endlose Reihen mit Garderobenständern voller Kleider. Auf den hohen Fensterbänken stehen Köpfe mit Hüten und grinsen auf dieses bunte Chaos herab.
Der Kostümbildner, es ist derselbe, der bei uns zu Hause war, verpasst mir eine schreckliche grüne Latzhose und ein Psychedelic-T-Shirt. Als ich in den Spiegel sehe, wird mir fast schwindelig. Aber vielleicht bin ich auch nur aufgeregt.
Und schon klopft Eff ungeduldig an die Tür und fragt, ob wir endlich fertig seien, ich müsse dringend in die Maske. Der Kostümbildner schiebt mich raus und Eff beeilt sich, mich in der Maske abzuliefern. Kaum hat er dort die Tür aufgerissen, werde ich von strahlend hellen Lichtern geblendet. Ich sehe nur noch Sternchen. Als das Flimmern in meinem Kopf ein wenig nachlässt, kann ich die riesigen Spiegel erkennen. Und einen Mann und eine Frau. Sie bitten mich, auf einem der beiden Frisörstühle Platz zu nehmen. Der Mann, er heißt Olaf, beugt sich über mich und hält einen Stift vor mein Gesicht. Dann schüttelt er den Kopf und rührt mit einem Pinsel auf verschiedenen Pudern herum, stäubt den Puder auf seinen Handrücken, hebt die Hand neben meine Wange und murmelt unzufrieden vor sich hin. Schließlich beginnt er, etwas auf mein Gesicht aufzutragen. Dabei fachsimpelt er die ganze Zeit mit der Frau – sie heißt im Übrigen Mary und hat die anstrengende Aufgabe, sich um meine Haare zu kümmern – über meine schöne Haut. Und das, wo ich – ungelogen – in diesem Spiegel wie ein Zombie aus dem Friedhof der Kuscheltiere aussehe …
Außerdem gibt es eine Regisseurin*, sie ist mindestens einen Kopf kleiner als ich und sehr schlank. Sie hat langes, offenes Haar, das ihr fast bis zur Hüfte reicht. Ihr Gesicht ist von tiefen Falten durchzogen und ihr voller Mund leuchtet johannisbeerrot.
Dann stellt sich der Regieassistent bei mir vor. Er hat eine astreine Hühnerbrust …
Und dann sind noch tausend andere Leute dort, Beleuchter, der Chefkameramann, Aufnahmeleitung, Aufnahmeleitungsassistent und der

* Regie, die: Spielleitung bei Theater, Funk und Film. Ein Regisseur/eine Regisseurin führt Regie, gibt Schauspielern und anderen Mitwirkenden Anweisungen

Assistent des Aufnahmeleitungsassistenten. Was der zu tun hat, habe ich schnell kapiert. Das ist der Kaffee- und Brötchenholer von Franziska. Und natürlich ist auch Gilbert da. Gilbert, der mit richtigem Namen Ralf Klopstock heißt. In Wirklichkeit ist er überhaupt nicht so beeindruckend wie im Fernsehen. Obwohl, jetzt sieht er mich mit seinen unglaublich blauen Augen an. Augen wie ganz blaue Glasmurmeln. Oh Mann, das kribbelt sogar in meinem Bauch. Er kommt zu mir herüber und begrüßt mich. „Hallo, darf ich mich vorstellen? Ich bin Ralf Klopstock, und wer bist du?" Ich bin so verdattert über diese förmliche Vorstellung, dass mir so schnell nichts einfällt, nichts außer Blödsinn.

„Ich bin die Gewinnerin des Gilbert-Bravofanclubs und darf dir heute bei den Dreharbeiten zuschauen. Später musst du mit mir dann schick essen gehen."

Ralf lächelt, dabei legen seine eher schmalen Lippen eine ganze Front strahlend arktisch-weißer Zähne frei. Er greift souverän in seine Hosentasche und holt eine Autogrammkarte raus. „Was soll ich denn draufschreiben? Für wen?"

Mist, er hat nicht begriffen, dass ich einen Witz machen will. Was habe ich da bloß wieder angerichtet? „Für Cindy, bitte, in Liebe, Gilbert." Ralf lächelt großherzig und schreibt mit starkem Rechtsdrall den gewünschten Text. „Vielen Dank!"

„Bis später und viel Spaß!" Er geht graziös wie ein Tänzer zur Aufnahmeleitung. Dort verwandelt er sich unglaublich schnell in Rumpelstilzchen und tanzt um den Aufnahmeleitungsassistenten herum. Die beiden werden immer lauter und ich höre Gesprächsbrocken.

Offensichtlich macht der schöne Ralf dem Aufnahmeleitungsassistenten die Hölle heiß, weil ihm keiner gesagt hat, dass hier eine Fanclubmieze rumhocken würde. Der Assistent, durch Ralfs Gebrüll weiß ich jetzt auch seinen Namen, Stefan, wird rot. Er versichert Ralf, dass er auch nicht informiert ist. Dann kommt Stefan zu mir. „Wer bist denn du?"

Ich bleibe ganz ruhig. Eigentlich sollten doch alle hier am Set wissen, wer ich bin.

Was würdet ihr an meiner Stelle tun? Genau! Ich mache auch erst mal so weiter. Ich bin ziemlich neugierig, wie sich das Ganze entwickeln wird. „Ich bin hier von der Bravo", geb ich kund. „Ist etwas nicht in Ordnung?"

Stefan erklärt mir unheimlich freundlich, dass leider keine Außenstehenden am Set sein dürfen und ob ich ihm in den Aufenthaltsraum folgen wolle, da gebe es auch was zu trinken. Er verbessert sich nach einem Blick auf meine Figur: „Und zu essen." Als er das sagt, schmatze ich total gierig mit den Lippen, wie ein Tiger, der schon lange kein Fleisch mehr gehabt hat. „Gibt's da auch Dickmänner, die ganz dicken?"

Stefan mustert mich genauer. Er sieht nicht aus wie ein Blödmann. Er hat eine große, ein bisschen rote Nase, dunkelbraune Augen und ist sehr muskulös. Er wirkt aber so, als hätte ihn ein Riese mit einem Hammer zusammengeschrumpft. Bei den vielen Muskeln müsste er irgendwie größer sein. Ich würde seine Arme gerne mal anfassen. Während er mich intensiv anschaut, registriert er die Schminke und ihm geht ein Licht auf.
„Du bist nicht von der Bravo?"
„Nö." Ich starre verlegen auf meine Fußspitzen, obwohl ich sie wegen der dicken Latzhosen gar nicht sehen kann.
„Du hast mir tierischen Ärger eingebrockt." Stefan kann genauso schmelzend gucken wie Ralf, nur dass es bei ihm wärmer wirkt. Die Jungs hier sind ganz schön gefährlich. Sie schauen einem in die Augen, in die Seele, in den Magen und verbrennen die vorhandene Gehirnmasse. Ich werde sehr auf mich aufpassen müssen. Vielleicht wird die Serie von Aliens produziert, die im Laufe der Dreharbeiten echte Menschen durch Marionetten mit Feueraugen ersetzt haben?
„Tut mir leid."
Stefan grinst ziemlich breit. „Wenn Ralf das erfährt, wird er richtig sauer. Er hasst es, wenn man ihn auf den Arm nimmt. Er hat nicht die Bohne Humor." Na wer sagt's denn: Ralf ist also wirklich ein Idiot! Oder wie nennt ihr Leute, die nie über sich lachen können? Ohne jede Überzeugung antworte ich, nur um überhaupt etwas zu sagen: „Tut mir echt noch mehr leid."
„Und jetzt lüfte dein Geheimnis", fordert Stefan mich auf. „Wer bist du?"
Jetzt will ich eine wirklich originelle Antwort geben und überlege, ob ich mich als Großmutter von Leonardo DiCaprio outen soll. Aber da schnaubt schon der Aufnahmeleiter heran. „Was soll der Blödsinn? Liest denn eigentlich keiner von euch die Dispo oder die Stabsliste? Das hier ist die Neue: ‚Tina'. Oh Stefan, wenn ich dich mal fünf Minuten allein lasse! So wirst du es nie zu was bringen."
Der rotnasige schwitzende Aufnahmeleiter trägt eine Mini-Plie-Dauerwelle, von der ich gedacht habe, sie wäre mit den Zwergpudeln ausgestorben.

2 Schreibe auf, was Jule an Ralfs Aussehen auffällt: *blaue Augen, …*

3 Mache dir Notizen.

1. Jules erster Eindruck von Ralf:
   Wirklichkeit anders als im Fernsehen, …
2. Ralfs Verhalten gegenüber Jule:
   lächelt, souverän, …

4 Wie verhält sich Jule gegenüber Ralf? Warum verhält sie sich so?
Notiere deine Überlegungen.

Szenenwechsel

Laut Drehbuch verlieben sich die Figuren Tina und Gilbert ineinander. Jule bekommt die Textänderungen für den Drehtag und liest entsetzt, dass sie in der nächsten Szene Ralf küssen soll.

Online-Link
Hörverstehen
313174-0156

Ralf und ich sollen uns dann leidenschaftlich küssen. Leidenschaftlich. Wie küsst man einen Kotzbrocken leidenschaftlich? Heißt das Speichelgesabber und Zungenkreisen mit dem Feind? Ralf hat ja schon tausende von Frauen geküsst, für ihn ist das bestimmt nicht schwer. Aber für mich, Jule, fett und fast ungeküsst, außer von Theo, ist das wie die Besteigung des Mount Everest ohne Bergführer. Noch dazu habe ich heute nichts Stinkendes gegessen.
„Bleib cool, Jule“, versuche ich mich zu beruhigen. Das ist erst mal das Wichtigste, dann wird mir bestimmt noch eine Lösung einfallen. Und tatsächlich – mir kommt eine Idee. Vielleicht ist Katrin aus der Personalabteilung da. Mit der kann ich bestimmt offen reden. Sie hat einen Freund, der auf Reizwäsche steht, und sicher genug Erfahrung, um mir ein paar Tipps zu geben.
Vielleicht findet ihr es komisch, dass ich mit fünfzehn Jahren so wenig mit Jungs zusammen gewesen bin, aber es hat sich einfach nie was ergeben. Die Jungs, die mir gut gefallen, interessieren sich nicht für mich. Na ja, um ehrlich zu sein, über das Kumpelsein hinaus hat sich noch nie einer für mich interessiert. Und ich weiß auch, wieso. Es ist mein Fett. Damit können die nicht umgehen. Jungs brauchen ein Girlie, mit dem sie angeben können. Echt, damit sie selbst besser dastehen. Neben einer Girlie-Tusse kommen ihnen die eigenen Pickel nicht so schlimm vor.

Plötzlich finde ich das alles überhaupt nicht mehr lustig. Versteht ihr das? Was ist nur mit mir los, ich bin doch sonst nicht so empfindlich? Und mit meinen eigenen Kommentaren halte ich mich ja auch nicht gerade zurück.
Franziska klatscht in die Hände. „So, und jetzt geht es mit der Testsequenz von Ralf und Jule weiter.“
Franziska erklärt uns zuerst, wie sie sich die Szene vorgestellt hat. Mir wird übel, richtig übel. Habe ich mir vielleicht den Magen verdorben von der ekligen Fresserei gestern?

Oder ist es doch nur die Aufregung? Gerade sagt Franziska: „Und dann, Jule, drückst du so die Brust raus, und du, Ralf, hauchst ihr ein Küsschen auf den Hals.“

„Mir wird grad unheimlich schlecht. Entschuldigt“, würge ich heraus und renne aufs Klo. Ich knie vor der weißen Porzellanschüssel, aber ich muss mich nicht übergeben, nur Speichel ausspucken. Schweißperlen stehen auf meiner Stirn.

Es ist bloß Angst. Ich, Jule, habe Angst.

Jetzt reiß dich mal zusammen, Jule! Du musst da durch. Ich spritze mir kaltes Wasser ins Gesicht. Das ist ein Fehler. Denn ich habe nicht an mein Make-up gedacht. Es zerläuft in schwarze und braune Rinnsale. Und als ich das im Spiegel sehe, da mischt sich diese Brühe noch mit meinen Tränen. Na prima, denke ich, heulen hilft jetzt auch nichts. Was war denn eigentlich so schlimm? Ralf ist schließlich kein Menschenfresser.

Franziska kommt herein. „Geh weg“, schluchze ich.

„Auf keinen Fall. Was ist denn eigentlich los mit dir?“

„Nichts.“ Ich schrubbe jetzt mein Gesicht, damit Olaf es wieder neu bemalen kann.

1 In dem Buch erzählt die Ich-Erzählerin Jule viel von sich selbst. Suche die Textstellen zu folgenden Fragen heraus:

- Was denkt Jule über Ralf?
- Wie fühlt sie sich gerade?

2 Den Hauptdarsteller Ralf kennt ihr nur aus Jules Sicht. Tauscht euch darüber aus, was für ein Typ er sein könnte und wie er vermutlich zu Jule steht.

3 Notiere, was Ralf wohl denkt und fühlt, als er erfährt, dass er Jule in der nächsten Szene küssen soll, z. B.:

- *Er würde Jule gern küssen, denn er …*
- *Er ist wütend über das Drehbuch, weil er …*

4 Schreibe einen Text, in dem Ralfs Gedanken und Gefühle in dieser Situation zum Ausdruck kommen. Beginne z. B. so:
Jule und ich sollen uns leidenschaftlich küssen? Da haben sie sich ja was Blödes einfallen lassen. Ständig wird das Drehbuch geändert! …

5 Lest eure Texte nacheinander in der Klasse vor. Stellt jeweils fest, wie Ralf dargestellt wurde. Besprecht, ob es zu unterschiedlichen Darstellungen gekommen ist und woran das liegen könnte.

Daily Soaps

1 „Das Buch ist wie eine Soap", schrieb die Süddeutsche Zeitung über „Jule, filmreif". Diskutiere mit deinen Mitschülern darüber, was die Zeitung vermutlich damit ausdrücken wollte.

Daily Soaps stammen aus dem Amerika der 1930er Jahre. Große Seifenkonzerne und Hersteller von Waschmitteln sorgten dafür, dass im Radio vor und nach der Waschmittelwerbung kurze Geschichten gesendet wurden. Die Inhalte dieser Geschichten bauten täglich aufeinander auf. So entstand eben der Name „daily soap". Die Themen der Episoden stammten aus dem alltäglichen Leben. Das amerikanische Fernsehen übernahm diese Form der Sendung als „Seifenoper". Seit den 1980er Jahren laufen sie auch im deutschen Fernsehen. Gekennzeichnet sind die Daily Soaps dadurch, dass es keinen Anfang und kein Ende gibt. Dies unterscheidet sie von einer Serie.

→ **Seite 232,** Arbeitstechnik „Eine Umfrage vorbereiten"

2 Führt in eurer Klasse eine kurze Umfrage durch, z. B.:

■ Junge ■ Mädchen

1. Wie lange siehst du ungefähr am Tag fern?

....

2. Welche Soaps siehst du regelmäßig? (Nenne drei)

....

3. Welche Daily Soap siehst du am liebsten?

....

4. Wie oft siehst du sie in der Woche?

...... mal ....

3 Sammelt die Fragebögen ein. Wertet sie aus, z. B.:

Fernsehzeiten	Mädchen	Jungen
unter einer Stunde	|||	||
ein bis zwei Stunden	𝍸	𝍸 |
mehr als zwei Stunden	𝍸 |	||||

4 Diskutiert darüber, welche Bedeutung die Welt der Soaps für euch hat. Beantwortet dabei folgende Fragen:
- Welche Geschichten werden in den Soaps erzählt?
- In welchem Umfeld (Familie, Arbeitsleben, ...) spielen sie?
- Was für Menschen werden in den Soaps dargestellt?
- Welche Probleme werden in den Soaps angesprochen?
- Entsprechen die dargestellten Probleme eurem Alltag?

5 EXTRA Stelle die Ergebnisse der Auswertung aus Aufgabe 3 in einem Diagramm dar. Wähle dafür entweder ein Säulendiagramm, ein Kreisdiagramm oder ein Balkendiagramm, z. B.:

→ **Seite 178 ff., 240,** Arbeitstechnik „Ein Diagramm verstehen und auswerten“

So lange sehen die Mädchen täglich fern

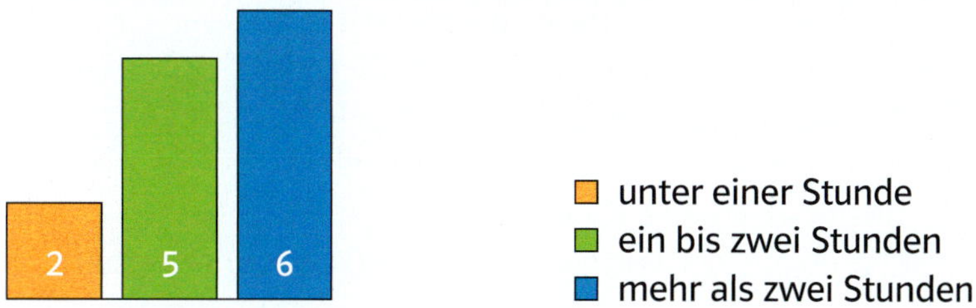

So lange sehen die Jungen täglich fern

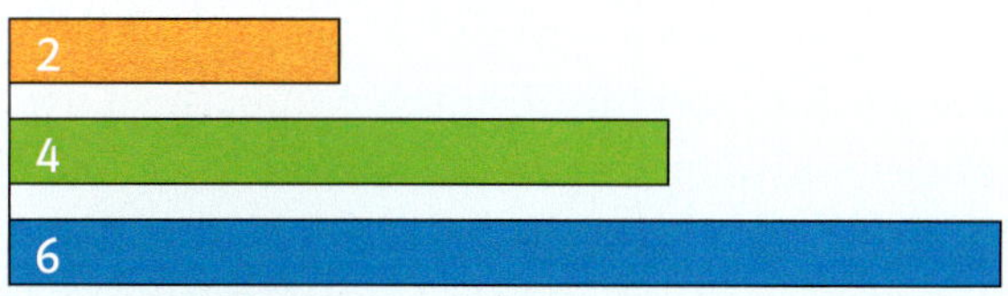

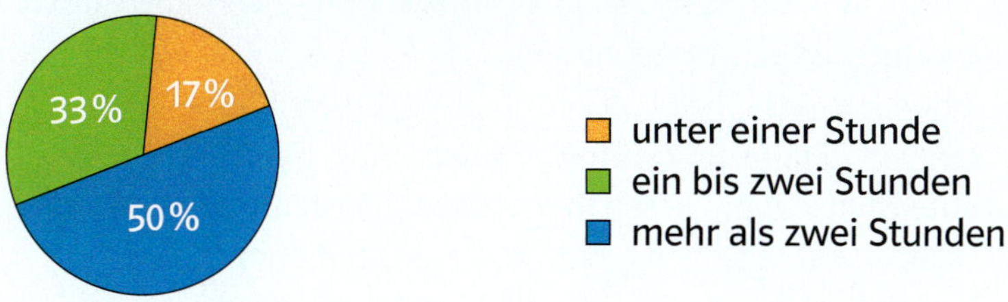

6 EXTRA Stelle deine Ergebnisse in der Klasse vor. Erläutere dein Diagramm.

Warum gerade Jule?

Beatrix Mannel

Beatrix Mannel wurde 1961 in Darmstadt geboren. Sie studierte Theater- und Literaturwissenschaften in Erlangen, München und Perugia. Anschließend war sie Redakteurin bei verschiedenen Fernsehproduktionsfirmen. Sie schrieb Drehbücher für Kindersendungen im Fernsehen, Kurzromane für eine Jugendzeitschrift und Texte für zahlreiche Comedy-Sendungen.
Seit 1999 arbeitet sie als freie Autorin. Sie verfasst Krimis für Erwachsene und ist auch als Jugendbuchautorin erfolgreich. Beatrix Mannel lebt gemeinsam mit ihrem Mann und Sohn Janosch in Bayern.
Bekannt wurde Beatrix Mannel vor allem mit den „Jule"-Büchern. Das erste erschien 2001, mittlerweile gibt es mehrere Bände.

1 Was erfährst du aus der Kurzbiografie über die Autorin? Notiere.

Daten, Ausbildung, Familie, bisherige Arbeiten

TIPP!
Weitere Bücher der Jule-Reihe sind: „Jule, kussecht", „Jule, schwindelfrei", „Jule, zartbitter".

2 Lies das Interview, das *deutsch.kombi plus* mit Beatrix Mannel geführt hat.

d.kp: Frau Mannel, inwieweit finden sich in „Jule, filmreif" autobiografische Züge?
Autorin: Ich glaube, dass jedes Buch irgendwie autobiografisch ist. Insofern, als man erlebte Dinge unbewusst weiterverarbeitet, daraus ganz andere Geschichten strickt … Ich habe beim Fernsehen gearbeitet, aber nie in einer Soap. Allerdings wurden in meiner unmittelbaren Umgebung (auf dem Bavariagelände in München) Soaps produziert, und ich habe mit vielen gesprochen, die dort gearbeitet haben.
d.kp: Glauben Sie, dass Ihre Figuren in „Jule, filmreif" überzeichnet sind?
Autorin: Ein ganz klares Jein! Einige Figuren sind natürlich eher Karikaturen* als echte Menschen. Diese Übertreibung verdeutlicht meiner Meinung nach sehr schön, wie „gaga" eigentlich dieser Medienbetrieb ist …
d.kp: Wieso ist die Hauptfigur in Ihrem Buch ausgerechnet Jule? Ein dickes Mädchen?
Autorin: Aus verschiedenen Gründen. Der wichtigste Grund ist der, dass mich Jule interessiert hat. Ich hätte keine Lust gehabt, zum Beispiel über Cindy ein ganzes Buch zu schreiben. Außerdem kenne ich sehr viele Mäd-

* Karikatur, die: Zerr-, Spottbild; kritische oder satirische Darstellung

chen, die magersüchtig oder bulimisch** sind oder waren. Diese Krankheiten nehmen immer noch zu. Ich wollte eine Heldin, die nicht den ganzen Tag über der Kloschüssel hängt und über ihre Figur nachdenkt. Ich fand es interessant, die Geschichte eines Mädchens zu erzählen, das seine innere Leere nicht mit Essen, sondern mit Ideen und Leben ausfüllt. Außerdem weiß ich, dass viele Mädchen verzweifeln, nur weil sie nicht einem wahnwitzigen Schönheitsideal entsprechen. Ich wollte zeigen, dass man auch als Dicke leben kann – gut leben kann …

d.kp: Haben Sie für „Jule, filmreif“ spezielle Recherchen durchgeführt?

Autorin: Ja, insofern, als ich mich mit Menschen, die in Soaps arbeiten, ausführlich unterhalten habe. Da ich aber durch meine Zeit beim Fernsehen schon einiges Vorwissen mitgebracht habe, was zum Beispiel die Medienberufe angeht, war das nicht sehr aufwändig. Ich wusste, was ein Studio ist, was ein Maskenbildner tut, was eine „Dispo“ ist oder welche Probleme ein Aufnahmeleiter an seinem Arbeitsplatz für gewöhnlich hat usw. Für „Jule, zartbitter“, habe ich sehr viel mehr recherchieren müssen. Denn in diesem Band geht es um eine Reportage über Schokolade – und über Schokolade wusste ich nichts, nur dass sie mir gut schmeckt …

d.kp: Welche Bücher haben Sie als Kind gern gelesen?

Autorin: Meinen Sie vor oder nach zehn Jahren?

d.kp: Nachdem Sie zehn Jahre alt waren.

Autorin: Ich habe schon sehr früh sehr viel gelesen und mit elf habe ich damit angefangen, mir Bücher aus den Bücherregalen meiner Eltern zu holen. Da war alles dabei von Pearl S. Buck über Agatha Christie und Edgar Wallace bis Margaret Mitchell. Außerdem habe ich immer sehr gern Serien gelesen. Eine davon hieß übrigens „Susanne Barden“. Das war eine Trilogie um eine Krankenschwester, die – damals noch typisch für Mädchen – einen Arzt heiratet.

d.kp: Wären Sie selbst gern ein Serienstar?

Autorin: Nein. Ich finde es viel interessanter, mir Geschichten auszudenken als die von anderen zu spielen.

d.kp: Wir danken für dieses Gespräch und wünschen Ihnen alles Gute.

Autorin: Vielen Dank.

** bulimisch: im Essverhalten gestört (auf Heißhungeranfälle folgt absichtliches Erbrechen)

3 Beatrix Mannel begründet in dem Interview, warum in ihrem Buch ausgerechnet ein dickes Mädchen die Hauptperson ist. Suche die Textstelle und schreibe die Gründe mit eigenen Worten auf.

4 Gestalte ein Informationsblatt über Beatrix Mannel, z. B. zu: Daten, beruflicher Erfahrung, Lektüre als Kind, persönlichen Vorlieben.

5 Stelle ein Buch deiner Wahl in der Klasse vor.

TIPP!
Du kannst auch weitere Informationen zusammentragen. Nutze dazu den Online-Link.

Online-Link
zu Beatrix Mannel
313174-0161

Fit in der Großschreibung?

1 Erkunde, von welchem Film hier die Rede ist.

DER SCHÜCHTERNE, JUNGE HOBBIT FRODO BEUTLIN ERBT EINEN RING, DER MEHR IST ALS NUR EIN SCHMUCKSTÜCK – ES IST DER MEISTER-RING, DER EINE, DER ALLES BEHERRSCHT, EIN WERKZEUG ABSOLUTER MACHT. MIT IHM KÖNNTE SAURON, DER BÖSE HERR VON MORDOR, MITTELERDE BEHERRSCHEN UND IHRE VÖLKER VERSKLAVEN. ES SEI DENN, ES GELINGT FRODO UND SEINEN GEFÄHRTEN, DIE SICH AUS MENSCHEN, HOBBITS, EINEM ZAUBERER, EINEM ZWERG UND EINEM ELBEN ZUSAMMENSETZEN, ÜBER GANZ MITTELERDE DEN RING ZU TRANSPORTIEREN, UM IHN IN DEN TIEFEN DES ORODRUIN, DES FEURIGEN BERGES, IN DIE SCHICKSALSKLÜFTE ZU WERFEN UND FÜR IMMER ZU ZERSTÖREN. DOCH DIESE REISE BEDEUTET, TIEF IN FEINDESGEBIET EINZUDRINGEN, WO DER DUNKLE HERR REGIERT UND SEINE ARMEEN VON ORKS UM SICH SCHART.

2 Mit diesem Text kannst du testen, wie fit du in der Groß- und Kleinschreibung bist. Schreibe ihn richtig auf.

→ **Seite 20, 242,** Rechtschreibstrategie „Großschreibung von Wörtern“

3 Verben und Adjektive können als Substantive/Nomen gebraucht werden. Deshalb ist es oft schwierig zu erkennen, ob ein Wort groß- oder kleingeschrieben werden muss. Die Tests im Merkkasten können dabei helfen. Lies die Tests durch und tausche dich mit deinen Mitschülern darüber aus, wie sie funktionieren.

Merke

Tests zur Großschreibung

- Gehört zu dem Wort ein Artikel oder ein Pronomen *(**das** Schreiben, **mein/dieses** Schreiben, **das** Beste, **meine** Liebste)*?
- Steht vor dem Wort eine Präposition *(**auf** Biegen und Brechen)*?
- Steht vor dem Wort ein Attribut *(**gesundes** Essen)*?
- Stehen vor dem Wort Wörter wie alles, viel, nichts, etwas … *(**alles** Gute, **viel** Schönes, **nichts** Besonderes, **manches** Böse)*?
- Ist das Wort Bestandteil von Eigennamen *(der Kleine Bär, Schweizer Käse)*?

Kannst du eine der Fragen mit „ja“ beantworten, ist das Wort ein Substantiv/Nomen und muss großgeschrieben werden.

4 In dem folgenden Text sind zwölf Substantive/Nomen kleingeschrieben worden. Suche sie mithilfe der Tests zur Großschreibung auf Seite 162 heraus. Schreibe sie zusammen mit dem Wort auf, das anzeigt, dass es sich um ein Substantiv/Nomen handelt, z. B.:
aufs Ausspannen, …

Die Reise ins Ich

(Regie: Joe Dante, 1987)

Eigentlich freut sich der gestresste Supermarktgehilfe Jack aufs ausspannen. Doch inmitten einer Menschenmenge setzt ihm ein von einem Killer verfolgter Wissenschaftler eine Spritze, zum fliehen bleibt keine Zeit. Dieses impfen hat für Jack ungeahnte Folgen. Ab jetzt hat er einen kleinen Mann im Ohr. Tuck ist Testpilot und Versuchsobjekt einer Forschungsgruppe, die sich mit dem verkleinern von Personen und Objekten befasst. Tuck wurde zusammen mit seinem U-Boot zum schrumpfen gebracht, zum aufbewahren wurde er in eine Spritze aufgezogen. Jetzt ist er in Jacks Körper, verursacht einigen Stress, doch durchs trinken und plaudern kommen sich die Männer näher […]

5 Schreibe den folgenden Text in richtiger Groß- und Kleinschreibung auf.

„Liebling, ich habe die Kinder geschrumpft“

(Regie: Joe Johnston, 1988)

IN DIESEM FILM ERFINDET EIN ZERSTREUTER PHYSIKPROFESSOR EINE VERKLEINERUNGSMASCHINE. DAS VERHEXTE IST, DASS SEINE KINDER UND DIE NACHBARSJUNGEN IN SEINER ABWESENHEIT DURCH DIE MASCHINE AUF WENIGE ZENTIMETER GESCHRUMPFT WERDEN. DIE SO VERKLEINERTEN WERDEN VOM ERFINDER UNABSICHTLICH ZUSAMMENGEFEGT UND IN DIE MÜLLTONNE GESCHÜTTET. VON DORT MÜSSEN SICH DIE KLEINEN DURCH DEN ZUR RIESENHAFTEN WILDNIS GEWORDENEN RASEN ZUM HAUS ZURÜCKKÄMPFEN. DIE LEBENSGEFÄHRLICHEN SITUATIONEN BIETEN IMMER WIEDER VIEL NEUES UND ÜBERRASCHENDES, DERARTIGES HABEN DIE KINDER NOCH NIE ERLEBT …

6 Arbeite mit einem Partner. Tauscht eure Texte aus und kontrolliert gegenseitig, ob ihr richtig geschrieben habt. Nutzt dabei die Tests zur Großschreibung auf Seite 162.

Filmen großgeschrieben

1 Verwende die Verben im Kasten als Substantive/Nomen. Bilde mit ihnen mindestens fünf Sätze, z. B.: Erst **beim Spielen** zeigte sich ihr Talent.

filmen drehen auftreten bauen üben trainieren singen auswählen bewerten fotografieren spielen

das | ein | mein | dein
sein | ihr | unser | euer
beim | zum | im | am | ins

2 Verwende die Adjektive im Kasten als Substantive/Nomen. Bilde Sätze oder Wortgruppen, z. B.:
alles Gute → Wir wünschen dir **alles Gute** zum Geburtstag.

gut neu toll schön interessant klein winzig spannend wertvoll wissenswert unsinnig schlimm

alles | nichts | wenig
etwas | viel

→ Seite 162, 242, Rechtschreibstrategie „Großschreibung von Wörtern"

3 Arbeite mit einem Partner. Lest den Text über den Film „Das große Krabbeln". Schreibt die Wörter heraus, die euch schwierig erscheinen. Schreibt dann den Text als Partnerdiktat. Jeder schreibt nur einen Teil:

Erster Partner:
Der Film „Das große Krabbeln" handelt von einer Ameisenkolonie, die auf einer Insel lebt. Einer unter vielen ist der verrückte Erfinder Flik, der mit seiner Tollpatschigkeit überall aneckt. Die Aufgabe der Ameisen im Sommer ist das Sammeln von Futter. Allerdings sammeln sie das Futter nicht für sich selbst, sondern für eine Bande von Grashüpfern, deren Anführer, Hopper, an Hinterhältigkeit nicht zu übertreffen ist. Die Grashüpfer kommen, lassen sich das Futter der Ameisen schmecken und verschwinden.

Zweiter Partner:
Die Ameisen nennen diese Erpressung „Opfergabe" und haben sich aus Angst damit abgefunden. Aber dieses Jahr fällt die gesamte Futtersammlung durch eine Erfindung Fliks in den Fluss. Als die Grashüpfer im Herbst kommen, verlangen sie das Doppelte. Flik hat sich einen Plan ausgedacht: Er will 20 größere Käfer finden, die gegen die Grashüpfer kämpfen und sie endlich verjagen. Aber der Plan misslingt. Die Ameisen geben aber nicht auf. Sie merken, dass sie gar nicht so schwach sind, wie Hopper ihnen weismachen will.

4 Schreibe einen der folgenden Texte in richtiger Groß- und Kleinschreibung auf.

(Regie: Peter Hunt, 1976)

Gullivers Reisen

gullivers reisen aus dem jahr 1726 ist das bekannteste werk des englischen autors jonathan swift und oft verfilmt worden. in dem roman kommt gulliver auf einer seiner weltreisen in das zwergenland lilliput und verliert fast seine freiheit. bei der zweiten schiffsreise fehlt es an süßwasser zum trinken, gulliver rettet sich auf die rieseninsel brobdingnag und kann erst nach zwei jahren das weite suchen. der held des buches, der im land lilliput eine ganze schiffsflotte an seilen hinter sich herzieht und riesige fässer wein der kleinen bewohner wie gefüllte bonbons verputzt, kann sich auf der insel der riesen nur mit mühe und not gegen ratten und fliegen wehren. etwas derartiges hat noch niemand erlebt, dennoch geht gulliver das reisen nicht aus dem kopf und er erlebt noch viel erstaunliches beim erforschen der weltmeere.

(Regie: Jack Arnold, 1957)

Die unglaubliche Geschichte des Mister C.

der film schildert die in der tat unglaubliche geschichte eines mannes, der unter den auswirkungen einer radioaktiven wolke immer mehr schrumpft, bis er kleiner als ein zündholz ist und im puppenhaus wohnt. auf der flucht vor der zum riesenhaften untier gewordenen katze stürzt er in den keller. dort unten warten sensationelle abenteuer auf ihn. mit einer spinne kämpft er um ein stück brot, eine mausefalle wird ihm zum verhängnis und eine überschwemmung befördert ihn fast ins jenseits. zum schluss flieht er durch ein gitter nach draußen. der reizvolle abenteuerfilm mit besonderem aufwand an originellen tricks zählt heute zu den klassikern des fantastischen films.

5 Prüfe mithilfe der Tests zur Großschreibung von Wörtern auf Seite 162 ob du richtig geschrieben hast.

13 Rettung in höchster Not

Online-Link
Hörverstehen
313174-0166

→ **Seite 207,** Text über Theodor Fontane und die Entstehung des Gedichts

Theodor Fontane

John Maynard

„Wer ist John Maynard?"
„John Maynard war unser Steuermann,
Aus hielt er, bis er das Ufer gewann,
Er hat uns gerettet, er trägt die Kron',
Er starb für uns, unsre Liebe sein Lohn.
John Maynard."

* * *

Die „Schwalbe" fliegt über den Eriesee,
Gischt schäumt um den Bug wie Flocken von Schnee,
Von Detroit fliegt sie nach Buffalo –
Die Herzen aber sind frei und froh,
Und die Passagiere mit Kindern und Fraun
Im Dämmerlicht schon das Ufer schaun,
Und plaudernd an John Maynard heran
Tritt alles: „Wie weit noch, Steuermann?"
Der schaut nach vorn und schaut in die Rund':
„Noch dreißig Minuten … Halbe Stund."

Alle Herzen sind froh, alle Herzen sind frei –
Da klingt's aus dem Schiffsraum her wie Schrei,
„Feuer!" war es, was da klang,
Ein Qualm aus Kajüt' und Luke drang,
Ein Qualm, dann Flammen lichterloh,
Und noch zwanzig Minuten bis Buffalo.
Und die Passagiere, buntgemengt,
Am Bugspriet stehn sie zusammengedrängt,
Am Bugspriet vorn ist noch Luft und Licht,
Am Steuer aber lagert sich's dicht,
Und ein Jammern wird laut: „Wo sind wir? Wo?"
Und noch fünfzehn Minuten bis Buffalo.

Der Zugwind wächst, doch die Qualmwolke steht,
Der Kapitän nach dem Steuer späht,
Er sieht nicht mehr seinen Steuermann,
Aber durchs Sprachrohr fragt er an:

„Noch da, John Maynard?“ „Ja, Herr. Ich bin.“
„Auf den Strand! In die Brandung!“ „Ich halte drauf hin.“
Und das Schiffsvolk jubelt: „Halt aus! Hallo!“
Und noch zehn Minuten bis Buffalo.

„Noch da, John Maynard?“ Und Antwort schallt's
Mit ersterbender Stimme: „Ja, Herr, ich halt's!“
Und in die Brandung, was Klippe, was Stein,
Jagt er die „Schwalbe“ mitten hinein.
Soll Rettung kommen, so kommt sie nur so.
Rettung: der Strand von Buffalo.

* * *

Das Schiff geborsten. Das Feuer verschwelt.
Gerettet alle. Nur einer fehlt!

* * *

Alle Glocken gehn; ihre Töne schwell'n
Himmelan aus Kirchen und Kapell'n,
Ein Klingen und Läuten, sonst schweigt die Stadt,
Ein Dienst nur, den sie heute hat:
Zehntausend folgen oder mehr,
Und kein Aug' im Zuge, das tränenleer.

Sie lassen den Sarg in Blumen hinab,
Mit Blumen schließen sie das Grab,
Und mit goldner Schrift in den Marmorstein
Schreibt die Stadt ihren Dankspruch ein:
„Hier ruht John Maynard! In Qualm und Brand
Hielt er das Steuer fest in der Hand,
Er hat uns gerettet, er trägt die Kron',
Er starb für uns, unsre Liebe sein Lohn.
John Maynard.“

1 Versucht gemeinsam zu klären, worum es in der Ballade geht.

→ **Seite 133, 238,** Arbeitstechnik „Ein Gedicht erarbeiten“

2 Untersucht die Einleitungsstrophe: Wer spricht mit wem? Tragt die erste Strophe mit verteilten Rollen vor.

→ **Seite 239,** Arbeitstechnik „Ein Gedicht wirkungsvoll vortragen“

3 Kläre die zeitliche Abfolge der vier Abschnitte der Ballade, die durch Sternchen abgeteilt sind: Was geschieht wann?

4 EXTRA Weise nach, dass es sich bei dem Gedicht um eine Ballade handelt.

→ **Seite 249 ff.,** Textarten

Eine Inhaltsangabe vorbereiten

TIPP!
Bedenke, dass meist mehrere Antworten möglich sind.

1 Mithilfe von W-Fragen kannst du den Inhalt eines Textes besser verstehen. Lies die Ballade „John Maynard" noch einmal durch und beantworte die folgenden Fragen.

Wer tut etwas?	Was geschieht?	Wo passiert es?	Wann ereignet es sich?	Warum kommt es dazu?
– John Maynard – Passagiere – der Kapitän	?	?	?	?

2 Du kannst den Inhalt eines Textes auch mithilfe eines Inhaltsdiagramms erschließen. In so einem Diagramm gibt man den Ablauf der Handlung grafisch wieder.
Lies die Ballade auf Seite 166 / 167 noch einmal und schreibe die wichtigsten Aussagen auf Kärtchen. Ordne deine Kärtchen wie im Beispiel:

Gegenwart	Vergangenheit
Jemand fragt nach dem Steuermann John Maynard.	…
	Auf dem Schiff bricht ein Feuer aus.
…	…

3 Gib mithilfe deiner Kärtchen den Inhalt der Ballade mit eigenen Worten wieder.

Eine Inhaltsangabe schreiben

1 Der Einleitungssatz einer Inhaltsangabe informiert kurz darüber, um was für einen Text es sich handelt, wer der Verfasser ist und worum es geht, z. B.:
In der Ballade „Der Erlkönig" schildert der Dichter Johann Wolfgang Goethe, wie ein Vater mit seinem fantasierenden Kind durch die Nacht reitet.

Übertrage die Tabelle in dein Heft und ergänze sie durch Angaben zur Ballade „John Maynard" auf Seite 166/167.

Textsorte	Gedicht, Ballade
Titel	...
Verfasser	...
Worum geht es?	...

2 Formuliere eine Einleitung für eine Inhaltsangabe. Verwende dazu deine Angaben aus der Tabelle, z. B.: *In der Ballade „John Maynard" ...*

3 Schreibe jetzt die Inhaltsangabe zu Ende. Verwende dazu deine Antworten auf die W-Fragen oder dein Inhaltsdiagramm von Seite 168.

4 Prüfe, ob die Antworten auf die W-Fragen bzw. die Sätze aus dem Inhaltsdiagramm ausreichen, um den Inhalt der Ballade wiederzugeben. Ergänze, wenn notwendig.

Arbeitstechnik

Eine Inhaltsangabe schreiben

1. Lies den Text aufmerksam, kläre den Inhalt schwieriger Textstellen sowie unbekannte Wörter.
2. Formuliere den Einleitungssatz für die Inhaltsangabe (Titel, Textart, Verfasser und worum es geht).
3. Beantworte die W-Fragen (Wer? Was? Wo? Wann? Warum?) oder erstelle ein Inhaltsdiagramm (Handlungsablauf in Überschriften).
4. Schreibe das Wichtigste in verständlichen Sätzen auf und verbinde diese zu einem Text. Nutze dabei Wörter wie *zunächst, anschließend, danach, später, schließlich, dann, zuerst, ...*
5. Schreibe im Präsens. Vermeide die direkte/wörtliche Rede.

5 Auch in dieser Ballade geht es um ein Schiffsunglück. Lies den Text oder lass ihn dir vorlesen.

Online-Link
Hörverstehen
313174-0170

Otto Ernst

Nis Randers

Krachen und Heulen und berstende Nacht,
Dunkel und Flammen in rasender Jagd –
Ein Schrei durch die Brandung!

Und brennt der Himmel, so sieht man's gut:
Ein Wrack auf der Sandbank! Noch wiegt es die Flut;
Gleich holt sich's der Abgrund.

Nis Randers lugt – und ohne Hast
Spricht er: „Da hängt noch ein Mann im Mast;
Wir müssen ihn holen."

Da fasst ihn die Mutter: „Du steigst mir nicht ein!
Dich will ich behalten, du bliebst mir allein,
Ich will's, deine Mutter!

Dein Vater ging unter und Momme, mein Sohn;
Drei Jahre verschollen ist Uwe schon,
Mein Uwe, mein Uwe!"

Nis tritt auf die Brücke. Die Mutter ihm nach!
Er weist nach dem Wrack und spricht gemach:
„Und seine Mutter?"

Nun springt er ins Boot und mit ihm noch sechs:
Hohes, hartes Friesengewächs;
Schon sausen die Ruder.

Boot oben, Boot unten, ein Höllentanz!
Nun muss es zerschmettern ...! Nein: es blieb ganz! ...
Wie lange? Wie lange?

Mit feurigen Geißeln peitscht das Meer
Die menschenfressenden Rosse daher;
Sie schnauben und schäumen.

Wie hechelnde Hast sie zusammenzwingt!
Eins auf den Nacken des andern springt
Mit stampfenden Hufen!

Drei Wetter zusammen! Nun brennt die Welt!
Was da? – Ein Boot, das landwärts hält –
Sie sind es! Sie kommen! –

Und Auge und Ohr ins Dunkel gespannt …
Still – ruft da nicht einer? – Er schreit's durch die Hand:
„Sagt Mutter, 's ist Uwe!"

Online-Link zu dem Seenotkreuzer „Nis Randers" 313174-0171

6 Hier wird der Inhalt der einzelnen Strophen wiedergegeben. Schreibe die Sätze in der richtigen Reihenfolge auf.

a) Nis Randers' Vater und sein Bruder Momme sind auf dem Meer verunglückt. Sein Bruder Uwe ist seit drei Jahren verschollen.

b) Im Licht der Blitze erkennt man ein Wrack auf der Sandbank in gefährlicher Lage.

c) Nis Randers macht seiner Mutter mit wenigen Worten seine gegenteilige Ansicht klar.

d) Die Fahrt im Boot ist wegen der ungeheuren Wellen äußerst gefährlich.

e) Die Mutter verbietet Nis hinauszufahren, weil sie den einzigen Menschen, den sie noch hat, nicht verlieren will.

f) Im Licht der Blitze ist das zurückkehrende Boot zu erkennen.

g) In einer stürmischen Gewitternacht an einer Meeresküste ertönt ein Schrei.

h) Durch das Überstürzen der Wellen wird die Gefahr für alle immer größer.

i) Von Land aus erkennt Nis Randers einen Mann im Mast des gestrandeten Schiffs. Er äußert sofort die Absicht, ihn gemeinsam mit anderen zu retten.

j) Aus dem Dunkel hört man einen Ruf, dass der Gerettete Uwe ist.

k) Die Wellen werden mit gepeitschten Pferden verglichen, welche Menschen töten.

l) Gemeinsam mit sechs weiteren friesischen Männern beginnt Nis zum Wrack zu rudern.

7 Erarbeite den Inhalt des Gedichts mithilfe von W-Fragen.

→ **Seite 168 f., 226,** W-Fragen

8 Ergänze den folgenden Einleitungssatz für die Inhaltsangabe:
In der Ballade „Nis Randers" erzählt der norddeutsche Dichter und Schriftsteller …

9 Verfasse eine vollständige Inhaltsangabe.

→ **Seite 239,** Arbeitstechnik „Ein Gedicht wirkungsvoll vortragen"

10 EXTRA Übe den Vortrag der Ballade. Trage sie in der Klasse vor.

Die Geister, die ich rief

1 Lies die Ballade still durch.

Online-Link
Hörverstehen
313174-0172

Johann Wolfgang Goethe

Der Zauberlehrling

Hat der alte Hexenmeister
Sich doch einmal wegbegeben!
Und nun sollen seine Geister
Auch nach meinem Willen leben.
Seine Wort' und Werke
Merkt ich und den Brauch,
Und mit Geistesstärke
Tu ich Wunder auch.

Walle! walle
Manche Strecke,
Dass, zum Zwecke,
Wasser fließe
Und mit reichem, vollem Schwalle
Zu dem Bade sich ergieße!

Und nun komm, du alter Besen!
Nimm die schlechten Lumpenhüllen;
Bist schon lange Knecht gewesen;
Nun erfülle meinen Willen!
Auf zwei Beinen stehe,
Oben sei ein Kopf,
Eile nun und gehe
Mit dem Wassertopf!

Walle! walle
Manche Strecke,
Dass, zum Zwecke,
Wasser fließe
Und mit reichem, vollem Schwalle
Zu dem Bade sich ergieße!

Seht, er läuft zum Ufer nieder;
Wahrlich! ist schon an dem Flusse,
Und mit Blitzesschnelle wieder
Ist er hier mit raschem Gusse.
Schon zum zweiten Male!
Wie das Becken schwillt!
Wie sich jede Schale
Voll mit Wasser füllt!

Stehe! stehe!
Denn wir haben
Deiner Gaben
Vollgemessen! –
Ach, ich merk es! Wehe! wehe!
Hab ich doch das Wort vergessen!

Ach! das Wort, worauf am Ende
Er das wird, was er gewesen.
Ach, er läuft und bringt behände!
Wärst du doch der alte Besen!
Immer neue Güsse
Bringt er schnell herein,
Ach, und hundert Flüsse
Stürzen auf mich ein!

Nein, nicht länger
Kann ich's lassen;
Will ihn fassen.
Das ist Tücke!
Ach! nun wird mir immer bänger!
Welche Miene! welche Blicke!

O, du Ausgeburt der Hölle!
Soll das ganze Haus ersaufen?
Seh ich über jede Schwelle
Doch schon Wasserströme laufen.
Ein verruchter Besen,
Der nicht hören will!
Stock, der du gewesen,
Steh doch wieder still!

Willst's am Ende
Gar nicht lassen?
Will dich fassen,
Will dich halten
Und das alte Holz behände
Mit dem scharfen Beile spalten!

Seht, da kommt er schleppend wieder!
Wie ich mich nur auf dich werfe,
Gleich, o Kobold, liegst du nieder;
Krachend trifft die glatte Schärfe.
Wahrlich! brav getroffen!
Seht, er ist entzwei!
Und nun kann ich hoffen,
Und ich atme frei!

Wehe! wehe!
Beide Teile
Stehn in Eile
Schon als Knechte
Völlig fertig in die Höhe!
Helft mir, ach! ihr hohen Mächte!

Und sie laufen! Nass und nässer
Wird's im Saal und auf den Stufen.
Welch entsetzliches Gewässer!
Herr und Meister, hör mich rufen! –
Ach, da kommt der Meister!
Herr, die Not ist groß!
Die ich rief, die Geister,
Werd ich nun nicht los.

„In die Ecke,
Besen! Besen!
Seid's gewesen!
Denn als Geister
Ruft euch nur zu seinem Zwecke
Erst hervor der alte Meister."

Online-Link
zu dem Gedicht „Der Zauberlehrling"
313174-0173

2 Informiere dich über den Verfasser und die Entstehung der Ballade „Der Zauberlehrling".

3 Erarbeite den Inhalt des Gedichts mithilfe der W-Fragen auf Seite 168.

4 Formuliere einen Einleitungssatz für eine Inhaltsangabe.

5 Verfasse eine vollständige Inhaltsangabe.

6 Bereite dich darauf vor, die Ballade in der Klasse oder in der Gruppe vorzutragen.

→ **Seite 239,** Arbeitstechnik „Ein Gedicht wirkungsvoll vortragen"

Die Ballade handelt von ...

1 Lies noch einmal die Balladen „John Maynard“ (Seite 166/167) und „Nis Randers“ (Seite 170/171).

2 Die folgenden Schülertexte enthalten jeweils zehn Fehler. Arbeite gemeinsam mit einem Partner. Geht so vor:

→ **Seite 220,** Wortart Präposition

① Überarbeitet diesen Text und achtet besonders auf den Gebrauch der Präpositionen.

Die Ballade „John Maynard“ vom Theodor Fontane handelt über ein Schiffsunglück, in dem der Steuermann John Maynard ums Leben kommt. Ein Schiff befindet sich auf den Weg von Detroit nach Buffalo, als zwanzig Minuten bis Ankunft an Bord ein Feuer ausbricht. Obwohl John Maynard schon im Feuer umgeben ist, bleibt er an seinem Posten. Er steuert das Schiff aufs Ufer und rettet viele Menschenleben. Nun weinen die geretteten Menschen in der Beerdigung für ihren Retter John Maynard.

② Überarbeitet diesen Text und achtet besonders auf die Fallsetzung nach Präpositionen.

In der Ballade „Nis Randers“ des deutschen Dichter Otto Ernst geht es um einer Rettungsaktion in der Frühzeit der Seenotrettung. Der Titelheld Nis Randers entdeckt während einem schweren Sturm ein Mann am Mast eines gestrandeten Schiffs. Er beschließt, den Mann mit ein Ruderrettungsboot zu retten. Seine Mutter will ihn von sein Vorhaben abhalten. Bereits ihr Mann und ihr Sohn Momme sind auf dem Meer umgekommen und ihr Sohn Uwe ist auf den Meer verschollen. Aber Nis Randers lässt sich nicht abhalten und sticht mit sechs weiteren Retter in See. Nach einer gelungener Rettung stellt sich heraus, dass der Gerettete Uwe ist, der Sohn, der schon längere Zeit vermisst wurde.

③ Überarbeitet den Text auf Seite 175 oben und achtet auf die Kommasetzung.

Zuerst lesen Menschen die Grabinschrift John Maynards und fragen wer John Maynard war. Dann erzählt ihnen ein Passagier was geschehen ist: Die Fähre auf der John Maynard Steuermann ist fährt über den Eriesee. Alle Passagiere sind froh gelaunt plaudern und freuen sich dass sie bald in Buffalo ankommen. Die gute Laune schwenkt in Panik um als plötzlich ein Feuer an Bord ausbricht. John Maynard bleibt am Steuer obwohl der Rauch immer stärker wird. Er opfert sein Leben steuert das Schiff an die Küste und rettet alle Passagiere. Zur Beerdigung von John Maynard sind viele Menschen gekommen die von ihm Abschied nehmen wollen.

TIPP!
In dem Text fehlen 10 Kommas.

④ Überarbeitet diesen Text und achtet auf die Wortstellung in den Sätzen.

Die Ballade von Otto Ernst „Nis Randers" handelt am Meer von einem dramatischen Familiengeschehen. Eine Mutter möchte verhindern, dass ihr Sohn Nis Randers fährt hinaus aufs Meer zur Rettung eines Menschen. Sie hat auf dem Meer verloren schon ihren Mann und ihre anderen Söhne. Doch Nis Randers lässt nicht sich aufhalten. Er erkennt bei der Rettung, dass der Mann am Mast ist sein Bruder Uwe.

3 EXTRA Schreibe den Text mit richtiger Kommasetzung auf.

Die Ballade „John Maynard" von Theodor Fontane beruht auf einer wahren Begebenheit die sich in der Nacht vom 8. bis 9. August 1841 ereignete. Der Seitenraddampfer Erie der (anders als in der Ballade) von Buffalo kam geriet acht Meilen vor der Küste in Brand. Im Gegensatz zur Balladenschilderung wurden von 200 Passagieren die sich auf dem Schiff befanden nur 29 gerettet. Auch sonst unterscheidet sich der Verlauf der in der Ballade geschildert wird vom Gang des wirklichen Geschehens. So hieß der diensthabende Rudergänger der in der Tat bis zuletzt auf seinem Posten ausharrte nicht John Maynard, sondern Luther Fuller. Während John Maynard in der Ballade stirbt überlebt Luther Fuller schwer verletzt.

TIPP!
In dem Text fehlen 10 Kommas.

Hier geht es um ...

→ **Seite 220,** Wortart Präposition

→ **Seite 230 f.,** Verben mit festen Präpositionen

1 Setze die richtige Präposition ein, z. B.:

1. Die Ballade handelt **von** einem Schiffsunglück.

im um von an für

von mit unter von

1. Die Ballade handelt ? einem Schiffsunglück.
2. Hier geht es ? die Heldentat eines Steuermannes.
3. ? einer Ballade versteht man ein Erzählgedicht.
4. Der Autor vergleicht das Schiff ? einer Schwalbe.
5. Die Kombination ? epischen, lyrischen und dramatischen Elementen ist typisch ? die Ballade.
6. Die Handlung spielt ? 19. Jahrhundert.
7. ? diesen Merkmalen erkennt man eine Ballade.
8. Die Ballade wurde ? Theodor Fontane verfasst.

2 Schreibe die Sätze. Setze die Wortgruppen, die in Klammern stehen, in den richtigen Fall, z. B.:

1. Der Autor dieses spannenden Stückes ist Friedrich Schiller.

1. Der Autor (dieses spannende Stück) ist Friedrich Schiller.
2. Die Handlung spielt in (ein kleines, abgelegenes Dorf).
3. Der Verfasser setzt sich mit (diese Probleme) auseinander.
4. Die Erzählung handelt von (eine wahre Begebenheit).
5. Über (der wirkliche Hergang) der Ereignisse wurde viel geschrieben.
6. Das Gedicht beginnt mit (eine genaue Darstellung) der Natur.
7. In (diese bekannte Ballade) wird das Geschehen anders dargestellt.
8. Die Ballade wurde 1886 in (eine Berliner Zeitung) veröffentlicht.

3 Schreibe die Sätze zu Ende, z. B.:

1. Dieses Buch handelt von einem kleinen Mädchen.

1. Dieses Buch handelt ...
2. Die Handlung spielt ...
3. Dieses Werk gehört ...
4. Die Ballade beginnt ...
5. Weiterhin geht es ...
6. Die Hauptfigur ist ...
7. Das Gedicht beruht ...
8. Die Sage handelt ...

4 Formuliere anders. Setze die unterstrichenen Wörter jeweils an den Anfang des Satzes, z. B.:
1. Offensichtlich freuen sich die Leute auf die Ankunft in Buffalo.

→ **Seite 224,** Satzglieder umstellen

1. Die Leute freuen sich offensichtlich auf die Ankunft in Buffalo.
2. Die Passagiere unterhalten sich ausgelassen.
3. Die Menschen ruhen sich an Bord von den Anstrengungen aus.
4. Der Steuermann opfert sich heldenhaft für andere Menschen.
5. Die Mutter erinnert sich in diesem Moment an ihren Sohn.
6. Die Seeleute kümmern sich nach der Rettung um den Geretteten.
7. Der Schüler ärgert sich lange über die schlechte Note im Aufsatz.
8. Die Ballade zeichnet sich an dieser Stelle durch Bildhaftigkeit aus.

5 Forme auch diese Sätze um. Setze die unterstrichenen Wörter jeweils an den Satzanfang und ersetze die Subjekte durch Pronomen, z. B.:
1. Schon seit Jahrhunderten liegt es auf der Sandbank.

1. Das Wrack liegt schon seit Jahrhunderten auf der Sandbank.
2. Der Schrei ist in einer Gewitternacht an Land zu hören.
3. Nis Randers lugt ohne Hast über die Schiffswand.
4. Die Mutter fasst ihn angstvoll am Arm.
5. Nis Randers weist mit ruhiger Hand auf das Wrack.
6. Die Männer springen todesmutig in das schwankende Boot.
7. Das Meer schäumt und peitscht mit voller Wucht gegen die Planken.
8. Ein Mann ist vom Land aus im Schiffsmast erkennbar.

6 Beantworte die Fragen in vollständigen Sätzen, z. B.:
1. Interessierst du dich für Balladen? Nein, ich interessiere mich nicht für Balladen.

1. Interessierst du dich für Balladen?
2. Beschäftigst du dich mit Sport?
3. Erinnerst du dich oft an dein erstes Schuljahr?
4. Kümmerst du dich um andere Menschen?
5. Freust du dich auf die Ferien?
6. Sonnst du dich häufig?
7. Interessierst du dich für Musik?
8. Wirst du dich am Wochenende ausruhen?

14 Gesund ernähren! Aber wie?

Informationen können in Texten, aber auch mithilfe von Grafiken oder Diagrammen weitergegeben werden. Das folgende Schaubild lässt sich zum Beispiel wie ein Text lesen.

1 Arbeitet in Gruppen.
- Schreibt auf, was in der Ernährungspyramide von unten nach oben dargestellt wird. Ordnet die folgenden Bezeichnungen den einzelnen Abschnitten der Pyramide zu:

  Kartoffeln / Getreideprodukte; Fette / Öle; Gemüse / Obst; Süßigkeiten / Snacks; Milchprodukte / Fleisch / Fisch

- Klärt gemeinsam, worüber die Ernährungspyramide informiert und warum die Form einer Pyramide verwendet wurde.

→ **Seite 181, 240,** Arbeitstechnik „Ein Diagramm verstehen und auswerten"

2 Schreibe einen kurzen Text über die Ernährungspyramide.
So kannst du beginnen:
Diese Ernährungspyramide ist ein Vorschlag, wie man sich gesund ... Sie zeigt auf der untersten Ebene die Lebensmittel, die ... Auf der zweiten Ebene ...

Ein Diagramm erstellen

1 Stellt in einem Diagramm dar, wie ihr euch ernährt. Führt dazu eine kleine Umfrage in eurer Klasse durch:
Schreibt die drei Nahrungsmittel, die ihr am häufigsten esst, auf einen Zettel. Nennt zuerst das, was den größten Teil eurer Nahrung ausmacht, z. B.: *Brot, Bananen, Milch*.

→ **Seite 232**, Arbeitstechnik „Eine Umfrage vorbereiten"

2 Sammelt die Zettel ein und wertet sie gemeinsam in einer Strichliste aus: Die erste Nennung jedes Schülers bekommt drei Punkte, die zweite zwei und die dritte einen Punkt.

3 Stellt die Ergebnisse der Umfrage grafisch dar.
Wählt A oder B:
A: Ihr stellt eure Ergebnisse in einem Säulendiagramm dar.
B: Ihr stellt eure Ergebnisse in einem Kreisdiagramm dar.

→ **Seite 181, 240**, Arbeitstechnik „Ein Diagramm verstehen und auswerten"

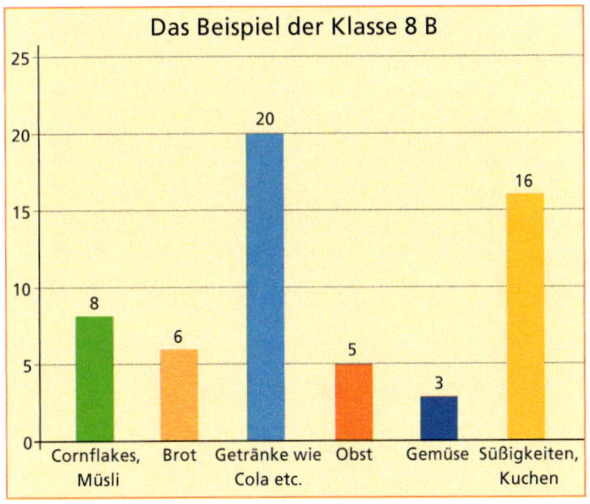

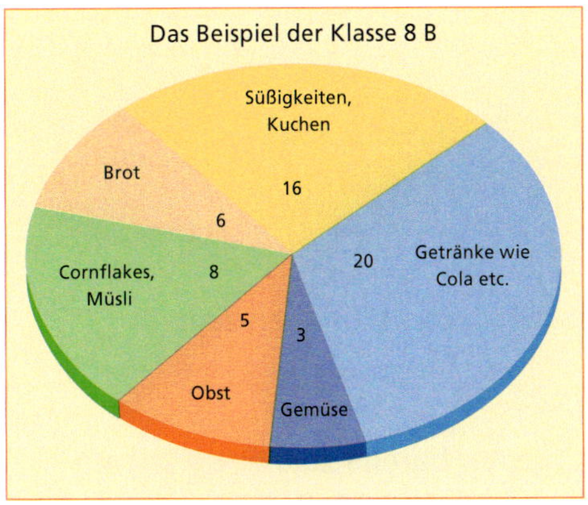

4 Vergleicht eure Ergebnisse. Schreibt dann einen kurzen Text, in dem ihr die Umfrage auswertet, z. B.: *Die Umfrage zu den Ernährungsgewohnheiten in unserer Klasse hat gezeigt, dass …*

TIPP!
Mit einem Programm für Tabellenkalkulation kann man Daten in Tabellenform in Diagramme umwandeln.

Die richtige Gewichtsklasse

Der Body Mass Index* (BMI) von Mädchen und Jungen verschiedenen Alters

Jungen (0 bis 18 Jahre) **Mädchen** (0 bis 18 Jahre)

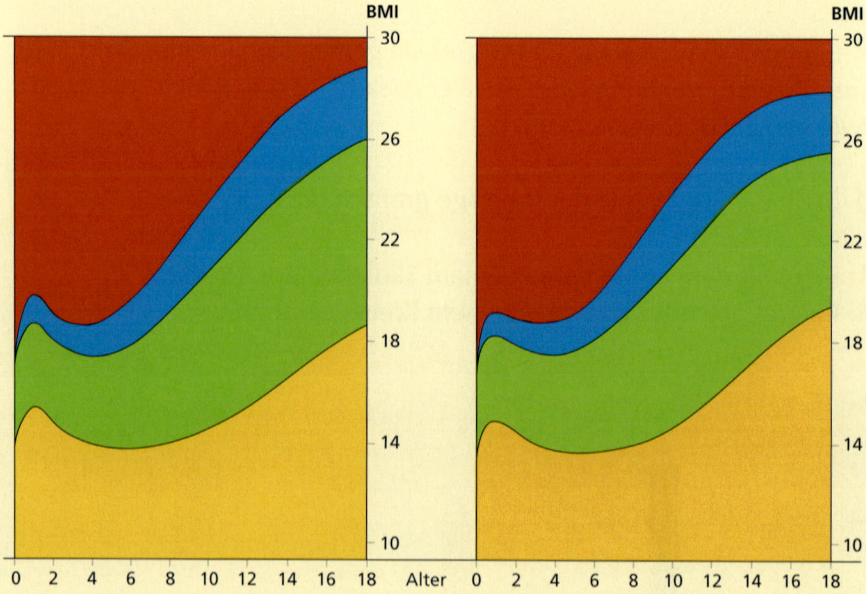

untergewichtig normal übergewichtig fettleibig

Mithilfe des Body Mass Index (BMI) lässt sich das Körpergewicht beurteilen.

$$\text{Body Mass Index (BMI)} = \frac{\text{Körpergewicht (kg)}}{\text{Körpergröße (m)}^2} \qquad \text{Beispiel BMI } 25 = \frac{72{,}25\text{ kg}}{(1{,}70\text{ m})^2}$$

* Body Mass Index, der: Zusammenhang von Körpergewicht, Größe und Lebensalter (Body = Körper; Mass = Gewicht; Index = Messziffer)

→ **Seite 181, 240,** Arbeitstechnik „Ein Diagramm verstehen und auswerten"

1 Erkläre die Überschrift sowie die zusätzlichen Angaben zu dem Diagramm.

2 Besprich mit deinen Mitschülern, was ihr bereits zu diesem Thema wisst.

3 Die Weltgesundheitsorganisation hält einen BMI zwischen 20 und 25 als Durchschnittswert für optimal**. Diskutiert, inwiefern die Angaben in dem Diagramm oben genauer sind.

** optimal: bestmöglich

4 Stelle fest, welche Größen in diesem Diagramm im Einzelnen dargestellt werden und wie man sie nutzen kann.

5 Berechne den BMI eines 16-jährigen Mädchens, das 1,56 m groß und 45 kg schwer ist. Sieh in dem Diagramm nach, ob das Mädchen als untergewichtig, normal, übergewichtig oder fettleibig einzustufen ist.

6 Ein 15-jähriger Junge hat ein Gewicht von 60 kg und ist nach dem Diagramm auf Seite 180 untergewichtig.
Wie ist das zu erklären? Unter welchen Voraussetzungen wäre er normalgewichtig?

TIPP!
Denke an die Größe des Jungen.

7 Errechne deinen eigenen BMI und sieh im Diagramm auf Seite 180 nach, zu welchem Bereich du gehörst.

8 EXTRA Beurteile die Grafik. Beantworte dazu diese Fragen:
- Was konntest du leicht erfahren, was war schwieriger?
- Was meinst du? Ob die Angaben in dem Diagramm für alle Menschen, in allen Ländern, zu allen Zeiten gleichermaßen gelten?
- Was wird mit diesem Diagramm vermutlich beabsichtigt?

Arbeitstechnik

Ein Diagramm verstehen und auswerten

1. Lies die Überschrift und alle zusätzlichen Angaben.
2. Überlege, was du schon selbst zu dem Thema weißt.
3. Untersuche, welche Angaben das Diagramm enthält: Welche Größen/Zahlen sind dargestellt, wie verhalten sie sich zueinander und was sagen sie aus?
4. Stelle fest, welche Diagrammform für die Darstellung der Zahlen gewählt wurde.
5. Schlage unbekannte Begriffe nach, wenn es nötig ist.
6. Prüfe die Aktualität, die Quelle und eventuell die Art der Erhebung.
7. Fasse die Ergebnisse gedanklich zusammen:
- Was hast du durch das Diagramm erfahren?
- Welche Absicht wird deutlich?
- Was ist sehr wichtig?
- Was ist eher unwichtig?
- Welche Ergänzungen sind denkbar/wünschenswert?

Grafiken / Diagramme informieren

→ **Seite 181, 240,** Arbeitstechnik „Ein Diagramm verstehen und auswerten“

1 Erschließe den Inhalt des ersten Diagramms. Schreibe einen Informationstext dazu.

1

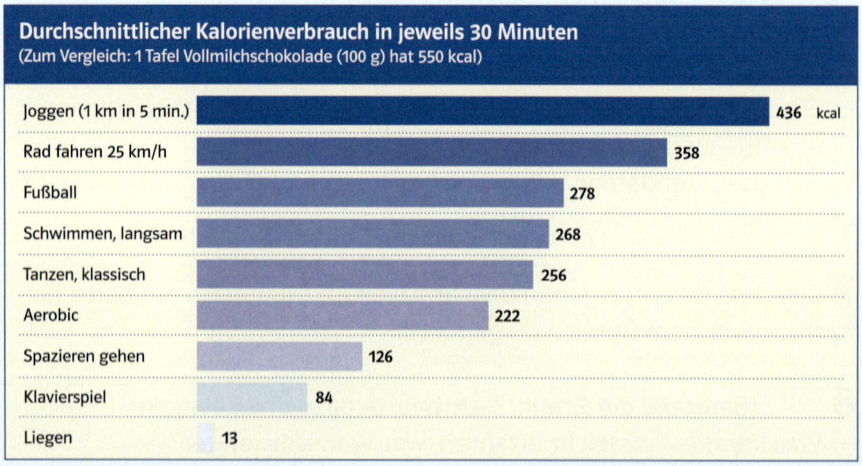

2 Erschließe den Inhalt des zweiten Diagramms. Gib den Inhalt in Form eines Informationstextes wieder.

2

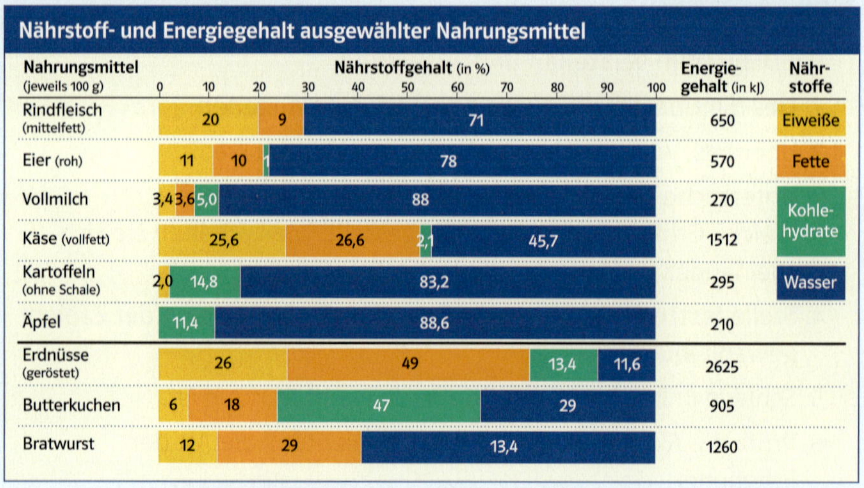

TIPP!
Beachte auch: Die Nahrung eines gesunden Menschen sollte zu 60 Prozent aus Kohlenhydraten, zu 25 Prozent aus Fetten und zu 15 Prozent aus Eiweiß bestehen.

3 Überlege, was die Inhalte der beiden Diagramme mit den Bemühungen um ein Normalgewicht zu tun haben. Notiere.

4 Vergleiche die Aussagen des zweiten Diagramms mit deinen Essgewohnheiten. Schreibe auf, welche Schlussfolgerungen du daraus ziehen kannst.

Ernährungsberatung

Gewichtsprobleme – Ein Interview

Daniel, seit wann hast du diese Probleme mit deinem Gewicht?
Eigentlich schon immer. Ich kann mich erinnern, dass sie mich schon vor meiner Kindergartenzeit „Dickerchen" oder „Fettie" genannt haben.

Hast du eine Ahnung, warum du so dick warst?
Erst hat mir meine Mutter eingeredet, die Hormone seien schuld oder das sei Veranlagung.
Und ich habe das auch geglaubt. Aber ganz klar, ich habe einfach zu viel gegessen. Essen war bei uns zu Hause immer so etwas wie eine Belohnung oder auch ein Trost.

Wie sah denn bei euch zu Hause das Essen aus?
Meine Eltern lieben kräftiges, deftiges und fettes Essen: Schweinebraten, Bratwurst, Speck und alles mit viel Fett und Sahnesaucen. Das waren eigentlich immer Kalorienbomben* und ich habe munter mitgegessen.

Und wie lange ist das so geblieben?
Ich bin zunächst nur unsicher geworden, weil ich beim Vergleich mit meinen Freunden den Unterschied nicht übersehen konnte. Meine Mutter hat das irgendwie gemerkt, aber immer noch gemeint, dass ich so dick gar nicht sei und mir doch den Vater anschauen solle, der sei dick.

Und dann hat sich etwas geändert? Was geschah?
Eines Tages hat meine Tante Monika, eine Ernährungsberaterin, mir ein paar Ratschläge gegeben …

* Kalorienbombe, die: Speise oder Getränk mit vielen Kalorien

1 Die Ratschläge der Ernährungsberaterin kannst auch du zusammenstellen. Beantworte dazu folgende Fragen:

1. Was ist bei Diäten zu beachten?
2. Warum sind gezuckerte Limonaden bei einer bewussten Ernährung nicht unbegrenzt erlaubt?
3. Vergleiche den Kilojoulegehalt von Äpfeln und Bratwürsten.
4. Vergleiche den Wassergehalt der angegebenen Nahrungsmittel (siehe Diagramm Seite 182 unten).
5. Welche Sportarten verbrauchen die meiste Energie?

2 Fasse deine Ernährungsratschläge in einer schriftlichen Empfehlung zusammen.

TIPP!
Nutze auch die anderen Diagramme in diesem Kapitel.

TIPP!
Du kannst auch die Informationen aus dem Artikel auf Seite 190 ff. nutzen.

Rundstück, Semmel, Schrippe

1 Überlegt, wie man Brötchen in eurer Region nennt. Findet ihr das Wort auf der Karte oder müsstet ihr es ergänzen?

2 Wie sagt man bei euch dazu? Kennt ihr dafür auch Wörter aus anderen Gegenden?

3 Stellt fest, welche dieser Bezeichnungen für die Begriffe verwendet werden, die in Aufgabe 2 abgebildet sind.

Schlachter | Erdapfel | Ohrfeige | Streichholz
Backpfeife | Dachtel | Fleischer | (Maul)schelle
Kartoffel | Zündhölzl | Fleischhacker | Metzger
Fixfeuer | Backs | Watsche(n) | Tüfte | Knallschote

Merke

Mundart (auch Dialekt) ist die regional verwendete Sprachform, die meist nur gesprochen, aber nicht geschrieben wird. Den verschiedenen Mundarten steht eine Hochsprache (Schriftsprache) gegenüber.

4 Kennst du so eine Situation? Erkläre.

5 Untersuche die Mundart, die in deinem Ort gesprochen wird. Sammle möglichst viele Wörter, auch solche, die nicht mehr jeder kennt. Lege eine Liste solcher Wörter an. Besprich aber zunächst mit deinen Mitschülern:

- Wen kannst du befragen?
- Welche Personen in eurem Umkreis kennen sich noch gut in der Mundart aus?
- Wonach kannst du fragen, z. B.: Werkzeuge, Haushaltsgeräte, Berufe, Speisen, … ?

6 EXTRA Übersetze in deine Mundart:

Der April macht weiter, was er will:
Regen, Gewitter und Sonne wechseln sich ab.
Wind aus wechselnden Richtungen.
Höchst-/Tiefsttemperaturen: +12°/+3°.

Du kannst auch einen anderen Text übersetzen, z. B. einen Text aus einer Modezeitschrift, eine Gebrauchsanleitung oder einen Abschnitt aus einem Schulbuch.
Stelle den Originaltext und deine Übersetzung in der Klasse vor.

7 EXTRA „In welchen Situationen sprichst oder hörst du eher Mundart, in welchen eher Hochsprache?" Organisiere zu diesem Thema eine Umfrage in der Klasse. Stelle die Ergebnisse in einem Kurzreferat vor.

→ **Seite 233,** Arbeitstechnik „Ein Referat vorbereiten und halten"

8 EXTRA Gibt es in eurer Region typische Rechtschreibfehler, die mit der Mundart zu tun haben? Notiere ein paar Fehlerbeispiele und erkläre sie.

→ **Seite 232,** Arbeitstechnik „Eine Umfrage vorbereiten"

Fackelsau und Darmreißen

Im Folgenden stehen 18 Wörter, die dir sicher bekannt sind. Aber kennst du auch die Entsprechung in Fränkisch (Fr), Pfälzisch (Pf), Sächsisch (Sä), Bayerisch (Bay), Niederdeutsch (Nd), Hessisch (He), Thüringisch (Th), Rheinisch (Rh) oder Schwäbisch (Schw)?

1 Stelle fest, ob du diese Wörter kennst und ob du weißt, was sie bedeuten. Tausche dich mit deinen Mitschülern aus, wenn dir einzelne Wörter nicht bekannt sind.

1. Bauchschmerzen (4)
2. Hausschuhe (4)
3. jäten (9)
4. Schnürsenkel (9)
5. Hagebutte (8)
6. Hügel (3)
7. Großmutter (3)
8. Schornsteinfeger (8)
9. Taschentuch (2)
10. Mutterschwein (3)
11. Springseil (1)
12. Quark (9)
13. Korken (4)
14. Glühwürmchen (9)
15. Euter (7)
16. Eisbein (2)
17. Fleischer (5)
18. Schnupfen (2)

2 Schreibe die Wörter aus Aufgabe 1 untereinander auf. Schreibe dahinter das passende mundartliche Wort. Unterstreiche darin den in Klammern angegebenen Buchstaben, z. B.:
1. Bauchschmerzen (4) → Dar<u>m</u>reißen

Fackelsau (Bay)	~~Darmreißen~~ (Fr)	Babuschen (Th)
Bergla (Fr)	ausroppen (He)	Stopper (Pf)
Essenkehrer (Sä)	Huppestrick (Sä)	Scheinwürmle (Schw)
Schweinsfuß (He)	Flötenkäse (Rh)	Schuhbandel (Bay)
Arschkratzel (Pf)	Geschnäuf (Schw)	Altmamme (Rh)
Rotzlappen (Nd)	Knochenhauer (Nd)	Milchsack (Th)

3 Wenn du die unterstrichenen Buchstaben aus Aufgabe 2 zusammenfügst, erhältst du zwei Lösungswörter. Schreibe die Lösungswörter auf.

4 Die folgende Anekdote wurde zum Teil in Berliner Mundart geschrieben. Lies sie mehrmals, bis du den Sinn verstanden hast.

Adolf Glaßbrenner

Seltener Gewinn

Zu einem vornehmen Manne kam neulich ein fremder Barbier, packte seine Siebensachen und schickte sich zum Rasieren an.
„Was wollen Sie hier?“, wurde er barsch angeredet.
„Ihnen balbieren*!“
„Ich brauche Sie nicht, ich habe schon einen Barbier!“
„Ne“, antwortet der Bartvertilger, „ick bin jetzt Ihr Barbier; Sie müssen sich jetzt von mir balbieren lassen. Nämlich ick und Ihr eijentlicher Balbier**, wir spielten jestern Abend beede in ’ne Tabajie*** Schafskopp, un er verlor alle sein Jeld an mir, und wie er keen Jeld mehr hatte, da spielten wir um unsere Kunden Schafskopp, un da hab ick Ihnen jewonnen.“

* balbieren: alter Ausdruck für „rasieren“

** Balbier, der: Barbier, Friseur

*** Tabajie, die: Kneipe

5 Versuche, die Anekdote in Hochdeutsch oder in der Mundart aufzuschreiben, die in deinem Ort gesprochen wird. Achte darauf, dass die Pointe**** trotzdem so weit wie möglich erhalten bleibt.

**** Pointe, die: überraschender, geistreicher und witziger Schlusseffekt

6 Versuche, die Anekdote so gut, wie es dir möglich ist, in Berliner Mundart vorzulesen.

7 Suche einen Text, z. B. ein Lied oder Gedicht, in einer Mundart, die du kennst, und schreibe ihn auf.

8 Trage einem Partner diesen Text in Mundart vor.

15 Was steht in der Zeitung?

Online-Link
zu Online-Zeitungen
313174-0188

1 Welche Tageszeitungen kannst du auf dem Foto erkennen? Welche kennst du außerdem? Schreibe sie auf.

2 Sprecht darüber, warum Zeitungen gelesen werden. Informieren kann man sich auch im Internet, im Fernsehen oder durch Radiosendungen. Stellt fest, worin die Unterschiede bestehen.

3 Klärt im Gespräch die Bezeichnungen „regionale Zeitung“ und „überregionale Zeitung“. Ordnet sie den euch bekannten Zeitungen zu.

4 Besorgt euch unterschiedliche Tageszeitungen und untersucht, wie sie gegliedert sind. Verwendet dabei die Fachbegriffe *Sparte*, *Ressort* und *Rubrik*.

Merke

Sparte, die: Seitenüberschrift einer Zeitung, z. B. „Meinung“, „Deutschland und die Welt“
Ressort, das: Arbeitsbereich einer Zeitung, z. B. Politik, Wirtschaft, Sport, Kultur, Wissenschaft, Lokales
Rubrik, die: Teilthema eines Ressorts, z. B. Börse, Nachrichten für junge Leser

Die Ressorts

1 Politik – Wirtschaft – Sport – Kultur – Lokales Ordne die folgenden Artikel diesen Ressorts zu. Schreibe so: 1 – Politik, 2 …

❶ **Gesundheitsreform kommt auch im Senat voran**

Washington. Nach der Verabschiedung im US-Abgeordnetenhaus kommt die von Präsident Barack Obama angestrebte Gesundheitsreform auch im Senat voran. Die Führung der Demokraten legte gestern ihren Entwurf vor, der 31 Millionen bisher nicht versicherte US-Bürger absichern soll … *(dpa)*

❷ **Erneuter Streit um das Spreedreieck**

Der Streit um den Bau des Bürohauses auf dem Spreedreieck an der Friedrichstraße in Berlin-Mitte geht in eine neue Runde …

❸ **Hohe Verluste für IKB und HSH Nordbank HAMBURG**

Eine deutlich gestiegene Risikovorsorge hat die krisengeschüttelte HSH Nordbank tiefer in die Verluste gedrückt. In den ersten neun Monaten musste die Bank 1,8 Milliarden Euro für drohende Ausfälle von Schiffsfinanzierungen und Firmenkundenkrediten zur Seite legen … *(Reuters)*

❹ **Ulrich Wickert kritisiert Nachrichtensendungen**

Frankfurt a. M. Der langjährige Moderator der ARD-„Tagesthemen", Ulrich Wickert, hat die Nachrichtensendungen von ARD und ZDF als inhaltlich und sprachlich schlecht kritisiert … *(AFP/ddp)*

❺ **Carlsen wird Weltmeister im Blitzschach**

Moskau. Der Norweger Magnus Carlsen hat in Moskau die WM im Blitzschach gewonnen …

2 Finde das Lösungswort Unterstreiche dazu in den Ressortbezeichnungen von Aufgabe 1 die folgenden Buchstaben:

Resort 1: 3., 4. und 5. Buchstabe
Resort 2: 6. Buchstabe
Resort 3: 3., 8. und 10. Buchstabe
Resort 4: 2. Buchstabe
Resort 5: 4. Buchstabe

Schreibe die unterstrichenen Buchstaben in eine Reihe. Sie ergeben den Oberbegriff für alles Geschriebene.

Lösungswort:

? ? ? ? ? ? ? ? ?

Der Aufbau eines Zeitungsartikels

→ **Seite 240,** Arbeitstechnik „Einen Sachtext lesen und verstehen“

1 Lies den folgenden Artikel aus der Frankfurter Rundschau. Diskutiere mit deinen Mitschülern über seinen Inhalt.

2 Untersuche den Aufbau des Artikels. Stelle fest, wo sich die folgenden Teile befinden: *Schlagzeile, Unterzeile, Vorspann (Leadtext), Nachrichtentext, Foto, Bildunterschrift, Autor, Quelle.*

Online-Link
zu Fachwörtern
313174-0190

TIPP!
Informiere dich über die Fachwörter, die du nicht kennst. Du kannst dazu auch den Online-Link nutzen.

Frankfurter können lustvoll fit werden

FR-Serie zeigt, wie man Wohlbefinden durch gesunde Ernährung und Bewegung erreicht

VON FRIEDERIKE TINNAPPEL

„Sich dünn machen“ oder „mit den Pfunden wuchern“, es ist Zeit für Veränderungen: Die Serie „Lustvoll fit“, die heute beginnt, soll Mut machen und Anregungen geben für ein bewegtes und gesundes Leben.

Frankfurt 1. April • Silke (38) hat sich einen neuen Rock gekauft. Größe 38. Er soll in drei Wochen, wenn die Freundin Hochzeit feiert, passen. Jetzt geht sie jeden Abend in die Bockenheimer Sportfabrik und alle sind gespannt, ob's klappt. Vor allem Frauen sind mit ihrem Gewicht nicht zufrieden. Jede Zweite hat bereits eine Diät hinter sich, jede Fünfte sogar schon mehr als fünf – dies hat vor einem Jahr […] eine Forsa-Umfrage ergeben. Jetzt ist wieder Frühling und plötzlich stört der Winterspeck.

In Buchhandlungen stehen Regale voll mit den populärsten Diät-Varianten. Im Vergleich zu den vielen Titeln, die es gibt, eine relativ kleine Auswahl, meint ein Verkäufer. Und in jedem Jahr kommen neue hinzu. Den Diäten-Bestseller gibt es nicht. Da werden Klassiker wie die Weight-Watchers oder die Brigitte-Diät ebenso nachgefragt wie die Glyx- oder die Low-Carb-Diät. […]

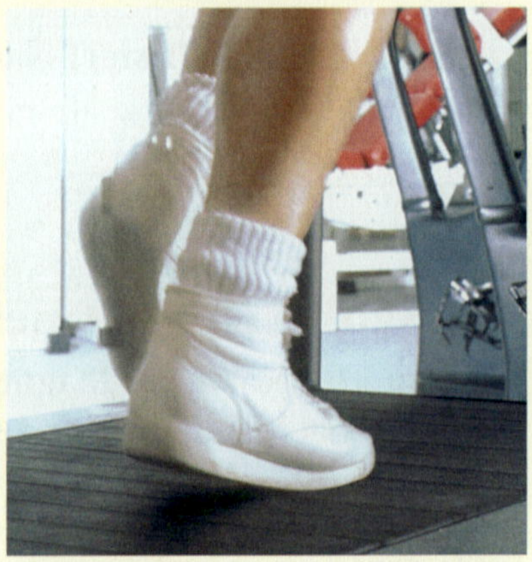

Lustvoll fit
Fünf Wochen bietet die FR Tipps zum Bewegen, Abnehmen und Wohlfühlen sowie Aktionen in Frankfurt und der Region: Machen Sie mit.
Alle Beiträge stehen auch im Internet:
www.fr-aktuell.de/fitness

Ruhig mal wieder in die Luft gehen: Hüpfen und Springen machen gute Laune und Bewegung ist der Schlüssel zur Traumfigur

Um das erreichte Gewicht zu halten, hilft aber nur eine nachhaltige Umstellung der Ernährung, sagt Andrea Schauff. Die gertenschlanke Frau arbeitet bei der Verbraucherzentrale in der Großen Friedberger Straße als Ernährungsberaterin.

Ausdrücklich warnt sie vor Wundermitteln, die über Nacht schlank machen sollen. Gern preisen so genannte Experten, Ärzte oder Apotheker die teuren Pillen und Pulver an. Abnehmen beginnt im Kopf. Nur im Dreiklang von gesunder Ernährung, Bewegung und Entspannung lässt sich das Wohlbefinden dauerhaft verbessern.

Sport ist gut, sollte aber nicht in Stress ausarten. Immer locker bleiben, nie übertreiben, empfehlen die Fachleute, die bei der FR-Serie mitgeholfen haben. Es gibt nicht nur eine Schmerz-, sondern auch eine Spaßgrenze.

Ganz schnell merken auch Anfänger, wie gut ihnen regelmäßige Bewegung tut. Bequeme Kleidung, Laufschuhe und schon geht's in die erste Runde. Walken ist anfangs vielleicht besser als joggen. Den ganzen Tag über viel Wasser trinken. Das bremst den Appetit automatisch. Und auf den Körper hören. Als kleine Muntermacher zwischendurch gibt es mehrere FR-Aktionen: Am Freitag und Samstag, 8. und 9. April, können zehn Leser und Leserinnen ihre Leistungsfähigkeit von zwei Sportmedizinern testen und sich zudem beraten lassen. An den beiden Wochenenden darauf werden zehn Leser von morgens bis abends die Angebote der Bockenheimer Sportfabrik kostenlos nutzen, anschließend, auf Wunsch, Sauna bis zum Abwinken.

Die Brüder Halbow vom Hotel-Restaurant „Schöne Aussicht" in Bergen werden ein Fitness-Menü zum Nachkochen zusammenstellen. Und als großes Finale ist dann eine gemeinsame Walking-Tour im schönen Taunus geplant.

Wie die Informationen in die Zeitung kommen

1 dpa – afp – rtr – ap Ein großer Teil dessen, was Zeitungen drucken, stammt von Nachrichtenagenturen. Man erkennt sie an ihren Kürzeln, die statt Namen der Redakteure vor oder hinter den Artikeln stehen. Ermittle, welche Nachrichtenagenturen hinter diesen Kürzeln stehen.

2 Schreibe einen Informationstext über den Weg der Nachrichten. Gib dabei den Inhalt des Schaubildes mit eigenen Worten wieder.

Projekt „Zeitung in der Schule"

1 Lies den Text über das Projekt „Zeitung in der Schule" aufmerksam durch und schreibe den wesentlichen Inhalt mit eigenen Worten auf.

Zeitung in der Schule

In dem Projekt „Zeitung in der Schule" (ZiSch) werden Schülerinnen und Schüler mit Zeitungen vertraut gemacht. Sie sollen dabei nicht nur Zeitungen regelmäßig lesen, sondern auch selbst redaktionell und gestalterisch tätig werden. Schulen und Zeitungsverlage arbeiten dabei zusammen. Die beteiligten Schülerinnen und Schüler erhalten je nach Abmachung bis zu 12 Wochen lang täglich eine Zeitung. Am besten fragen interessierte Klassen bei ihrer regionalen Zeitung nach. Hat der Zeitungsverlag kein Interesse, können sie sich an überregionale Zeitungen wenden. Hilfen bietet dabei das Institut zur Objektivierung von Lern- und Prüfungsverfahren (IZOP) an.
Unterschiedliche Aktivitäten sind möglich:
a) kostenlose Zeitungslieferung an die Klasse
b) Informationsmappen zum Thema „Zeitung" für den Unterricht
c) Redaktionsbesuche
d) Zusammenarbeit mit Redakteuren
e) Gestaltung einer Zeitungsseite durch die Klasse und anschließende Veröffentlichung in einer Tagesausgabe
f) Besuche in der Druckerei

Online-Link zum IZOP-Institut 313174-0193

2 Informiere dich bei einer regionalen Tageszeitung, ob sie an dem Schulprojekt ZiSch teilnimmt. Erkundige dich nach den Bedingungen für eine Teilnahme. Schreibe einen Informationstext für deine Klasse.

TIPP!
Du kannst dich auch im Internet über das Projekt „Zeitung in der Schule" informieren.

Online-Link zu „ZiSch" 313174-0193

Interview und Zeitungsbericht

→ **Seite 222,** Indikativ und Konjunktiv (Aussageweisen des Verbs)

1 Vergleiche Anjas Antworten im Interview mit den Sätzen im Zeitungsbericht darunter. Was hat Anja gesagt, in welcher Form steht es in der Zeitung?

Ein Interview

Reporter: Anja, du bist mit der Leichtathletik-Mannschaft des TSV Sandheim in den Osterferien in Kroatien im Trainingslager gewesen. In welchem Ort wart ihr denn?
Anja: Wir sind mit dem Vereinsbus nach Pula gefahren. Das ist eine kleine Stadt, die nicht weit von der Küste entfernt liegt.
Reporter: Wie sah denn da das Tagesprogramm aus?
Anja: Am Vormittag gab es zwei Trainingseinheiten, nachmittags nochmal eine.
Reporter: Hattet ihr denn gar keine Freizeit?
Anja: Doch, klar. Nach dem Training waren wir am Strand oder wir sind in die Stadt gegangen. Wir hatten viel Spaß zusammen.
Reporter: Und wie ist das Essen in Kroatien?
Anja: Also, an die Suppe muss man sich erst gewöhnen. Aber dann schmeckt es meist sehr lecker.
Reporter: Was ist denn euer sportliches Ziel?
Anja: Wir wollen die Quali für die Badischen Meisterschaften im Sommer schaffen. Hart genug trainiert haben wir jetzt ja …
Reporter: Na, dann viel Glück. Vielen Dank für das Gespräch.

Trainingslager in Kroatien

Die Leichtathletik-Jugendmannschaft des TSV Sandheim absolvierte in den Osterferien ein Trainingslager in Kroatien. Anja Feigle, eine der Teilnehmerinnen, berichtete, dass sie mit dem Vereinsbus nach Pula gefahren seien. Das sei eine kleine Stadt, die nicht weit von der Küste entfernt liege. Das Tagesprogramm umfasste Anja zufolge zwei Trainingseinheiten am Vormittag und eine nachmittags. Danach hätten sie Freizeit gehabt. Entweder seien sie am Strand gewesen oder in die Stadt gegangen. Sie hätten viel Spaß zusammen gehabt. Anja fand, dass das Essen in Kroatien meist sehr lecker schmeckte, dass man sich an die Suppe aber erst gewöhnen musste. Als sportliches Ziel gab Anja an, sie wollten die Qualifikation für die Badischen Meisterschaften im Sommer schaffen. Hart genug trainiert hätten sie ja. Der Verein wünscht der Mannschaft viel Erfolg in dieser Saison.

2 Erkläre mithilfe der Tabelle, auf welche Weise man wiedergeben kann, was jemand gesagt hat. Arbeite mit einem Partner.

direkte Rede/wörtliche Rede				
Anja sagt: „Nina nimmt die Stoppuhr mit."				
indirekte Rede				
Konjunktivformen (Möglichkeitsformen)			**Indikativformen (Wirklichkeitsformen)**	
Anja sagt, Nina nehme die Stoppuhr mit.	Anja sagt, Nina nähme die Stoppuhr mit.	Anja sagt, Nina würde die Stoppuhr mitnehmen.	Anja sagt, dass Nina die Stoppuhr mitnimmt.	Anja zufolge nimmt Nina die Stoppuhr mit.

→ **Seite 148 ff., 222,** Indikativ und Konjunktiv

→ **Seite 223,** direkte und indirekte Rede

3 Was meinst du: Welche der Formulierungen aus Aufgabe 2 klingen gut, welche weniger gut? Tausche dich mit deinen Mitschülern aus.

4 Formuliere die folgenden Aussagen in direkte/wörtliche Rede um.

1. Der Trainer meint: „Die Mannschaft geht gut vorbereitet an den Start."

1. Der Trainer meint, die Mannschaft gehe gut vorbereitet an den Start.
2. Der Platzwart informiert, das Stadion werde um 18 Uhr geöffnet.
3. Olga meint, sie äßen heute doppelte Portionen.
4. Arkan mahnt, es sei Zeit zu gehen.
5. Der Kampfrichter sagt, die Teilnehmer ständen schon am Start.

5 Formuliere die folgenden Aussagen in indirekter Rede.

1. **Alex:** „Fußballspielen ist gefährlich für das Nasenbein."
2. **Aisha:** „Am liebsten spiele ich Volleyball."
3. **Mirko:** „Schwimmer brauchen einen langen Atem."
4. **Nina:** „Eiskunstläufer haben den schicksten Dress."
5. **Jan:** „Montags lese ich immer den Sportteil in der Zeitung."

Entscheide dich jeweils für eine Möglichkeit, z. B.:

1. a) Alex meint, Fußballspielen sei gefährlich für das Nasenbein.
1. b) Alex meint, dass Fußballspielen gefährlich für das Nasenbein sei.
1. c) Alex meint, dass Fußballspielen gefährlich für das Nasenbein ist.

Direkt und indirekt

→ **Seite 195, 223,** direkte und indirekte Rede

→ **Seite 195, 222,** Indikativ und Konjunktiv

1 Lies, wie man wiedergeben kann, was ein anderer gesagt hat.

Das sagt jemand:	**So kann man es wiedergeben:**
Hermine sagt: „Morgen fahre ich ins Trainingslager.“	1. Hermine sagt, morgen fahre sie ins Trainingslager. 2. Hermine sagt, morgen werde sie ins Trainingslager fahren. 3. Hermine sagt, dass sie morgen ins Trainingslager fahre. 4. Hermine sagt, sie würde morgen ins Trainingslager fahren. 5. Hermine sagt, dass sie morgen ins Trainingslager fährt. 6. Nach eigener Aussage fährt Hermine morgen ins Trainingslager.
Der Leser meinte: „Die Zeitung hat etwas Falsches geschrieben.“	1. Der Leser meinte, die Zeitung hätte etwas Falsches geschrieben. 2. Der Leser meinte, die Zeitung habe etwas Falsches geschrieben. 3. Der Leser meinte, dass die Zeitung etwas Falsches geschrieben hätte. 4. Der Leser meinte, dass die Zeitung etwas Falsches geschrieben hat. 5. Dem Leser zufolge hat die Zeitung etwas Falsches geschrieben.
Die Autorin behauptet: „Viele Sportler nehmen Dopingmittel.“	1. Die Autorin behauptet, viele Sportler nähmen Dopingmittel. 2. Die Autorin behauptet, viele Sportler würden Dopingmittel nehmen. 3. Die Autorin behauptet, dass viele Sportler Dopingmittel nähmen. 4. Die Autorin behauptet, dass viele Sportler Dopingmittel nehmen. 5. Nach Aussage der Autorin nehmen viele Sportler Dopingmittel.

Suche dir jeweils den Satz aus, der deiner Meinung nach am besten klingt. Schreibe ihn auf.

2 Schreibe in direkter Rede was gesagt wurde, z. B.:
1. Der Trainer lobte die Spieler: „Ihr habt gut gespielt.“

1. Der Trainer lobte die Spieler, sie hätten gut gespielt.
2. Der Lehrer lobte den Schüler, er wäre sehr gut vorbereitet.
3. Der Nachbar beschuldigte Herrn Meier, er verbreite die Unwahrheit.
4. Der Autor kritisierte die Politikerin, sie sage nicht die Wahrheit.
5. Die Lehrerin ermahnte die Kinder, sie seien viel zu laut.
6. Die Kinder beschwerten sich bei ihren Eltern, sie gäben ihnen zu wenig Taschengeld.
7. Der Trainer sagte zum Torwart, er hätte viele Fehler gemacht.

TIPP!
Beachte, dass manche angesprochenen Personen geduzt, manche aber auch gesiezt werden.

3 Der Trainer stellt Fragen. Formuliere diese in indirekte Rede um, z. B.:
1. „Seid ihr jetzt alle da?“ → Der Trainer fragt, ob sie jetzt alle da sind.

1. „Seid ihr jetzt alle da?“
2. „Seid ihr damit zufrieden?“
3. „Seid ihr gut vorbereitet?“
4. „Seid ihr darauf gespannt?“
5. „Seid ihr gut gelaunt?“
6. „Seid ihr sehr aufgeregt?“
7. „Seid ihr neu hier?“
8. „Seid ihr daran interessiert?“

4 Formuliere in indirekter Rede, z. B.:
1. Andy erzählte: „Wir haben viel trainiert.“ → Andy erzählte, sie hätten viel trainiert.

1. Andy erzählte: „Wir haben viel trainiert.“
2. Jule sagte: „Wir haben die Zeitung gelesen.“
3. Christopher meinte: „Wir haben uns die Zeitung gekauft.“
4. Linda berichtete: „Wir haben uns am Eingang getroffen.“
5. Erik ergänzte: „Wir haben einen Leserbrief geschrieben.“
6. Mia sagte: „Wir haben vor Aufregung schlecht geschlafen.“
7. Ole prahlte: „Wir haben das vierte Spiel in Folge gewonnen.“

5 Gib die Fragen in indirekter Rede wieder, z. B.:
1. Guido fragte: „Treibt ihr Sport?“ → Guido fragte, ob sie Sport treiben.

1. Guido fragte: „Treibt ihr Sport?“
2. Nadja wollte wissen: „Lest ihr regelmäßig Zeitung?“
3. Julius interessierte: „Kennt ihr den Autor?“
4. Melitta fragte: „Schreibt ihr einen Gegenartikel?“
5. Oliver interessierte: „Haltet ihr das für machbar?“
6. Daniela wollte wissen: „Interessiert ihr euch für Leichtathletik?“
7. Max fragte: „Habt ihr den Artikel über Doping schon gelesen?“

16 Heimtückische Waffen

Landminenproblematik

Jedes Jahr werden über 20.000 Menschen durch Landminen (insbesondere APM*) getötet oder verstümmelt. Die Minen werden von Armeen verlegt. Nach dem Ende der Kampfhandlungen bleiben sie oft ungesichert zurück. Die meisten Minenopfer sind deshalb Zivilisten. Sie kommen ums Leben, weil vor allem Brunnen und andere Versorgungseinrichtungen, Verkehrswege und Felder vermint wurden.

Weltweit sind nach Angaben der Vereinten Nationen etwa 100 Mio. Landminen verlegt. Jedes Jahr werden etwa 100.000 Landminen geräumt, gleichzeitig jedoch rund 10 Mio. neu produziert und ungefähr 2 Mio. neu verlegt. Mit dem heutigen Räumtempo würde das Räumen aller derzeit verlegten Minen 1000 Jahre dauern.

* APM, die: Antipersonenmine, eine Landmine (Mine); kleinerer Sprengkörper, der bei Belastung oder Berührung durch eine Person explodiert und sie dabei verwundet oder tötet

→ **Seite 240,** Arbeitstechnik „Einen Sachtext lesen und verstehen“

→ **Seite 240,** Arbeitstechnik „Wörter (Begriffe) aus dem Zusammenhang erschließen“

1 Sprecht darüber, warum Antipersonenminen eine große Gefahr darstellen.

2 Erschließe die blau gedruckten Wörter in dem Text oben aus dem Zusammenhang. Beachte dabei die Hinweise in der Arbeitstechnik.

Arbeitstechnik

Wörter (Begriffe) aus dem Zusammenhang erschließen

1. Lies den Satz.
2. Zerlege lange Wörter in Wortbausteine, z. B.: Land – minen – problematik.
3. Prüfe, was in dem Satz noch gesagt wird. Vielleicht kannst du den Satz auch entschlüsseln, ohne das Wort genau zu verstehen.
4. Lies den vorhergehenden und den folgenden Satz. Auf diese Weise kann man oft die Bedeutung eines Wortes (Begriffes) in dem besonderen Zusammenhang finden.
5. Ersetze das Wort (den Begriff) durch eine eigene Formulierung und prüfe, ob sich ein Sinn ergibt.

3 Lies, was ein afghanischer Junge erlebt hat.

Ich dachte, das Leben ist zu Ende

Rafi lacht. Stolz präsentiert der 13-jährige Junge sein rotes Kinderfahrrad. Dann zieht er demonstrativ sein linkes Hosenbein hoch.
Hervor schaut ein blaugrauer Holzstumpf, an dem ein Turnschuh befestigt ist. Stolz schwingt er sich in die Pedale und gleitet elegant durch den tristen Hof einer alten Fabrik im verwüsteten Süden der afghanischen Hauptstadt Kabul.
Rafi hatte Glück im Unglück. Er war sechs Jahre alt, als er auf dem Weg zum Markt auf eine Mine trat. „Als ich aufwachte, wusste ich gleich, dass etwas Schreckliches passiert war", sagt er. „Ich hatte schreckliche Schmerzen. Ich dachte, das Leben ist zu Ende." Heute ist er ein fröhlicher Junge, der versucht, trotz der Behinderung seinen Platz im Leben zu finden.
Hilfe bekam er durch die UNICEF*. Sie finanziert ein Rehabilitationsprogramm für minen- und kriegsverletzte Mädchen und Jungen. Die UNICEF berät bei der Entwicklung der Hilfsmaßnahmen. Die Kinder erhalten dort Krankengymnastik und lernen, sich mithilfe ihrer Prothesen zu bewegen. In Werkstätten lernen sie, Fahrräder zusammenzubauen, oder sie besuchen Nähkurse.
In Afghanistan gibt es Tausende Kinder und Jugendliche, die durch Minensplitter gelähmt sind oder Arme und Beine verloren haben. […]
„Ich möchte gerne mein rotes Fahrrad behalten", sagt Rafi, als er seine Runde gedreht hat. „Nach dem Training bekommst du ein eigenes", antwortet Rafiza Rasuly, eine UNICEF-Mitarbeiterin. „Die Bedingung ist, dass du damit zur Schule fährst!"

* UNICEF: United Nations International Children's Emergency Fund (Kinderhilfswerk der Vereinten Nationen)

4 Erzähle Rafis Geschichte mit eigenen Worten.

5 Formuliere für jeden Absatz eine Zwischenüberschrift.

6 Erschließe die blau gedruckten Wörter aus dem Zusammenhang. Beachte dabei die Arbeitstechnik auf Seite 198.

7 EXTRA Informiere dich über die Arbeit des Kinderhilfswerks der Vereinten Nationen (UNICEF). Stelle deine Ergebnisse in einem Kurzreferat in der Klasse vor.

Online-Link
zu UNICEF
313174-0199

Ein außergewöhnlicher Beruf

Nichts ist gefährlicher als Routine

Online-Link
Hörverstehen
313174-0200

→ Seite 240, Arbeitstechnik „Einen Sachtext lesen und verstehen"

Vera Bohle ist die einzige Frau unter den deutschen Minenräumern in Krisengebieten. Ihr letzter Einsatz war in Afghanistan.

Vor ihrem ersten Einsatz schenkten Freunde ihr zwei Glücksarmbänder. Das eine soll ihr helfen, viele Minen zu finden, das andere dafür sorgen, dass sie wieder mit allen Gliedmaßen nach Hause kommt. Die Bänder haben ihr bislang Glück gebracht. „Doch Glück hat man nicht immer", meint Vera Bohle und dreht die Perlen der Armbänder zwischen ihren Fingern.

Vera Bohle, 1,84 Meter groß und blond, ist die einzige Deutsche, die in den Krisengebieten der Welt Minen räumt. Täglich riskiert sie dabei ihr Leben. Bis vor einem Jahr arbeitete sie im Auftrag der Hilfsorganisation Help e.V. in Afghanistan. In Herat, nahe der iranischen Grenze, schulte sie ein Team von afghanischen Minenräumern. Sie brachte den Minenräumern bei, wie man Streubomben aufspürt und entschärft. Beim zweiten Einsatz in Kabul war Vera Bohle zuständig für Ausbildung, Koordinierung und technische Standards. Zum Minenräumen trägt sie eine Splitterschutzweste, feste Schuhe und einen Helm mit einem Gesichtsschutz aus Plexiglas. In ihrer rechten Hand hält sie einen Detektor, an dessen Ende ein kreisförmiger Sensor befestigt ist. Spürt das Gerät einen metallhaltigen Gegenstand auf, beginnt es zu piepen. Mit der „Minensuchnadel" genannten Stahlspitze sticht Vera Bohle im flachen Winkel in den Boden und kratzt behutsam die Erde weg. Sie entschärft die Mine, indem sie mit der Hand den Zünder herausdreht. Oder sie führt aus sicherer Entfernung eine kontrollierte Sprengung durch.

Mehr als 60 Länder der Welt sind von versteckten Landminen betroffen. Afghanistan steht auf der Liste ganz oben. Deutschland ist einer der größten Geldgeber bei der Minenräumung dort. Vor ihrem Einsatz hatte Vera Bohle verschiedene Befürchtungen: Ob sie als Frau anerkannt würde? Müsste sie ein Kopftuch tragen oder gar die Burka*? Im Land war dann alles ganz anders: Ihre afghanischen Kollegen akzeptieren sie auch ohne Kopftuch, was zählt, ist ihr Sachverstand.

Minenräumen bedeutet nicht nur ständige Todesgefahr, die Arbeit ist auch mühevoll und langwierig. Oft arbeitet Vera Bohle 14 Stunden am Tag, sie-

* Burka, die: ein Kleidungsstück, das von muslimischen Frauen getragen wird und der vollständigen Verschleierung des Körpers dient

ben Tage die Woche. Ihr Blick ist auf den Boden gerichtet. Vorsichtig setzt sie einen Fuß vor den anderen, eine falsche Bewegung kann sie das Leben kosten. „Nichts ist gefährlicher als Routine", sagt sie. „Man fühlt sich sicher und schon lässt die Konzentration nach." Doch das stundenlange Konzentrieren zermürbt. In der prallen Sonne unter dem Schutzanzug rinnt ihr der Schweiß in Strömen den Rücken hinab. Dennoch macht ihr die Arbeit Spaß. „Ich habe das Gefühl, etwas Sinnvolles zu tun, außerdem erfülle ich mir einen Jugendtraum."

Vera Bohle wollte entweder Auslandskorrespondentin oder Entwicklungshelferin werden. Als sie dann für das ZDF in Somalia arbeitete, war sie schockiert vom Elend der Bürgerkriegsflüchtlinge. Die alte Idee der Entwicklungshilfe tauchte wieder auf: Sie wollte den Flüchtlingen helfen. Aber wie beginnen?

Sie hatte ihr Studium bereits abgeschlossen und arbeitete in der Redaktion des ZDF-Politmagazins „Kennzeichen D". Da las sie eines Tages in der Zeitung von der Dresdner Sprengschule, die als einzige öffentliche Einrichtung in Europa zivile Minenräumer ausbildet. Und plötzlich wusste sie: „Das ist es, was ich machen will." Mit 29 Jahren hängte sie die Karriere beim Fernsehen an den Nagel und begann noch einmal bei null.

Mosambik und Simbabwe, der Kosovo und Afghanistan waren Vera Bohles bisherige Stationen als Minenräumerin. Stets ist sie die einzige Frau unter den „Feuerwerkern".

Online-Link
zur Arbeit von Minenräumern
313174-0201

1 Lies den Text. Erschließe unbekannte Wörter aus dem Zusammenhang oder mithilfe des Wörterbuches.

2 Beantworte folgende Fragen:

- Gibt es viele Minenräumer?
- Wer stellt sie ein?
- Wer organisiert diese Arbeit?
- Was sind Streubomben?
- Was tut die Bundesrepublik Deutschland gegen die Gefahr der Landminen?

3 Vera Bohle hat einen ungewöhnlichen Beruf. Stelle ihn in einem Referat vor: Aufgaben, Tätigkeiten, Ausbildung, Ausrüstung, Einsatzorte, Auftraggeber, Gefahren und Belastungen.

4 Der Text ist zum Teil im Präsens (in der Gegenwart) geschrieben, zum Teil im Präteritum (in der Vergangenheit). Untersuche, welche Abschnitte im Präsens stehen.

→ **Seite 244,** Arbeitstechnik „Im Wörterbuch nachschlagen"

→ **Seite 198, 240,** Arbeitstechnik „Wörter (Begriffe) aus dem Zusammenhang erschließen"

TIPP!
Weitere Informationen findest du im Internet.

→ **Seite 31, 233,** Arbeitstechnik „Ein Referat vorbereiten und halten"

17 Engagement gefragt!

Projekt Seniorenbetreuung

Neuenburg. Käthe Knoth kann eine ganze Menge von früher erzählen. Das beeindruckte die Schüler der achten Klasse sehr. Im Dezember vergangenen Jahres waren sie im Rahmen eines Projektes des Deutschunterrichtes in der Seniorenbetreuung „Haus Rosenhof", um zu sehen, wie die älteren Menschen dort leben und wie sie ihren Tag verbringen. Sie spielten mit den Senioren Gesellschaftsspiele, sangen mit ihnen Weihnachtslieder, lasen Gedichte und Geschichten vor und fuhren die Leute, die nicht mehr laufen können, in ihren Rollstühlen spazieren. Ihre Eindrücke hielten sie in Gedichten fest. Zwei davon findest du auf der folgenden Seite.

1 Man spricht oftmals vom „Kreislauf des Lebens“. Schreibe auf, wie sich dieser Kreislauf deiner Meinung nach in dem Gedicht „Sie“ widerspiegelt.

Sie

Sie lernt das Sprechen
und wird älter

Sie lernt das Essen
und wird älter

Sie geht zur Schule,
lernt lesen und schreiben
und wird älter

Sie macht Karriere
und wird älter

Sie kommt nach einem Schlaganfall
ins Altenheim
und wird älter

und lernt alles wieder
von Anfang an
und wird älter und älter

A. S.

Kraft

Was tun wir
wenn wir alt und schwach sind
verziehen wir uns in die Ecke
und schauen uns an
was um uns geschieht
oder versuchen wir
alle Kraft
die wir noch haben
zu zeigen

F. K.

2 Gib den Inhalt des Gedichtes „Kraft“ mit eigenen Worten wieder.

3 Wie beantwortest du die Fragen, die in dem Gedicht „Kraft“ gestellt werden? Schreibe deine Gedanken dazu auf.

4 „Engagement gefragt!“ ist das Thema dieses Kapitels.
Bereitet euch darauf vor, im Rahmen eines Projektes ältere Menschen in einem Seniorenheim zu besuchen, sie kennenzulernen, euch über ihre Erlebnisse und Erfahrungen zu erkundigen sowie Feste und Feiern für sie zu organisieren.
Entscheidet, wie ihr euch vorbereiten wollt.

Wählt A oder B:

A: Alle bearbeiten gemeinsam die Arbeitsblätter ab Seite 205 und nach Absprache auch Wahlaufgaben von Seite 204.
B: Ihr arbeitet frei nach einem Plan. Wie das geht, erfahrt ihr auf der nächsten Seite.

Projektarbeit

Hier bestimmst du selbst,
- mit welchem Arbeitsblatt du beginnst,
- in welchem Tempo du vorgehst,
- welche Wahlaufgaben du aussuchst,
- ob du mit anderen zusammen oder alleine arbeitest.

1 Triff die Vorbereitungen:
1. Bearbeitungszeitraum festlegen
2. Arbeitszonen einrichten, in denen nicht gesprochen werden darf
3. Schnellhefter und gelochtes DIN-A4-Papier besorgen
4. Kontroll-Ablagekasten für die Lehrerin oder den Lehrer einrichten

2 Stelle deinen **Arbeitsplan** zum Projekt „Seniorenbetreuung" auf, z. B.:

Pflichtaufgaben
1. vier von fünf Arbeitsblättern auswählen und bearbeiten; die Arbeitsblätter 1 und 2 müssen von allen zuerst bearbeitet werden
2. eine Seite als Titelseite gestalten
3. eine Aufgabe aus dem Wahlangebot aussuchen und bearbeiten
4. das Inhaltsverzeichnis anlegen und als zweite Seite einheften

Wahlaufgaben
1. einen Ablaufplan für eine Geburtstagsfeier erstellen
2. für ein Sommerfest das Programm entwerfen
3. Musik früher – Musik heute gegenüberstellen
4. eine Einladung für ein Sommerfest / eine Geburtstagsfeier schreiben
5. einen Bericht über die Durchführung des Projektes verfassen

3 Auswertung: Besprecht den Verlauf des Projektes.
Diskutiert und legt fest, wie ihr andere informieren wollt.

Arbeitstechnik

Regeln für Projektarbeit
1. Arbeite selbstständig und frage nur, wenn es nötig ist.
2. Störe die anderen nicht bei der Arbeit.
3. Beende erst eine Aufgabe, bevor du mit einer neuen beginnst.
4. Nimm für jede Aufgabe ein neues DIN-A4-Blatt, trage die Überschrift, deinen Namen und das Datum ein.
5. Lege die fertigen Blätter in den Kontroll-Ablagekasten oder hefte sie in einer Projektmappe ab.

Arbeitsblatt 1

Einen sachlichen Brief schreiben

1 Wenn man so ein Projekt durchführen will, muss man sich in dem Seniorenheim, das man ausgewählt hat, offiziell anmelden. Das geschieht meist mit einem Brief.
Notiere in Stichworten, welche Angaben in dem Brief nötig sind, z. B.:
Anschrift, Absender, …

2 Notiere auch, was du über euer Vorhaben mitteilen musst, z. B.:
Unsere Klasse will im Rahmen eines Projektes ein Sommerfest …

3 Beim Schreiben eines sachlichen Briefes muss man formale und inhaltliche Vorschriften einhalten:

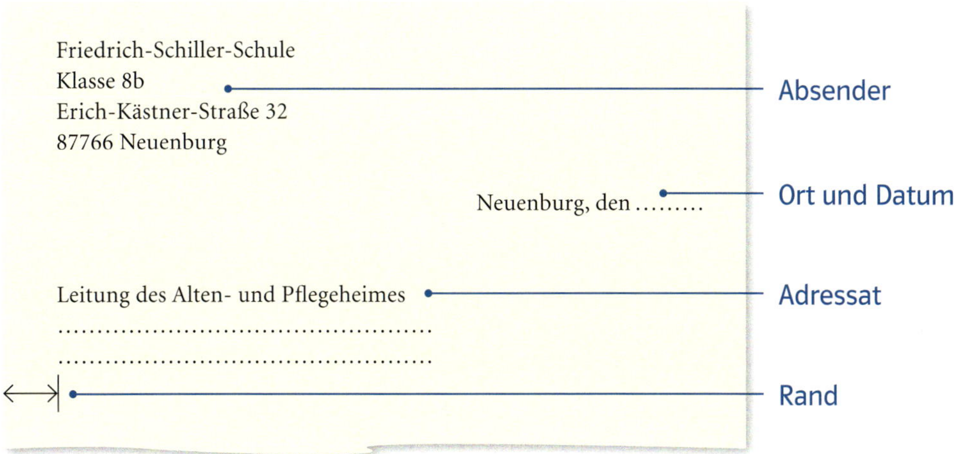

4 Verfasse einen Brief an ein Alten- und Pflegeheim deiner Wahl. Verwende deine Notizen aus Aufgabe 1.

5 Arbeite mit einem Partner. Vergleicht eure Briefe:
- Wurden die Anforderungen an die Gestaltung und Gliederung erfüllt?
- Kann der Empfänger verstehen, welches Anliegen der Verfasser jeweils hat?

6 Korrigiere deinen Brief, falls nötig. Schreibe ihn danach sauber ab (mit der Hand oder mit dem Computer). Lass die Rechtschreibung vom Rechtschreibprogramm und/oder einem Partner prüfen.

7 Sprecht in der Klasse ab, welcher Brief tatsächlich abgeschickt werden soll. Legt zum Schluss alle Briefe in den Kontroll-Ablagekasten.

Arbeitsblatt 2

Höflich sein ist „in“

1 Wie verhält man sich gegenüber älteren Menschen?
Suche dir einen Partner. Übt in einem Rollenspiel, wie ihr euch gegenüber älteren Menschen beim ersten Besuch im Seniorenheim verhalten solltet, z. B.: *Vor dem Betreten des Zimmers anklopfen, nach dem Eintreten höflich grüßen und sich vorstellen …*

2 Wechselt die Rollen. Sprecht nach jedem Spiel über eure Verhaltensweisen. Gebt euch gegenseitig Tipps.

3 Spielt auch anderen Gruppen eure Szenen vor. Tauscht euch danach darüber aus,

- wie man einen ersten Kontakt herstellen kann,
- wie man sprechen sollte,
- wie man ins Gespräch kommen kann, …

4 Erstellt ein Merkblatt zum richtigen Verhalten und Auftreten gegenüber älteren Menschen für euren Besuch, z. B.:

sich vorstellen, verabschieden | kein Kaugummi | pünktlich sein

angemessene Kleidung | saubere Hände | ordentliche Frisur

laut und deutlich sprechen, aber nicht schreien | zuhören

Benimmregeln

- *Beim Essen*
  …
- *Ein Gespräch beginnen*
  …
- *Wenn ich etwas nicht verstanden habe,*
  …

Arbeitsblatt 3

Eine Ballade vortragen

1 Viele ältere Menschen hören gern Gedichte. Sie erinnern sie an ihre Schulzeit und an ihre Jugend. Oft können sie noch viele Texte auswendig aufsagen.
Bereite die Ballade „John Maynard“ für einen Vortrag vor. Den Text findest du auf Seite 166/167.

→ **Seite 238,** Arbeitstechnik „Ein Gedicht auswendig lernen“

→ **Seite 239,** Arbeitstechnik „Ein Gedicht wirkungsvoll vortragen“

2 Besonders wirkungsvoll wird dein Vortrag, wenn du zu Beginn etwas über den Dichter und die Entstehung des Gedichtes sagen kannst.
- Lies die Informationen über Theodor Fontane und über den Hintergrund des Schiffsunglücks.
- Fasse den Inhalt mit eigenen Worten zusammen.

Theodor Fontane ist einer der bedeutendsten Dichter der deutschen Literatur. Er lebte von 1819 bis 1898. In einigen Balladen gestaltete er Ereignisse, von denen er gelesen oder gehört hatte. So verwendete er auch die folgenden Informationen über ein Schiffsunglück auf dem Eriesee in einer Ballade:
Am 9. August 1841, abends kurz nach 8 Uhr, fing das Passagierschiff „Erie“ in der Nähe von Silver Creek im Eriesee Feuer. Kapitän Titus befahl dem Steuermann Luther Fuller, das Schiff auf Land zu setzen. Aber bevor das Schiff die Küste erreicht hatte, brannte die Steueranlage durch, und 249 Passagiere kamen ums Leben. Fuller verließ mit schweren Verbrennungen als letzter Mann das Schiff, überlebte jedoch das furchtbare Unglück. Er starb am 22. November 1900 als Trinker im Armenhaus Pennsylvania (Bezirk Erie) unter dem angenommenen Namen James Rafferty. Kapitän Titus, der ebenfalls überlebte, ließ den Steuermann allerdings unter den 249 Toten eintragen.
Die Ballade erschien erstmals 1886 in der Veröffentlichung „Berliner Bunte Mappe. Originalbeiträge Berliner Künstler und Schriftsteller“ in München.

3 Kopiere das Gedicht. Markiere darin Stellen, wo du z. B. Pausen machen, stärker betonen, lauter oder leiser sprechen willst.

→ **Seite 239,** Arbeitstechnik „Das Vorlesen eines Textes vorbereiten“

4 Schreibe das Gedicht ab. Gestalte die Seite als Schmuckblatt zum Verschenken.

Arbeitsblatt 4

Erlebnisse aufschreiben

Trümmerfrauen 1945

Tanzveranstaltung in den 1950iger Jahren

1 Ein Gespräch mit älteren Menschen ist eine gute Gelegenheit für euch, etwas über vergangene Zeiten in Erfahrung zu bringen. Überlegt, welche Themen euch besonders interessieren, z. B.: Kleidung, Musik, Maschinen, bestimmte Ereignisse.

TIPP!
Manchmal ist es auch gut, wenn man einfach nach dem Lebenslauf des Gesprächspartners fragt.

2 Bereite dich auf ein Gespräch vor. Notiere Fragen zu den Themen, über die du etwas erfahren möchtest. Notiere dann während des Gesprächs die Antworten dazu, z. B.:

Wir hören heute eine Musik, die Ihnen bestimmt ganz fremd erscheint. Wie war das eigentlich zu Ihrer Jugendzeit?	Zu meiner Zeit haben wir …
Meinen Eltern gefällt meine Kleidung manchmal gar nicht. Gab es wegen der Kleidung auch früher Konflikte mit den Eltern? …	Naja, …

TIPP!
Verwende Fotos, Illustrationen, Zitate und interessante Zwischenüberschriften.

3 Entscheide, zu welchem Thema du ein Arbeitsblatt gestalten willst, z. B.:

- Gegenüberstellung: Musik gestern – Musik heute
- Gegenüberstellung: Kleidung gestern – Kleidung heute

4 Gestalte dein Arbeitsblatt. Nutze dazu deine Notizen. Überlege, welche Materialien du verwenden und wie du sie anordnen kannst.

Arbeitsblatt 5

Gedichte schreiben

Walter Helmut Fritz

Greisin

Immer mehr Menschen.
Aber sie ist allein.

Die Welt überfüllt
Und doch leer.

Die Jahre kälter,
ein Korridor.

Schatten bleiben
Überall hängen,
sind deutlicher
als Fenster und Tür.

Alles weggerückt,
selbst der Tisch,
an dem sie sitzt.

1 Beschreibe die Alltagssituation der Greisin, über die in dem Gedicht „Greisin“ erzählt wird.

2 Betrachte das Foto der alten Frau. Welche Gedanken gehen dir dabei durch den Kopf? Sammle sie in einem Ideennetz, z. B.:

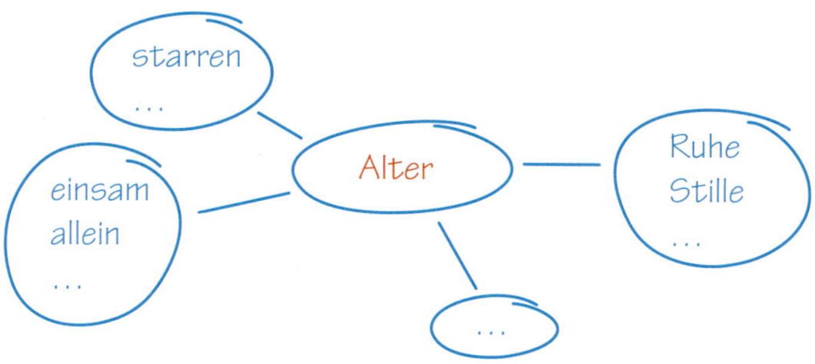

3 Notiere deine Gedanken auch in Vergleichen, z. B.: still wie im Wald

4 Schreibe mithilfe deines Ideennetzes selbst ein Gedicht. Dabei kannst du dich an dem Gedicht „Greisin“ und an den Gedichten auf Seite 203 orientieren.

TIPP!
Sammelt die Gedichte, gestaltet Schmuckblätter und veröffentlicht sie auf der Schulhomepage.

Autorenporträt: Mirjam Pressler

1 Lies die Kurzbiografie. Notiere dann stichwortartig die Informationen, die du in einem Referat Schülerinnen und Schülern deines Alters weitergeben würdest.

Mirjam Pressler

Mirjam Pressler, geboren 1940 in Darmstadt, wuchs bei Pflegeeltern auf. Sie studierte Bildende Künste und Sprachen in Frankfurt und München und lebte ein Jahr in einem Kibbuz* in Israel. Zurück in Deutschland arbeitete sie in verschiedenen Jobs, unter anderem führte sie einen eigenen Jeansladen. Sie hat drei inzwischen erwachsene Töchter, die sie nach der Scheidung von ihrem ersten Mann allein großgezogen hat. Heute lebt Mirjam Pressler als Autorin und Übersetzerin in der Nähe von München.
Sie ist die deutsche Übersetzerin des Buches „Anne Frank Tagebuch" und hat auch eine Biografie Anne Franks herausgebracht („Ich sehne mich so. Die Lebensgeschichte der Anne Frank"). Mirjam Pressler veröffentlichte mit großem Erfolg insgesamt fast vierzig Bücher und wurde mit zahlreichen Preisen ausgezeichnet. Sie ist Trägerin des Bundesverdienstkreuzes und erhielt mehrere Auszeichnungen, zum Beispiel den „Deutschen Bücherpreis" (2002 für „Malka Mai"; 2004 für ihr Lebenswerk) und den Internationalen Buchpreis CORINE 2009 für „Nathan und seine Kinder".

* Kibbuz, der: als Kibbuz bezeichnet man eine ländliche Kollektivsiedlung in Israel mit gemeinsamem Eigentum, in der alle wichtigen Entscheidungen von den Mitgliedern nach Abstimmung getroffen werden

2 Sprich mithilfe deiner Notizen über Mirjam Pressler.

3 Lies die folgenden drei Klappentexte und ordne sie den Coverbildern auf Seite 211 zu.

① Jerusalem zur Zeit der Kreuzzüge um 1192: Die Christen haben die Heilige Stadt an Sultan Saladin verloren. Von den gefangenen Kreuzfahrern begnadigt er nur einen einzigen: den jungen Tempelritter Curd von Stauffen. Die gute Tat zieht eine weitere nach sich: Der Tempelritter rettet das Mädchen Recha aus den Flammen ihres Hauses. Sie ist die Tochter des jüdischen Kaufmanns Nathan, den man den Weisen nennt.
Erschienen: 2009

② 1943: Die jüdische Ärztin Hanna Mai lebt mit ihren Töchtern Minna und Malka an der polnisch-ungarischen Grenze. Als die Deutschen auch hier mit den Deportationen** beginnen, müssen die drei überstürzt fliehen. Sie wollen zu Fuß über die Karpaten, doch Malka wird krank und kann nicht mehr weiter. Schweren Herzens entschließt Hanna sich, das Kind bei Bauern zurückzulassen, die ihr versprechen, das Mädchen nachzubringen, sobald es sich erholt hat. Aber es kommt alles anders: Malka wird entdeckt und in ein Ghetto verfrachtet. Dort entwickelt die Kleine ungeahnte Kräfte, die sie Hunger, Kälte, Krankheit und Einsamkeit überstehen lassen – bis ihre Mutter schließlich unter großen Gefahren zurückkehrt, um sie zu retten. Erschienen: 2. Auflage 2004

** Deportation, die: die Nationalsozialisten verschleppten jüdische Mitbürger in Ghettos, die zwischen Oktober 1941 und März 1943 errichtet worden waren, z. B. das Warschauer Ghetto

③ Durch ihr Tagebuch ist das deutsch-jüdische Mädchen Anne Frank, das 1945 im KZ Bergen-Belsen starb, weltberühmt geworden. Mirjam Pressler zeichnet das Leben der Anne Frank nach, von der Zeit vor dem Untertauchen bis zu den sieben Monaten nach der Verhaftung. Entstanden ist dabei ein lebendiges Bild einer widerspruchsvollen Persönlichkeit, von ihren Begabungen, Konflikten und Träumen und vor allem ihrem unstillbaren Verlangen nach Glück: „Ich sehne mich so nach allem", schrieb Anne Frank – nach Wissen und Gefühlen, nach Nähe und Eigenständigkeit, nach Abenteuer und Geborgenheit.
Erschienen: 2. Auflage 2004

4 Wähle ein Buch aus. Überlege, welche Informationen du dazu in dem Referat weitergeben möchtest. Schreibe sie stichwortartig auf.

5 Fertige einen Sprechzettel für ein Referat an. Verwende dabei deine Notizen aus den Aufgaben 1 bis 3.

6 Stelle die Autorin Mirjam Pressler in einem Referat vor.

Bewerbungsschreiben und Lebenslauf – deine Visitenkarte

1 In einem Bewerbungsschreiben musst du deutlich machen, mit welcher Absicht du dich an den Betrieb / die Firma wendest. Deine Absicht kannst du auf unterschiedliche Art und Weise ausdrücken.

Ersetze in den folgenden Sätzen „ich möchte" durch „ich habe die Absicht", „ich beabsichtige", „mein Ziel ist es" oder „ich habe vor".

1. Ich möchte in Ihrem Betrieb ein Praktikum machen.
2. Ich möchte den Arbeitsplatz einer Erzieherin erkunden.
3. Ich möchte herausfinden, was die Aufgaben einer Versicherungsfachangestellten sind.
4. Ich möchte ermitteln, ob ich für den Beruf eines Landschaftsgärtners geeignet bin.
5. Ich möchte testen, ob mir der Beruf einer Bürokauffrau gefällt.
6. Ich möchte Erfahrungen im Umgang mit behinderten Menschen sammeln.

2 Die folgenden Formulierungen wurden in verschiedenen Bewerbungsschreiben verwendet. Du merkst sicherlich, dass sie noch nicht besonders gelungen sind. Verbessere die Formulierungen.

1. Ich erlaube mir höflichst, mich um eine Praktikumsstelle in Ihrer berühmten Firma zu bewerben.

2. Unser Sportlehrer gab uns den Tipp, mal bei Ihnen anzufragen, ob ich einen Praktikumsplatz bekommen kann.

3. Ich gehe jetzt in die Heinrich-Böll-Schule, und im Mai (gleich am Anfang) soll das Praktikum sein.

4. Ich wollte schon immer mal wissen, wie es in Ihrer Firma so zugeht und was man so als Mediengestalter zu tun hat.

5. Sie können mich ja einfach zu einem Vorstellungsgespräch einladen. Da können Sie sich ein besseres Bild von mir machen.

6. Im Brief liegt auch mein Zeugnis und der Lebenslauf und ein gutes Foto von mir.

3 Hier werden in Stichworten besondere Kenntnisse, Interessen, Freizeitbeschäftigungen und Erfahrungen genannt. Formuliere die Stichworte in vollständige Sätze um, z. B.:

1. Schon seit drei Jahren bin ich Mitglied unseres Schulchores …

1. Freizeitbeschäftigung: Schulchor – schon 3 Jahre; Freiwillige Feuerwehr – 1 Jahr
2. Hobbys: Sudoku, Computerspiele, Jugendschachmannschaft der Schule
3. Erfahrungen: elterlicher Schlossereibetrieb – Aushilfe letzte Ferien; außerdem Praktikum in einem Fliesen-Fachbetrieb
4. Besondere Kenntnisse: Aufbaukurs Textverarbeitung, Tabellenkalkulation am PC
5. Besondere Fähigkeiten: Muttersprache = Russisch; Zeugnisnote in Deutsch = 2
6. Interessen: Tiere, Versorgung von Haustieren – 2 Hunde, 2 Katzen, 2 Kaninchen

4 Wandle den folgenden Lebenslauf in einen tabellarischen Lebenslauf um.

Lebenslauf

Mein Name ist Annika Ullrich. Ich wurde am 12.7.1996 in Strausberg geboren.
Mein Vater, Martin Ullrich, arbeitet als kaufmännischer Angestellter. Meine Mutter, Christine Ullrich, ist Krankenschwester. Ich habe einen 12-jährigen Bruder, der die 6. Klasse besucht.

Von 2003 bis 2008 besuchte ich die Grundschule in Strausberg, seit 2008 bin ich Schülerin einer Gesamtschule in Berlin. Zurzeit besuche ich hier die 8. Klasse. Voraussichtlich werde ich die Schule 2012 mit dem Mittleren Abschluss beenden.

Meine Leistungen, besonders in den naturwissenschaftlichen Fächern, sind gut. Mein Lieblingsfach ist Chemie. Es war schon immer mein Traum, in einem modernen Labor zu arbeiten. In den Ferien durfte ich bereits ein „Schnupperpraktikum“ in einem Krankenhaus machen.

Seit zwei Jahren spiele ich Fußball in unserer Schulmannschaft. Ich interessiere mich sehr für den Bundesliga-Fußball, und zwar sowohl der Männer als auch der Frauen.

5 Informiere in deinem Lebenslauf über folgende Punkte:

Schulbildung, besondere Kenntnisse, Erfahrungen, Freizeitaktivitäten

Ursachen für Über- und Unterernährung

1 Lies den folgenden Text und beantworte dann die darunter stehenden Fragen schriftlich.

Welternährungssituation

Die Ernährungssituation der Weltbevölkerung ist leider immer noch von einer hohen Rate der Fehlernährung geprägt. Obwohl es derzeit genügend Nahrungsmittel auf der Erde gibt, um alle Menschen rein rechnerisch mit durchschnittlich 3000 kcal und 80g Eiweiß pro Tag ausreichend gedeckt zu ernähren, sterben täglich noch immer etwa 25.000 Menschen, vor allem Kinder, an den Folgen von Unterernährung. Dagegen zeigt sich in hochindustrialisierten Nationen – beispielsweise Nordamerika und Europa – zunehmend das Problem der Überernährung und der damit verbundenen Folgeerkrankungen wie Übergewicht und Adipositas.

1. Was wird in dem Textabschnitt unter „Fehlernährung" verstanden?
2. In dem Text wird für „Fettleibigkeit" ein Fremdwort gebraucht. Wie lautet es?

2 Ergänze die folgenden Sätze durch Informationen aus dem Diagramm.

Das Diagramm zeigt …
Während in einigen Ländern …, gibt es in anderen Ländern …
Für mich ist besonders erstaunlich, dass …

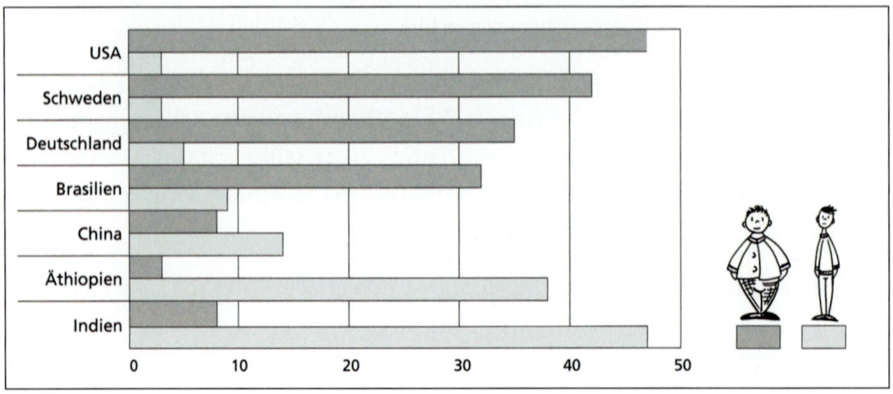

Prozentualer Anteil von Personen mit Übergewicht bzw. Untergewicht

3 Welche Ursachen werden in dem Textabschnitt auf Seite 215 oben für die Überernährung genannt? Notiere sie in Stichworten.

Warum leiden die Entwicklungsländer noch immer an Unter- und Mangelernährung, während in den Industriestaaten mehr und mehr Überernährung herrscht? Die Ursachen hierfür liegen in erster Linie in wirtschafts- und gesellschaftspolitischen Strukturen. Auf der einen Seite überfluten sich die modernen Staaten mit einem Überangebot an ständig neuen, schmackhaften und somit meist fettreichen Konsumgütern und Genussmitteln. Die modernen Umwelt- und Lebensbedingungen schaffen hohe Anreize für eine erhöhte Energieaufnahme des hauptsächlich durch Werbung animierten Verbrauchers. Der technisierte und automatisierte Wohlstand und die vorwiegend sitzende Lebensweise im beruflichen und auch täglichen Leben führen jedoch gleichzeitig zu einer deutlichen Senkung des Energiebedarfs. Dadurch wird der tatsächliche Energiebedarf bei der Nahrungsaufnahme meist weit überschritten und Fehlernährung ist die Folge.

Auf der anderen Seite führt der Teufelskreis der Armut (siehe Abb.) in den Entwicklungsländern zu Unter- und Mangelernährung. Daneben stellen Naturkatastrophen, die Überbevölkerung und Kriege sowie zunehmende Umweltbelastungen Ursachen für Hunger und Unterernährung dar.

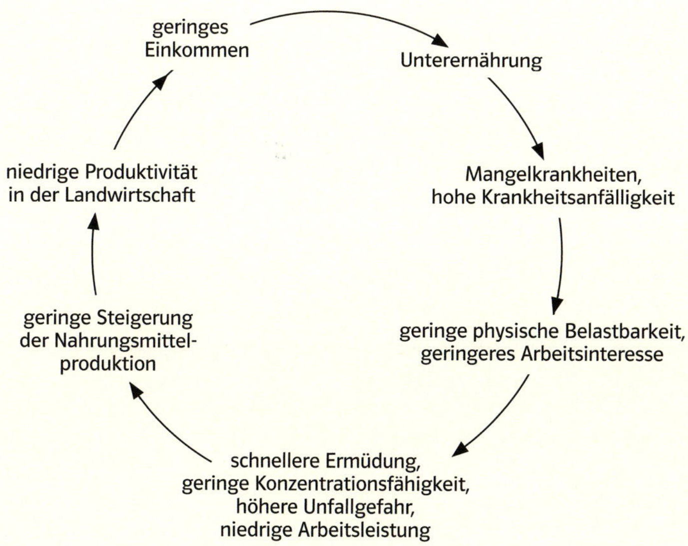

4 Erkläre den „Teufelskreis der Armut“, der in dem Text beschrieben wird, mit eigenen Worten.

5 Schreibe einen kurzen Informationstext über die gegenwärtige Welternährungssituation.

Antrag an die Schulkonferenz

Bernike und Ivo aus der 5a haben die Aufgabe übernommen, im Namen der gesamten Klasse einen Antrag an die Schulkonferenz zu stellen. Sie schreiben den ersten Entwurf und legen ihn den Schülern aus der 8. Klasse mit der Bitte vor, ihn durchzusehen und zu korrigieren. Hier findest du einen Ausschnitt aus dem Antragsentwurf.

1 Lies den Entwurf durch. Notiere dabei die Sätze, in denen ganz offensichtlich Wörter fehlen. Schreibe diese Sätze mit verbesserter Formulierung auf.

... Wir Schüler der Klasse 5a wollen uns bei der Schulkonferenz über die aus der 9. beschweren.

Wir wollen alle teilnehmer bitten, das man das unterstüzt. Wir wollen das jetzt genauer erklären:

Sie müsten mal sehen, wie das in den Pausen bei uns ausieht. Die Älteren mitschüler drängeln sich in der Kakaoschlange immer vor. Wir werden von ihnen einfach wegeschubst. Auf dem hof läst man uns auch beim spielen nie mitmachen. Sie sagen immer, wir solten in den Kindergarten gehen. Wir finden, das das gemein ist. Die waren schließlich auch mal in der 5. Klasse. Sie solten uns lieber zeigen, wie man am besten zurechtkomt, zum beispiel wo die Räder am besten abgestelt werden. Wenn wir in der 9. Klasse wären, würden wir patenschaften für die 5. Klasse übernehmen und den helfen.

Bitte helfen sie uns!

2 Einfach oder doppelt? Vervollständige die folgenden Verbformen. Leite die richtige Schreibung ab, z. B.:

1. er ko (m / mm)t → kommen → kommt

1. er ko(m/mm)t	7. abgeste(l/ll)t
2. man lä(s/ss)t	8. man unterstü(z/tz)t
3. sie mü(s/ss)ten	9. wir wo(l/ll)ten
4. ihr kö(n/nn)tet	10. es gefä(l/ll)t
5. wir so(l/ll)ten	11. es pa(s/ss)t
6. sie he(l/ll)fen	12. wir fi(n/nn)den

Verwende jede Verbform in einem Satz und schreibe ihn auf.

3 Bilde zusammengesetzte Verben, z. B.: reichen (über) → überreichen

1. reichen (über)
2. sehen (aus)
3. nehmen (an)
4. bauen (ab)
5. gegangen (weg)
6. geschubst (weg)
7. tragen (fort)
8. kommen (zurück)

Verwende jedes zusammengesetzte Verb in einem Satz. Schreibe die Sätze auf.

4 **das oder dass?** Schreibe die Sätze ab und setze das richtige Wort ein.

1. Ich glaube ✎ nicht.
2. Ich glaube, ✎ er ✎ schafft.
3. Ich nehme an, ✎ ✎ stimmt.
4. Ich weiß, ✎ stimmt.
5. Wir bitten Sie, ✎ Sie ✎ unterstützen.
6. Sie müssten mal sehen, wie ✎ aussieht!
7. ✎ ✎ gemein ist, finden alle.
8. Wir kennen ✎ alle.

5 Der Entwurf der Fünftklässler auf Seite 216 enthält acht Fehler in der Groß- und Kleinschreibung. Schreibe die falsch geschriebenen Wörter in der richtigen Schreibung auf. Gib jeweils die Zeile an, in der sie stehen.

6 Forme ins Passiv um:

1. Sie unterstützen die Schüler.
2. Man ärgert uns.
3. Wir bitten sie.
4. Sie beschimpfen uns.

7 Der Entwurf auf Seite 216 enthält zwei Passivformen. Schreibe die Sätze mit den Passivformen heraus. Wandle sie dann in Sätze mit Aktivformen um. Schreibe auch diese Sätze auf.

8 In dem Entwurf sind Konjunktivformen verwendet worden. Schreibe zwei Sätze mit Konjunktivformen heraus. Unterstreiche die Konjunktivformen.

9 Stelle fest, in welchem Satz die indirekte Rede vorkommt. Notiere diesen Satz.
Formuliere die indirekte Rede in direkte / wörtliche Rede um. Schreibe den Satz mit den richtigen Rede- und Satzschlusszeichen auf.

10 Überarbeite den Ausschnitt aus dem Entwurf. Suche nach besseren Formulierungen und vermeide eintönige Wiederholungen. Beachte dabei, dass der Entwurf weitere Rechtschreibfehler enthält. Schreibe korrekt und gut lesbar.

Grammatik, Rechtschreibung und Sprachbetrachtung

Wörter

→ Seite 104 ff.

Woraus bestehen Wörter? (Wortbildung)

- Wörter bestehen aus Sprachlauten. Man unterscheidet Vokale (*Selbstlaute: a, ä, e, i, …*) und Konsonanten (*Mitlaute: b, c, d, f, g, h, …*).
- Wörter bestehen aus Sprechsilben (*Bü - cher - schrän - ke, Klei - dun - gen, le - sen, schö - ner*).
- Wörter bestehen aus einem oder mehreren Wortbausteinen. Man unterscheidet zwischen den Wortstämmen (***schön** + er, **Kleid** + ung + en, ich **les** + e*), den Endbausteinen (*Kleid + **ung**, Krank + **heit**, ess + **bar***) und verschiedenen Endungen (*les + **e**, schön + **er**, Kleid + ung + **en***).
- Zusammengesetzte Substantive/Nomen bestehen aus einem Grundwort (*Berufs**schule**, Bücher**tasche**, Fuß**ball***) und einem Bestimmungswort (***Berufs**schule, **Bücher**tasche, **Fuß**ball*).
- Zusammengesetzte Verben bestehen aus einem vorangestellten Wortbaustein und dem Verb; sie können trennbar (*herkommen – du kommst her; weitersprechen – du sprichst weiter; abschreiben – du schreibst ab*) oder nicht trennbar sein (*übersetzen – du übersetzt; vollbringen – du vollbringst; wetteifern – du wetteiferst*).

→ Seite 105
Wiederholung aus Klasse 5

Wortfamilien – Wortfelder

- Wörter, die denselben Wortstamm enthalten, gehören zur selben Wortfamilie (***lehr**en, **Lehr**er, **Lehr**e, **lehr**haft, **Lehr**ling, **Lehr**buch, …*).
- Wörter mit ähnlicher Bedeutung bilden ein Wortfeld (*gehen, laufen, rennen, schlendern, spazieren, schleichen, …*).

→ Seite 104 ff.

Wortarten

Die wichtigsten Wortarten sind Substantiv/Nomen, Verb, Adjektiv, Adverb, Artikel, Pronomen, Präposition und Konjunktion.
Sie sind einzeln in der Tabelle auf den folgenden zwei Seiten erläutert.

Wortarten	Beispiele	Merkmale
Substantive/Nomen	Kind, Hund, Tisch, Feuer, Beginn, Idee, Rechnung, Freude, Energie	- bezeichnen Lebewesen, Dinge, Gedanken, Zustände - stehen im Singular (Einzahl) ➜ *Hund* oder im Plural (Mehrzahl) ➜ *Hunde* - werden im Satz oft von Artikeln begleitet (***der*** *Hund,* ***ein*** *Hund*) - haben ein Genus (grammatisches Geschlecht): maskulin (männlich) ➜ *der Hund*; feminin (weiblich) ➜ *die Rechnung*; Neutrum (sächlich) ➜ *das Feuer* - stehen im Satz in einem bestimmten Kasus (Fall): Nominativ (erster Fall) ➜ *der Tisch*; Genitiv (zweiter Fall) ➜ *des Tisches*; Dativ (dritter Fall) ➜ *dem Tisch*; Akkusativ (vierter Fall) ➜ *den Tisch* - können von einem Adjektiv begleitet werden (*der* ***neue*** *Tisch, ein* ***kleines*** *Kind*)
Verben	lachen, schwimmen, regnen, liegen, lassen, vergessen, können, haben	- bezeichnen Tätigkeiten, Vorgänge oder Zustände - werden konjugiert (gebeugt): *ich lach**e**, du lach**st**, er/sie/es lach**t**, wir lach**en**, ihr lach**t**, sie lach**en*** - können verschiedene Zeitformen bilden: *ich lache, ich lachte, ich habe gelacht, ich hatte gelacht, ich werde lachen* (siehe Seite 220 unten)
Adjektive	süß, ängstlich, spät, afrikanisch, heiter, rot, quadratisch, essbar	- bezeichnen Eigenschaften oder Merkmale - können zwischen Artikel und Nomen stehen: *der* ***süße*** *Apfel, ein* ***heiterer*** *Film* - haben Beugungsendungen: *der süß**e** Apfel, ein heiter**er** Film* - können meist gesteigert werden: Grundform: *klein*; erste Vergleichsform: *klein**er***; zweite Vergleichsform: *der klein**ste**, am klein**sten***
Adverbien	heute, immer, dort, gestern, einmal, gern, mittwochs, darauf	- sind nicht veränderbar - können an den Anfang eines Satzes gestellt werden: *Sie kommt* ***heute.*** ➜ ***Heute*** *kommt sie.* - können mit einem W-Fragewort erfragt werden: *Wann kommt sie? Sie kommt* ***heute.***
Artikel	der, die, das, dem, den, ein, eine, einen, einem	- begleiten ein Substantiv/Nomen: ***der*** *Hund,* ***einem*** *Hund* - können bestimmt (*der, die, das*) oder unbestimmt sein (*ein, eine …*) - passen sich dem Geschlecht, der Zahl und dem Fall des Substantivs/Nomens an
Pronomen	ich, du, mein, alle, man, wer, was, welcher	**Es gibt verschiedene Arten von Pronomen.** Manche Pronomen stehen für ein Substantiv/Nomen: - Personalpronomen (*der Hund* ➜ ***er***) - Anredepronomen (*Kommst* ***du*** *mit? Kommen* ***Sie*** *mit? Ist das* ***Ihr*** *Hund?*) - Fragepronomen (*der Hund* ➜ ***Wer?***) - Relativpronomen (*der Hund,* ***der*** *dort bellt; der Hund,* ***welcher*** *dort bellt*) - Indefinitpronomen (unbestimmte Pronomen): *manche, alle, etwas, nichts* Manche Pronomen begleiten ein Substantiv/Nomen: - Demonstrativpronomen (hinweisendes Pronomen): *der, die, das, dieser, diese, dieses;* ***dieser*** *Hund,* ***dieses*** *Jahr,* ***diese*** *Straße* - Indefinitpronomen (unbestimmte Pronomen): ***manche*** *Kinder,* ***alle*** *Spieler,* ***etwas*** *Besonderes,* ***nichts*** *Neues* - Possessivpronomen (besitzanzeigende Pronomen): ***mein*** *Hund,* ***unser*** *Verein*

Wortarten	Beispiele	Merkmale
Präpositionen	in, auf, nach, von, mit, wegen, bis, statt	**Präpositionen** (Verhältniswörter) fordern einen bestimmten Kasus (Fall), vergleiche Seite 230 f. „Verben mit festen Präpositionen“. Es gibt: - Präpositionen, die immer den Akkusativ fordern: *__für__ die Klasse, __durch__ das Gebäude, __ohne__ seine Eltern, __wider__ (gegen) das Vergessen, __bis__ nächste Woche, __um__ die Ecke* - Präpositionen, die immer den Dativ fordern: *__aus__ der Stadt, __bei__ meinem Freund, __mit__ dem Fahrrad, __nach__ dem Spiel, __seit__ unserem Fest, __von__ diesem Tag an, __zu__ deinem Geburtstag* - Präpositionen, die mal den Akkusativ (Frage: „Wohin?“), mal den Dativ (Frage: „Wo?“) fordern: **Akkusativ** → *Ich gehe in unseren Jugendklub.* (Wohin gehe ich?) **Dativ** → *Ich bin in unserem Jugendklub.* (Wo bin ich?) Ebenso: an, auf, hinter, neben, über, unter, vor, zwischen
Konjunktionen	und, aber, denn, sondern, weil, wenn, dass, damit, sodass, bevor	- **Die nebenordnenden Konjunktionen** können Hauptsätze oder gleichrangige Satzteile miteinander verbinden: *Ich suche ein Hemd __und__ einen Pulli. Ich lerne Englisch __und__ ich gehe in den Fußballverein.* - Die **unterordnenden Konjunktionen** können einen Hauptsatz und einen Nebensatz miteinander verbinden: *Unterbrechen Sie die Stromversorgung, __bevor__ Sie die Rückwand öffnen.*

→ Seite 38 ff., 68

Zeitformen des Verbs

Verben haben verschiedene Formen:

- einen Infinitiv (eine Grundform): *fragen, springen, heimkommen*
- ein Partizip I und ein Partizip II: *fragend/gefragt; springend/gesprungen; heimkommend/heimgekommen*
- Personalformen: *ich frage, du springst, er kam heim, …*

Verben bilden Zeitformen:

Präsens	Perfekt	Präteritum
ich frage du fragst …	ich habe gefragt du hast gefragt …	ich fragte du fragtest …
ich springe du springst …	ich bin gesprungen du bist gesprungen …	ich sprang du sprangst …
ich komme heim du kommst heim …	ich bin heimgekommen du bist heimgekommen …	ich kam heim du kamst heim …

Plusquamperfekt	Futur
ich hatte gefragt du hattest gefragt …	ich werde fragen du wirst fragen …
ich war gesprungen du warst gesprungen …	ich werde springen du wirst springen …
ich war heimgekommen du warst heimgekommen …	ich werde heimkommen du wirst heimkommen …

Im **Präsens** und **Präteritum** bilden die Verben einfache Formen:

(ich) frag-	**e**	**(ich) frag-**	**te**
Verbstamm	Endung	Verbstamm	Endung
(du) frag-	**st**	**(du) frag-**	**test**
Verbstamm	Endung	Verbstamm	Endung

Im **Perfekt, Plusquamperfekt** und **Futur** bilden die Verben zusammengesetzte Formen:

(ich) habe/bin	**gefragt/gesprungen**
Präsens von haben/sein	Partizip II
(ich) hatte/war	**gefragt/gesprungen**
Präteritum von haben/sein	Partizip II
(ich) werde	**fragen/springen**
Präsens von werden	Infinitiv

Zeitstufen

→ Seite 38 ff.

Man kann über Ereignisse auf den Zeitstufen Gegenwart, Zukunft und Vergangenheit sprechen:

Gegenwart:
- *Manuel **kauft** gerade eine CD.* (Präsens)

Zukunft:
- *Manuel **kauft** morgen die CD.* (Präsens)
- *Manuel wird morgen die CD **kaufen**.* (Futur)

Vergangenheit:
- *Manuel hat gestern die CD **gekauft**.* (Perfekt)
- *Manuel **kaufte** gestern die CD.* (Präteritum)
- *Manuel **hatte** die gleiche CD vorgestern schon **gekauft**, die Moritz ihm gestern zum Geburtstag schenken wollte.* (Plusquamperfekt. Das erste Ereignis war schon vorbei, als das zweite eintrat.)

→ Seite 92 ff.

Aktiv und Passiv

Ereignisse und Vorgänge können im Aktiv und im Passiv ausgedrückt werden.
- Wenn man im Passiv formuliert, steht der Vorgang oder die Tätigkeit im Mittelpunkt.
- Wenn man im Aktiv formuliert, stehen die ausführenden Personen, Dinge oder Einrichtungen im Mittelpunkt.

Aktiv	**Passiv**
Die Kosmetikerin **reinigt** die Haut fachgerecht.	Die Haut **wird** von der Kosmetikerin fachgerecht **gereinigt**.
Man **reinigt** die Haut fachgerecht.	Die Haut **wird** fachgerecht **gereinigt**.

→ Seite 148 ff., 194 ff.

Indikativ und Konjunktiv

Verbformen können im Indikativ (Wirklichkeitsform) und im Konjunktiv (Möglichkeitsform) gebildet werden. Indikativ und Konjunktiv sind **Aussageweisen** (Modi) des Verbs. Es gibt zwei verschiedene Konjunktivformen: den Konjunktiv I und den Konjunktiv II.

Indikativ	**Konjunktiv**		
	Konjunktiv I	**Konjunktiv II**	**Man kann auch so formulieren:**
er kommt er liest er sucht	er komme er lese er suche	er käme er läse er suchte	er würde kommen er würde lesen er würde suchen

So kann man Indikativ und Konjunktiv verwenden:
- Er liest die Gebrauchsanweisung.
  (Indikativ, Wirklichkeitsform)
- Er sagt, er lese die Gebrauchsanweisung.
  (Konjunktiv I, indirekte Rede)
- Wenn ich sie fände, läse ich die Gebrauchsanweisung.
  (Konjunktiv II, Möglichkeitsform, Bedingung)
- Ich würde mal in der Gebrauchsanleitung nachlesen.
  (Möglichkeit, Formulierung mit „würde“)

Außer dem Indikativ und dem Konjunktiv gibt es noch eine dritte Aussageweise (einen dritten Modus) des Verbs, den **Imperativ** (Aufforderungsform/Befehlsform), z. B.: *komm!, lies!, steh auf!*

Modalverben

→ Seite 68 ff.

Es gibt sechs Modalverben: *dürfen, können, mögen*, müssen, sollen* und *wollen*. Modalverben verändern (modifizieren) den Inhalt eines Vollverbs, dabei wird das Vollverb im Infinitiv gebraucht, z. B.:

1. Du *kannst* ins Kino gehen. (Möglichkeit)
2. Ich *will* mit dir reden. (Bestreben)
3. Sie *sollen* nicht so viel Lärm machen. (Forderung)
4. Er *darf* nicht fehlen. Sie *darf* abends weggehen. (Verbot/Erlaubnis)
5. Ihr *mögt/möchtet* den Salat nicht essen? (Bedürfnis)
6. Wir *müssen* das diskutieren. (Verpflichtung)

* Das Modalverb *mögen* wird heute meist ohne Vollverb verwendet: *ich mag dich.* Wenn ein Bedürfnis ausgedrückt werden soll, wird heute anstelle von *mögen* eher *möchten* verwendet. *Möchten* ist eigentlich Konjunktiv II von *mögen*, wird heute aber im Präsens als eigenständiges Modalverb (für die Vergangenheitsformen wird *wollen)* verwendet.

Direkte/wörtliche Rede – indirekte Rede

→ Seite 125, 148 ff., 194 ff.

Wenn man ausdrücken möchte, dass eine andere Person etwas meint oder gesagt hat, kann man wählen: direkte/wörtliche Rede oder indirekte Rede.

Direkte/wörtliche Rede:
Die Fee sagt: „Du darfst dir etwas wünschen."

Indirekte Rede:
Die Fee sagt, er dürfe sich etwas wünschen. (Konjunktiv I)
Die Fee sagt, er dürfte sich etwas wünschen. (Konjunktiv II)
Die Fee sagt, dass er sich etwas wünschen darf/dürfe/dürfte. (Nebensatz mit der Konjunktion *dass*)
Der Fee zufolge darf er sich etwas wünschen. (Formulierung mit Ausdrücken wie: der Fee zufolge, nach Meinung der Fee, wie die Fee sagt)

Für die Zeichensetzung bei der direkten/wörtlichen Rede gelten folgende Regeln:

→ Seite 195 Wiederholung aus Klasse 5

„~~~~~", ________.
direkte Rede Begleitsatz

„~~~~~?", ________.
direkte Rede Begleitsatz

„~~~~~!", ________.
direkte Rede Begleitsatz

________: „~~~~~."
Begleitsatz direkte Rede

________: „~~~~~?"
Begleitsatz direkte Rede

________: „~~~~~!"
Begleitsatz direkte Rede

„~~~~~", ________, „~~~~~."
direkte Rede Begleitsatz direkte Rede

→ Seite 82 ff.
Wiederholung aus Klasse 7

Satzglieder (Umstellprobe und Ersatzprobe)

Die Wörter im Satz, die beim Umstellen zusammenbleiben, bilden ein Satzglied. Mithilfe der **Umstellprobe** kann man herausfinden, was alles zu einem Satzglied gehört. Danach kann man durch Fragen bestimmen, um welches Satzglied es sich handelt. Das Prädikat kann einfach oder mehrteilig sein.

Ein früherer Schriftsetzer	erklärt	der Klasse 7a	die neue Druckmaschine	zum Abschluss der Betriebsbesichtigung.
Subjekt Wer oder was?	einfaches Prädikat	Dativobjekt Wem?	Akkusativobjekt Wen oder was?	Adverbialbestimmung der Zeit

Ein früherer Schriftsetzer	hat	der Klasse 7a	die neue Druckmaschine	zum Abschluss der Betriebsbesichtigung	erklärt.
Subjekt Wer oder was?	mehrteiliges Prädikat: Teil 1	Dativobjekt Wem?	Akkusativobjekt Wen oder was?	Adverbialbestimmung der Zeit	Mehrteiliges Prädikat: Teil 2

→ Wiederholung aus Klasse 7

Man kann Satzglieder **umstellen** und auch durch andere Ausdrücke **ersetzen**, z. B.:
- *Ein früherer Schriftsetzer hat der Klasse 7a die neue Druckmaschine zum Abschluss der Betriebsbesichtigung erklärt.*
- *Zum Abschluss der Betriebsbesichtigung hat ein früherer Schriftsetzer der Klasse 7a die neue Druckmaschine erklärt.*
- *Er hat sie ihr zum Abschluss der Betriebsbesichtigung erklärt.*

→ Seite 82
Wiederholung aus Klasse 7

Objekte

Objekte ergänzen das Prädikat. Dabei bestimmt das Verb die Art der Objekte. Man unterscheidet:

- **Akkusativobjekt** – Objekt im 4. Fall (Man fragt: Wen oder was?), z. B.:
  Er liest die Zeitungsanzeige.
- **Dativobjekt** – Objekt im 3. Fall (Man fragt: Wem?), z. B.:
  Sie antwortet dem Personalchef.
- **Präpositionalobjekt** – Objekt mit Präposition (Man fragt mit der Präposition: Zu wem? Wozu? Über wen? Worüber? Worum? usw.), z. B.:
  Er bewirbt sich um einen Praktikumsplatz.

Adverbialbestimmungen

→ Seite 82 f. Wiederholung aus Klasse 6

Adverbialbestimmungen erklären das Verb durch Angabe genauer Umstände näher. Man unterscheidet u.a.

- **Adverbialbestimmung des Ortes / Lokalbestimmung** (Man fragt: Wo? Woher? Wohin?), z. B.:
  Ich möchte ein Praktikum in Ihrer Firma absolvieren.
- **Adverbialbestimmung der Zeit / Temporalbestimmung** (Man fragt: Wann? Seit wann? Bis wann? Wie oft? Wie lange?), z. B.:
  Heute begann unser Praktikum.
- **Adverbialbestimmung des Grundes / Kausalbestimmung** (Man fragt: Warum? Wieso? Weshalb?), z. B.:
  Wegen der Krankheit des Meisters durfte ich früher nach Hause gehen.
- **Adverbialbestimmung der Art und Weise / Modalbestimmung** (Man fragt: Wie? Auf welche Art und Weise?), z. B.:
  Geduldig erklärte sie mir alle Vorgänge.

Adverbialbestimmungen können auch die Form von **Nebensätzen** (Adverbialsätzen) haben, z. B.:
Ich durfte früher nach Hause gehen, weil der Meister krank war. (Kausalsatz)

→ Seite 126 ff. Nebensätze Wiederholung aus Klasse 7

Attribute

→ Seite 126 ff. Relativsätze Wiederholung aus Klasse 7

Attribute sind Teile von Satzgliedern. Sie bestimmen ein Substantiv/Nomen näher. Attribute können dem Substantiv/Nomen vorangestellt oder nachgestellt sein, z. B.:

- Substantiv/Nomen ohne Attribut: *Anja und Silke hören das* ***Pausenradio.***
- Substantiv/Nomen mit einem **vorangestellten** Attribut:
  Anja und Silke hören das neue ***Pausenradio.***
- Substantiv/Nomen mit zwei **vorangestellten** Attributen:
  Anja und Silke hören das neue, lautstarke ***Pausenradio.***
- Substantiv/Nomen mit einem **nachgestellten** Attribut:
  Anja und Silke hören das ***Pausenradio*** *ihrer Schule.*

Attribute können durch weitere Attribute näher bestimmt werden, z. B.:
Anja und Silke hören das neue, lautstarke ***Pausenradio*** *ihrer modernen Schule.*

Auch Nebensätze können Attribute sein. Solche Nebensätze heißen Attributsätze/ Relativsätze, z. B.:
Anja und Silke hören das neue, lautstarke ***Pausenradio*** *ihrer modernen Schule, die viele Medienprojekte fördert.*

Satzarten

Man unterscheidet:

→ Wiederholung aus Klasse 5

1. **Aussagesätze**

Sie werden verwendet, wenn man etwas mitteilen will *(Sarah geht ins Kino.)*.

→ Wiederholung aus Klasse 5

2. **Aufforderungssätze**

Sie werden verwendet, wenn man jemanden um etwas bitten oder jemanden zu etwas auffordern will. Nach Aufforderungssätzen steht ein Ausrufezeichen oder ein Punkt *(Gib den Ball ab! Lest den Text.)*.

→ Wiederholung aus Klasse 5

3. **Fragesätze**

Sie werden verwendet, wenn man etwas wissen will.
Bei den Fragesätzen unterscheidet man:
- **Entscheidungsfragen** *(Treibst du gern Sport?)*
- **Ergänzungsfragen (W-Fragen)** mit den Fragewörtern *Wer? Was? Wessen? Wem? Wen? Welcher? Wo? Woher? Wohin? Wann? Wie? Warum?…*
  (Was ist deine Lieblingssportart?)

→ Seite 124 ff. Wiederholung aus Klasse 7

Zusammengesetzte Sätze

Man unterscheidet **Satzreihen** und **Satzgefüge**.

Satzreihen bestehen aus zwei oder mehreren Hauptsätzen. Jeder Hauptsatz könnte auch für sich allein stehen, z. B.:
In den Sommermonaten werden die Vorräte an Blutkonserven oft knapp, das Rote Kreuz sucht dann intensiv nach Spendern.

Auch möglich:
In den Sommermonaten werden die Vorräte an Blutkonserven oft knapp. Das Rote Kreuz sucht dann intensiv nach Spendern.

In den Sommermonaten werden die Vorräte an Blutkonserven oft knapp und das Rote Kreuz sucht dann intensiv nach Spendern.

→ Seite 126 ff. Wiederholung aus Klasse 7

Satzgefüge bestehen aus einem Hauptsatz und einem Nebensatz oder mehreren Nebensätzen. Nebensätze könnten nicht für sich allein stehen, sie sind unselbstständig, z. B.:
Das Rote Kreuz sucht intensiv nach Spendern, da die Vorräte an Blutkonserven knapp sind.

Nebensätze beginnen meist mit einem Einleitewort. In eingeleiteten Nebensätzen steht am Ende die gebeugte Verbform. Eingeleitete Nebensätze können Konjunktionalsätze oder Relativsätze sein.

1. Konjunktionalsätze

→ Seite 127 Wiederholung aus Klasse 7

Konjunktionalsätze werden durch Konjunktionen eingeleitet (dass, weil, ob, ...).

Konjunktionalsätze sind ein Satzglied des Hauptsatzes. Man nennt sie deshalb auch Gliedsätze. Es gibt Subjekt-, Objekt- und Adverbialsätze, z. B.:

Dass die Jugendmannschaft so erfolgreich war, hat zu Beginn der Saison den sportlichen Durchbruch bedeutet.

NS , HS . **Subjektsatz** – Wer oder was?

Der Erfolg der Jugendmannschaft hat zu Beginn der Saison bedeutet, dass die Aufstiegschancen deutlich gestiegen sind.

HS , NS . **Objektsatz** – Wen oder was?

Der Erfolg der Jugendmannschaft hat, als die Saison begann, den sportlichen Durchbruch bedeutet.

HS , NS , HS . **Adverbialsatz** – Wann?

2. Relativsätze

→ Seite 127 Wiederholung aus Klasse 7

Relativsätze werden durch Relativpronomen eingeleitet (welche, welcher, welches, welchem, welchen, der, die, das, dem, den, ...). Vor dem Relativpronomen kann eine Präposition stehen. Relativsätze sind Teil eines Satzgliedes und bestimmen ein Substantiv/Nomen näher. Relativsätze sind Attributsätze, z. B.:

- *Die Biologin fand eine **Korallenschlange**, **welche** nicht besonders groß wird, und brachte sie ins Institut.*
- *Das **Gift** der Korallenschlange, **das** die Biologen erforschen, ist sehr gefährlich.*
- *Das Gift der **Korallenschlange**, **die** durch ihre auffällige Färbung gut zu erkennen ist, bedeutet eine tödliche Gefahr für das Opfer.*
- *Der **Biss** einer Korallenschlange, gegen **den** man sich durch festes Schuhwerk schützen kann, führt zu ernsten gesundheitlichen Problemen.*

Unregelmäßige Verben

Grundform	Präsens	Präteritum	Perfekt
befehlen	du befiehlst	ich befahl	ich habe befohlen
beißen	du beißt	ich biss	ich habe gebissen
biegen	du biegst	ich bog	ich habe gebogen
binden	du bindest	ich band	ich habe gebunden
bitten	du bittest	ich bat	ich habe gebeten
blasen	du bläst	ich blies	ich habe geblasen
bleiben	du bleibst	ich blieb	ich bin geblieben
brechen	du brichst	ich brach	ich habe gebrochen
brennen	es brennt	es brannte	es hat gebrannt
bringen	du bringst	ich brachte	ich habe gebracht
denken	du denkst	ich dachte	ich habe gedacht
dürfen	du darfst	ich durfte	ich habe gedurft
essen	du isst	ich aß	ich habe gegessen
fahren	du fährst	ich fuhr	ich bin gefahren
fallen	du fällst	ich fiel	ich bin gefallen
fangen	du fängst	ich fing	ich habe gefangen
finden	du findest	ich fand	ich habe gefunden
fliegen	du fliegst	ich flog	ich bin geflogen
fliehen	du fliehst	ich floh	ich bin geflohen
fließen	es fließt	es floss	es ist geflossen
fressen	es frisst	es fraß	es hat gefressen
frieren	du frierst	ich fror	ich habe gefroren
geben	du gibst	ich gab	ich habe gegeben
gehen	du gehst	ich ging	ich bin gegangen
geschehen	es geschieht	es geschah	es ist geschehen
gewinnen	du gewinnst	ich gewann	ich habe gewonnen
gießen	du gießt	ich goss	ich habe gegossen
graben	du gräbst	ich grub	ich habe gegraben
greifen	du greifst	ich griff	ich habe gegriffen
haben	du hast	ich hatte	ich habe gehabt
halten	du hältst	ich hielt	ich habe gehalten
hauen	du haust	ich haute	ich habe gehauen
heißen	du heißt	ich hieß	ich habe geheißen
helfen	du hilfst	ich half	ich habe geholfen
kennen	du kennst	ich kannte	ich habe gekannt
klingen	es klingt	es klang	es hat geklungen
kommen	du kommst	ich kam	ich bin gekommen
können	du kannst	ich konnte	ich habe gekonnt
kriechen	du kriechst	ich kroch	ich bin gekrochen
lassen	du lässt	ich ließ	ich habe gelassen
laufen	du läufst	ich lief	ich bin gelaufen
lesen	du liest	ich las	ich habe gelesen
liegen	du liegst	ich lag	ich habe gelegen
lügen	du lügst	ich log	ich habe gelogen
messen	du misst	ich maß	ich habe gemessen
mögen	du magst	ich mochte	ich habe gemocht
müssen	du musst	ich musste	ich habe gemusst

Grundform	Präsens	Präteritum	Perfekt
nehmen	du nimmst	ich nahm	ich habe genommen
pfeifen	du pfeifst	ich pfiff	ich habe gepfiffen
raten	du rätst	ich riet	ich habe geraten
reißen	du reißt	ich riss	ich habe gerissen
reiten	du reitest	ich ritt	ich bin geritten
rennen	du rennst	ich rannte	ich bin gerannt
riechen	du riechst	ich roch	ich habe gerochen
rufen	du rufst	ich rief	ich habe gerufen
schieben	du schiebst	ich schob	ich habe geschoben
schießen	du schießt	ich schoss	ich habe geschossen
schlafen	du schläfst	ich schlief	ich habe geschlafen
schlagen	du schlägst	ich schlug	ich habe geschlagen
schleichen	du schleichst	ich schlich	ich bin geschlichen
schließen	du schließt	ich schloss	ich habe geschlossen
schneiden	du schneidest	ich schnitt	ich habe geschnitten
schreiben	du schreibst	ich schrieb	ich habe geschrieben
schreien	du schreist	ich schrie	ich habe geschrien
schweigen	du schweigst	ich schwieg	ich habe geschwiegen
schwimmen	du schwimmst	ich schwamm	ich bin geschwommen
sehen	du siehst	ich sah	ich habe gesehen
sein	du bist	ich war	ich bin gewesen
singen	du singst	ich sang	ich habe gesungen
sinken	du sinkst	ich sank	ich bin gesunken
sitzen	du sitzt	ich saß	ich habe gesessen
sprechen	du sprichst	ich sprach	ich habe gesprochen
springen	du springst	ich sprang	ich bin gesprungen
stechen	du stichst	ich stach	ich habe gestochen
stehen	du stehst	ich stand	ich habe gestanden
stehlen	du stiehlst	ich stahl	ich habe gestohlen
steigen	du steigst	ich stieg	ich bin gestiegen
sterben	er stirbt	er starb	er ist gestorben
stinken	es stinkt	es stank	es hat gestunken
stoßen	du stößt	ich stieß	ich habe gestoßen
streichen	du streichst	ich strich	ich habe gestrichen
streiten	du streitest	ich stritt	ich habe gestritten
tragen	du trägst	ich trug	ich habe getragen
treffen	du triffst	ich traf	ich habe getroffen
trinken	du trinkst	ich trank	ich habe getrunken
tun	du tust	ich tat	ich habe getan
vergessen	du vergisst	ich vergaß	ich habe vergessen
verlieren	du verlierst	ich verlor	ich habe verloren
verzeihen	du verzeihst	ich verzieh	ich habe verziehen
wachsen	du wächst	ich wuchs	ich bin gewachsen
waschen	du wäschst	ich wusch	ich habe gewaschen
werden	du wirst	ich wurde	ich bin geworden
werfen	du wirfst	ich warf	ich habe geworfen
wissen	du weißt	ich wusste	ich habe gewusst
ziehen	du ziehst	ich zog	ich habe gezogen
zwingen	du zwingst	ich zwang	ich habe gezwungen

Verben mit festen Präpositionen

Verb	Präposition	Beispiel
abhängen	von + Dativ	*„Gehst du mit zum Baden?" – „Das hängt von der Witterung ab."*
achten	auf + Akkusativ	*Wir achten auf eine lesbare Handschrift.*
anfangen	mit + Dativ	*Sie wollen mit der Diskussion anfangen.*
ankommen	auf + Akkusativ	*Es kommt auf jeden Schüler an.*
antworten	auf + Akkusativ	*Antwortet auf jede Frage.*
sich ärgern	über + Akkusativ	*Ich habe mich sehr über ihn geärgert.*
aufhören	mit + Dativ	*Hört endlich mit dem Streiten auf!*
aufpassen	auf + Akkusativ	*Pass auf deine Sachen auf!*
sich aufregen	über + Akkusativ	*Warum regst du dich über ihn auf?*
ausgeben	für + Akkusativ	*Er gibt sein ganzes Geld für Klamotten aus.*
sich bedanken	bei + Dativ für + Akkusativ	*Sie bedankte sich bei ihren Eltern für die Hilfe.*
sich bemühen	um + Akkusativ	*Bemüht euch um eine deutliche Aussprache!*
berichten	über + Akkusativ	*Die Zeitung berichtete über den Vorgang.*
sich beschweren	bei + Dativ über + Akkusativ	*Sie hat sich bei meiner Mutter über mich beschwert.*
bestehen	aus + Dativ	*Die Prüfung besteht aus einem Aufsatz und einem Referat.*
sich beteiligen	an + Dativ	*Alle beteiligen sich an dem Wettkampf.*
sich bewerben	um + Akkusativ	*Sie bewerben sich um einen Praktikumsplatz.*
bitten	um + Akkusativ	*Er bat alle um einen Beitrag.*
denken	an + Akkusativ	*Hast du an mich gedacht?*
diskutieren	über + Akkusativ	*Wir diskutieren oft über die Schule.*
einladen	zu + Dativ	*Ich möchte dich zur Geburtstagsfeier einladen.*
sich entscheiden	für + Akkusativ	*Für welches Thema entscheidet ihr euch?*
sich entschließen	zu + Dativ	*Sie entschlossen sich zu einer Winterwanderung.*
sich entschuldigen	bei + Dativ für + Akkusativ	*Er muss sich bei ihm für sein Verhalten entschuldigen.*
erfahren	von + Dativ	*Warum erfahre ich erst heute von dieser Sache?*
sich erholen	von + Dativ	*Hier kann man sich von den Anstrengungen erholen.*
sich erinnern	an + Akkusativ	*Erinnerst du dich an mich?*
erkennen	an + Dativ	*Die Fans erkennt man an den roten Mützen.*
sich erkundigen	nach + Dativ	*Sie hat sich nach dir erkundigt.*
erschrecken	über + Akkusativ	*Erschrick nicht über meine Haarfarbe!*
erzählen	über + Akkusativ von + Dativ	*Sie erzählen viel über ihren Urlaub.* *Sie erzählen viel von ihrem Urlaub.*
fragen	nach + Dativ	*Er fragt nie nach den Hausaufgaben.*
sich freuen	auf + Akkusativ über + Akkusativ	*Wir freuen uns auf die Ferien.* *Ich habe mich sehr über deine Karte gefreut.*
gehören	zu + Dativ	*Welche Länder gehören zur Europäischen Union?*
gewöhnen	an + Akkusativ	*Sie muss sich erst an die Familie gewöhnen.*
gratulieren	zu + Dativ	*Wir gratulieren dir zu deinem Erfolg.*
sich handeln	um + Akkusativ	*Es handelt sich um eine vertrauliche Sache.*
handeln	von + Dativ	*Das Buch handelt von einem kleinen Mädchen.*
helfen	bei + Dativ	*Wer hat dir bei den Hausaufgaben geholfen?*
hindern	an + Dativ	*Die Musik hindert mich an der Arbeit.*
hoffen	auf + Akkusativ	*Ich hoffe auf einen Zufall.*

Verb	Präposition	Beispiel
hören	von + Dativ	*Hast du etwas von ihr gehört?*
sich informieren	über + Akkusativ	*Informiere dich im Internet über das Buch!*
sich interessieren	für + Akkusativ	*Wir interessieren uns für die politischen Fragen.*
klagen	über + Akkusativ	*Sie klagen über das schlechte Essen.*
kämpfen	für + Akkusativ um + Akkusativ	*Diese Gruppe kämpft für gleiche Rechte.* *Er kämpft um sie.*
sich kümmern	um + Akkusativ	*Habt ihr euch auch um die Einladung gekümmert?*
lachen	über + Akkusativ	*Warum lachst du immer über mich?*
leiden	an + Dativ unter + Dativ	*Er leidet an einer seltenen Krankheit.* *Er leidet unter dem Erfolgsdruck.*
nachdenken	über + Akkusativ	*Denkt erst über die Vorteile nach!*
protestieren	gegen + Akkusativ	*Sie protestieren gegen ihre Entlassung.*
rechnen	mit + Dativ	*Ich rechne mit einer Zwei in der Arbeit.*
reden	über + Akkusativ von + Dativ	*Sie redet nicht gerne über diese Sache.* *Er redet die ganze Zeit von seiner Freundin.*
sagen	über + Akkusativ zu + Dativ	*Hat sie etwas über mich gesagt?* *Zu diesem Thema kann ich leider nichts sagen.*
schimpfen	über + Akkusativ	*Schimpf nicht immer über die anderen.*
schreiben	an + Akkusativ über + Akkusativ	*Sie schreibt eine Mail an ihren Freund.* *Hat sie dir über unser Treffen geschrieben?*
sein	für + Akkusativ gegen + Akkusativ	*Ich bin für ein Handyverbot in der Schule.* *Ich bin gegen einheitliche Schulkleidung.*
sorgen	für + Akkusativ	*Wer sorgt jetzt für die Kinder?*
sprechen	mit + Dativ über + Akkusativ	*Wir sprachen mit dem Autor über sein Buch.*
streiten	mit + Dativ über + Akkusativ	*Warum musst du immer mit mir streiten?* *Über diese Sache lässt sich streiten.*
teilnehmen	an + Dativ	*Wirst du an der Versammlung teilnehmen?*
telefonieren	mit + Dativ	*Mit wem telefonierst du?*
sich treffen	mit + Dativ zu + Dativ	*Sie hat sich mit mir getroffen.* *Wir treffen uns dort zu einer kleinen Beratung.*
sich überzeugen	von + Dativ	*Überzeuge dich selbst von ihrem Können!*
sich unterhalten	mit + Dativ über + Akkusativ	*Ich unterhalte mich gerne mit ihm über neue Filme.*
sich verabreden	mit + Dativ	*Er verabredet sich mit seiner Freundin.*
sich verabschieden	von + Dativ	*Ich muss mich jetzt von euch allen verabschieden.*
vergleichen	mit + Dativ	*Vergleiche den Hauptsatz mit dem Nebensatz.*
sich verlassen	auf + Akkusativ	*Ich habe mich fest auf deine Hilfe verlassen.*
sich verlieben	in + Akkusativ	*Er verliebte sich sofort in sie.*
sich verstehen	mit + Dativ	*Wie versteht ihr euch mit ihm?*
verstehen	von + Dativ unter + Dativ	*Sie versteht viel von moderner Kunst.* *Was verstehst du unter diesem Begriff?*
sich vorbereiten	auf + Akkusativ	*Wir haben uns gut auf die Arbeit vorbereitet.*
warnen	vor + Dativ	*Alle haben mich vor den Hunden gewarnt.*
warten	auf + Akkusativ	*Auf wen wartest du?*
wissen	von + Dativ	*Ich habe nichts von dieser Aufgabe gewusst.*
sich wundern	über + Akkusativ	*Ich wundere mich über diesen Termin.*
zuschauen	bei + Dativ	*Darf ich Ihnen bei der Arbeit zuschauen?*
zusehen	bei + Dativ	*Alle sehen ihr beim Fußballspielen zu.*
zweifeln	an + Dativ	*Ich zweifle an deiner Zuverlässigkeit.*

Arbeitstechniken

Lernbereich: Sprechen, Zuhören, Spielen

→ Seite 8 ff., 121, 123
Wiederholung aus Klasse 7

Sich auf eine Diskussion vorbereiten

1. Durchdenke das Problem oder die Fragestellung genau.
2. Lege dich nicht spontan auf einen Standpunkt fest, sondern überlege, was dafürspricht (PLUS), was dagegenspricht (MINUS) und was man noch wissen müsste (INTERESSANT).
3. Unterscheide Wichtiges von Unwichtigem.
4. Beschaffe dir gegebenenfalls weitere Informationen.
5. Entscheide dich für einen Standpunkt und lege dir die Argumente zurecht.
6. Bedenke auch, welche Gegenargumente andere vorbringen könnten.

→ Seite 8 ff.
Wiederholung aus Klasse 7

Konflikte im Gespräch lösen

1. Bemühe dich, nicht laut zu werden.
2. Zeige keine drohenden Gesten.
3. Höre dir die Meinung des anderen an, ohne ihn zu unterbrechen.
4. Vermeide Verallgemeinerungen.
5. Antworte auf Vorwürfe nicht mit Gegenvorwürfen.
6. Gehe auf den anderen ein, versuche ihn zu verstehen.
7. Triff Vereinbarungen.

→ Wiederholung aus Klasse 7

Ein Interview vorbereiten

1. Lege das Thema für das Interview fest.
2. Lege fest, welche Personen befragt werden sollen.
3. Kläre ab, was im Zusammenhang mit dem Thema interessant sein könnte, und notiere, was du deinen Interviewpartner fragen willst.
4. Bereite die Fragen vor:
   - Formuliere **Entscheidungsfragen**, wenn du eindeutige Antworten benötigst, zum Beispiel, wenn du schnell auswerten und auszählen willst.
   - Formuliere **Ergänzungsfragen** oder fordere durch eine Behauptung eine Stellungnahme heraus, wenn du mehr erfahren willst.
5. Entscheide, ob du die Antworten aufnehmen und anschließend aufschreiben oder ob du sie während des Interviews mitschreiben willst.
   Lege die nötigen Materialien bereit (Papier, Stift, ...).

→ Seite 158
Wiederholung aus Klasse 7

Eine Umfrage vorbereiten

1. Kläre, welche Daten gebraucht werden, z. B. Alter, Geschlecht, Schulbildung.
2. Formuliere die Fragen so, dass nur eindeutige Antworten möglich sind (ja, nein, ich weiß nicht).
3. Stelle die Fragen so, dass man die Umfrage insgesamt gut auswerten kann.

Ein Referat vorbereiten und halten

→ Seite 31, 185, 201 Wiederholung aus Klasse 7

1. Das Referat vorbereiten:
   - Lege das genaue Thema fest.
   - Stelle einen Zeitplan für die Arbeit auf.
2. Material/Informationen sammeln und auswerten:
   - Sammle möglichst viel Material.
   - Wähle Wichtiges aus. Notiere Schlüsselwörter.
   - Verwende für Notizen Karteikarten.
3. Einen Verlaufsplan bzw. einen Sprechzettel anfertigen:
   - Notiere in Stichworten, welche Informationen du weitergeben willst.
   - Formuliere den Einleitungs- und den Schlusssatz.
4. Den Vortrag proben:
   Übe den Vortrag so lange, bis du dich sicher fühlst.

Einen Rollentext auswendig lernen

→ Wiederholung aus Klasse 6

1. Lies einen Satz, decke ihn ab und wiederhole ihn auswendig.
2. Lerne zuerst nur einen Satz, danach zwei, dann drei usw. auswendig.
3. Bitte einen Partner, den Text der anderen Darsteller zu lesen, oder nimm den Text mit einem Aufnahmegerät auf.
4. Präge dir für deinen Einsatz jeweils das letzte Wort deines Vorredners ein.

Ein Rollenspiel durchführen

→ Seite 48, 63 Wiederholung aus Klasse 6

In einem Rollenspiel lernen alle: Spieler und Beobachter.
Die Spieler übernehmen eine Rolle. Ihr Verhalten wird vorher abgesprochen.
Sie spielen nicht sich selbst, bringen aber ihre Erfahrungen mit ein.
Die Beobachter beobachten und beurteilen die angebotenen Lösungen.
Sie beurteilen aber nicht die schauspielerische Leistung.

Eine Geschichte mit Pointe erzählen

→ Wiederholung aus Klasse 7

1. Notiere in Stichworten alles Wichtige in der richtigen Reihenfolge.
2. Erzähle die Geschichte zunächst mithilfe der Stichworte nach:
   - Füge nichts Neues hinzu.
   - Gib die Pointe ganz genau, aber nicht zu früh wieder.
   - Erzähle im Präteritum.
3. Versuche jetzt, aus dem Gedächtnis zu erzählen. Unterstütze dabei die Erzählung mit Gestik und Mimik, verändere deine Stimme, wenn es nötig ist (z. B. wenn du etwas wiedergibst, das in der Geschichte in wörtlicher Rede steht).

→ Wiederholung aus Klasse 6

Eine Geschichte mit eigenen Worten nacherzählen

1. Notiere beim Lesen alles Wichtige in Stichworten. Achte auf die gegebene Reihenfolge. Oft ist es für das Nacherzählen auch wichtig, sich die wörtliche Rede zu notieren.
2. Erzähle die Geschichte anhand deiner Stichworte nach:
   - Füge nichts Neues hinzu.
   - Verwende die wörtliche Rede, wenn sie im Text vorkommt.
   - Erzähle im Präteritum.

→ Wiederholung aus Klasse 5

Von Erlebnissen erzählen

1. Wähle ein Erlebnis aus, das für andere interessant ist.
2. Denke daran, dass die Zuhörer von dem, was du erzählen willst, nichts wissen.
3. Mache deine Geschichte spannend. Versuche die Spannung langsam zu steigern und komm nach dem Erzählhöhepunkt zügig zum Ende.
4. Unterstütze deine Erzählung durch passende und auch ungewöhnliche Wörter. Bilde verständliche, nicht zu lange Sätze.
5. Achte auf Mimik und Gestik; mit deiner Körpersprache kannst du die Erzählung eindringlicher gestalten.
6. Beachte die Reaktionen deiner Zuhörer: Komm zur Sache oder steigere die Spannung, wenn das Interesse nachlässt. Du kannst auch Fragen stellen, auf die du keine Antwort erwartest. So erhöhst du die Aufmerksamkeit.

Lernbereich: Schreiben

→ Seite 144, 168 ff.

Eine Inhaltsangabe schreiben

1. Lies den Text aufmerksam, kläre den Inhalt schwieriger Textstellen sowie unbekannte Wörter.
2. Formuliere den Einleitungssatz (Titel, Textart, Verfasser und worum es geht).
3. Beantworte W-Fragen (Wer? Was? Wo? Wann? Warum?) oder erstelle ein Inhaltsdiagramm (Handlungsablauf in Überschriften).
4. Schreibe das Wichtigste in verständlichen Sätzen und verbinde diese zu einem Text. Nutze dabei Wörter wie *zunächst, anschließend, danach, später, schließlich, dann, zuerst, …*
5. Schreibe im Präsens. Vermeide die wörtliche Rede.

→ Seite 72 ff.

Ein Bewerbungsschreiben verfassen

1. Achte auf die Form: sauberes, weißes DIN-A4-Papier, Rand, richtige Einteilung, Absätze, Computerfassung oder saubere handschriftliche Fassung.
2. Nimm alles Wichtige auf: Absender, Anschrift, Ort und Datum, Betreff/Bezug, Anrede, Berufswunsch, Begründung, Vorstellungswunsch, Grußformel, handschriftliche Unterschrift, Anlagenverweis.

3. Schreibe richtig und gut: Anredepronomen großschreiben, keine Rechtschreibfehler, keine Zeichenfehler, keine Trennungsfehler, keine unvollständigen oder falschen Sätze, keine unpassenden Ausdrücke oder Umgangssprache, angemessene Wortwahl, keine Wiederholungen.

Einen tabellarischen Lebenslauf schreiben

→ Seite 77

1. Nimm alle wichtigen Daten als einzelne Punkte in dieser Reihenfolge in den Lebenslauf auf:
   - Name
   - Anschrift
   - Geburtsdatum
   - Geburtsort
   - Familie
   - Schulbildung
   - Sprachkenntnisse
   - besondere andere Kenntnisse und Fähigkeiten, Hobbys
2. Am Ende des Lebenslaufes nicht vergessen:
   - Ort
   - Datum
   - Unterschrift
3. Verwende sauberes, weißes DIN-A4-Papier.
4. Achte auf die Form: richtige Randbreite und Einteilung des Blattes, Absätze.
5. Schreibe richtig: Vermeide Rechtschreibfehler (nutze das Rechtschreibprogramm des PC).
6. Verwende keine unpassenden Ausdrücke oder Umgangssprache, achte auf angemessene Wortwahl. Vermeide Wiederholungen.

Ein Protokoll schreiben

→ Seite 98 ff.

1. Gib im Protokollkopf an:
   - das Fach / den Anlass
   - die Klasse (Teilnehmer)
   - das Thema
   - das Datum und die Zeit
   - den Namen des Protokollierenden
2. Gliedere den Hauptteil:
   - Trenne Wichtiges von Unwichtigem.
   - Beachte die Reihenfolge der Unterpunkte.
   - Halte wichtige Ergebnisse fest.
   - Formuliere knapp, aber genau.
   - Verwende das Präsens.
3. Beende das Protokoll mit Datum und Unterschrift.

→ Seite 101

Etwas mitschreiben

1. Schreibe in Stichworten mit.
2. Verwende Abkürzungen.
3. Unterstreiche Wichtiges in deinen Notizen.
4. Notiere verkürzte Sätze, die du aber später noch verstehst.
5. Lass auf dem Blatt einen breiten Rand für spätere Zusammenfassungen.

→ Seite 87 ff.
Wiederholung aus Klasse 7

Einen Bericht schreiben

1. Schreibe den Bericht kurz, genau, sachlich.
2. Gib Antworten auf folgende Fragen:
   Was? – das Geschehen in der richtigen Reihenfolge
   Wo? – Ort des Geschehens
   Wer? – beteiligte Personen
   Wann? – der genaue Zeitpunkt des Geschehens
   Warum? – Grund und Folge des Geschehens
3. Schreibe im Präteritum (Vergangenheit).

→ Seite 92 ff.
Wiederholung aus Klasse 6

Einen Vorgang beschreiben

1. Bezeichne genau, welche Gegenstände oder Zutaten gebraucht werden.
2. Beschreibe treffend, welche Tätigkeiten ausgeführt werden müssen.
3. Beachte die Reihenfolge genau.
4. Achte auf Satzanfänge, die deutlich machen, in welcher Reihenfolge etwas geschieht, z. B.:
   Zuerst … ; Als Erstes … ; Anschließend … ; Als Nächstes … ; Dann … ; Danach … ; Jetzt … ; Nun … ; Schließlich … ; Zum Schluss … ; Als Letztes …
5. Verwende das Präsens.

→ Seite 49
Wiederholung aus Klasse 6

Eine Einladung schreiben

1. Inhalt:
Nenne das Ereignis, zu dem du einlädst. Gib an, wer das Ereignis veranstaltet und wer einlädt. Informiere über das Datum, die Uhrzeit und den Veranstaltungsort. Gib an, ob man sich anmelden und ob man Eintritt bezahlen muss.

2. Form:
Entscheide, welche Form die Einladung haben soll (Einladungskarte, Einladungsbrief, Plakat, Flyer, E-Mail, Anzeige in einer Zeitung).

3. Gestaltung:
Ordne die Inhalte klar und übersichtlich an (Tabelle, fortlaufender Text). Hebe wichtige Inhalte hervor (Überschrift als Blickfang, Unterstreichungen, große Schrift, Farben). Entscheide, ob Zeichnungen oder Fotos verwendet werden sollen.

Etwas mit Schrift gestalten

→ Seite 49 Wiederholung aus Klasse 7

1. Nimm dir Zeit zum Schreiben.
2. Probiere verschiedene Schriften, Schreibwerkzeuge und Materialien aus.
3. Fertige zwei oder drei Entwürfe an. Entscheide, welcher am besten zu deinem Anliegen passt.
4. Markiere für die Reinschrift, wo genau du schreiben willst (Hilfslinien, Orientierungspunkte).

Ein Wörternetz knüpfen

→ Seite 109, 111 Wiederholung aus Klasse 7

Mithilfe eines Wörternetzes kann man Ideen für eine Geschichte sammeln:

1. Schreibe ein wichtiges Wort, das in der Geschichte vorkommen soll, in die Mitte eines Blattes.
2. Überlege, welche Wörter dir dazu einfallen.
3. Schreibe sie um das Wort herum.

Ein Wörternetz kann man auch nutzen, wenn man z. B. Wörter zu einem Wortfeld sammeln will.

Eine Begebenheit wirkungsvoll erzählen

→ Wiederholung aus Klasse 7

1. Wähle eine Begebenheit aus – erfunden oder wahr –, die für die Leser (oder auch Zuhörer) interessant ist.
2. Füge wirklichkeitsnahe Angaben ein: Wem ist das passiert? Wann war das? Wer war dabei / hat davon gehört? Wie ist das verlaufen? Wo ist das geschehen? Wie ist alles ausgegangen?
3. Gestalte deine Geschichte spannend: Versuche, die Spannung allmählich zu steigern und führe sie nach dem Höhepunkt zügig zum Ende.
4. Unterstütze deine Erzählung durch passende und auch ungewöhnliche Wörter, z. B.: ein *atemberaubender* Anblick, *schwindelerregende* Höhe.
5. Bilde kurze, verständliche Sätze.

Interessant und spannend schreiben

→ Wiederholung aus Klasse 5

1. Denke daran, dass die Leser dein Erlebnis nicht kennen. Schreibe, wann und wo etwas geschehen ist, wer daran beteiligt war usw.
2. Die Geschichte wird spannender, wenn du solche Zeitangaben verwendest: *plötzlich, auf einmal, gerade als, …* Auch durch Adjektive kannst du die Spannung erhöhen: *stockdunkel, gefährlich, …*
3. Erinnere dich daran, was du während des Erlebnisses gedacht und gefühlt hast, z. B.: *Was war das? Ob das gut geht? Ich hatte Herzklopfen. Ich zitterte, …*
4. Schreibe auch, was gesprochen wurde. Verwende dazu die direkte Rede.
5. Gib deiner Geschichte eine interessante Überschrift, die neugierig macht, aber nicht zu viel verrät.

→ Seite 79
Wiederholung
aus Klasse 5

Eine Schreibkonferenz durchführen

1. Setze dich mit anderen in einer Gruppe zusammen. Die Gruppe bildet eine Redaktion.
2. Einer aus der Gruppe liest seine Geschichte vor. Im Anschluss könnt ihr Fragen stellen, falls euch etwas in der Geschichte unklar sein sollte.
3. Beantwortet folgende Fragen: Was hat euch an der Geschichte besonders gut gefallen? Warum? Was hat euch nicht gefallen? Warum? Konntet ihr der Geschichte bis zum Schluss folgen oder gab es „Erzähllöcher"? Passt die Überschrift zum Text? Weckt sie das Interesse der Zuhörer/Leser?
4. Überarbeitet anschließend eure Geschichten.

→ Wiederholung
aus Klasse 6

Eine Geschichte mithilfe eines Erzählplans weiterschreiben

1. Überlege, welche Möglichkeiten es für den Fortgang der Geschichte gibt (z. B. wie die Personen handeln könnten). Entscheide dich für eine Möglichkeit. Schreibe deine Entscheidung auf.
2. Überlege, was dann passieren könnte. Dabei kommst du wieder an einen Entscheidungspunkt. Notiere deine Entscheidung.
3. Durchdenke auf diese Weise die gesamte Geschichte. Halte die einzelnen Erzählschritte fest und entwirf so einen Erzählplan.
4. Gehe nun mithilfe deines Erzählplans in Gedanken deine Geschichte durch: Ist sie stimmig? Fehlt etwas?
5. Schreibe die Geschichte anhand deiner Notizen auf.

Lernbereich: Lesen und Literatur – Umgang mit Texten und Medien

→ Seite 130 ff.

Ein Gedicht erarbeiten

1. Lies das Gedicht mehrmals, auch laut.
2. Stelle fest, um welches Thema es geht.
   Fasse den Inhalt (Strophe für Strophe) zusammen.
3. Kläre fremde oder nicht bekannte Wörter.
4. Untersuche die Form und Gestaltung (Reim, Bilder, Vergleiche, Personifizierung – Der Tag leuchtet, …).
5. Überlege, wie das Gedicht wirkt und was damit beabsichtigt sein könnte.
6. Bewerte das Gedicht abschließend. Begründe dein Urteil.

→ Seite 135, 207
Wiederholung
aus Klasse 7

Ein Gedicht auswendig lernen

1. Lerne das Gedicht strophenweise.
2. Wiederhole die bereits gelernten Strophen immer wieder.
3. Mache zwischen den Lernphasen Pausen, damit das Gelernte im Gedächtnis verankert wird.

4. Lies das Gedicht noch einmal vor dem Schlafengehen oder sage es in Gedanken auswendig auf. So behältst du es besser.
5. Wiederhole den Text in immer größer werdenden Zeitabständen an mehreren Tagen, bis du ihn nicht mehr vergisst.

Ein Gedicht wirkungsvoll vortragen

→ **Seite 130 ff., 171, 207 Wiederholung aus Klasse 7**

1. Übe den Gedichtvortrag vor einem Spiegel: Schaue dich an und kontrolliere deine Haltung.
2. Stehe entspannt und selbstbewusst. Achte auf ein angemessenes Sprechtempo, mache an den passenden Stellen Pausen.
3. Warte beim Vortrag vor Zuhörern so lange, bis es ganz ruhig geworden ist.
4. Schaue während deines Vortrags die Zuhörer an.
5. Unterstütze deinen Vortrag durch Mimik und Gestik. Du kannst dabei einen Gegenstand, der mit dem Inhalt des Gedichts zu tun hat, als Requisite verwenden, z. B. einen Handschuh bei der Ballade „Der Handschuh".
6. Bleibe nach dem Vortrag noch einen Moment stehen, bis sich die Spannung bei den Zuhörern gelöst hat.

Einen literarischen Text genau lesen und verstehen

→ **Seite 10, 15, 26/27, 44–47, 53, 66, 80, 140 ff., 144 f., 153, Wiederholung aus Klasse 7**

1. Immer, wenn du beim Lesen zu einer wichtigen Information kommst, stellst du dazu eine kurze W-Frage:
   Was geschieht?
   Wer tut etwas?
   Wann ereignet es sich?
   Wo passiert es?
   Warum kommt es dazu?
2. Beantworte die Frage, notiere die Antwort in Stichworten und lies weiter bis zur nächsten Information.
3. Wenn zu dem Text Bilder oder Grafiken gehören, prüfe, ob diese weitere Informationen enthalten.
4. Ordne deine Notizen beim Aufschreiben.
5. Fasse den Text nach dem Lesen anhand deiner Notizen mit eigenen Worten zusammen.

Das Vorlesen eines Textes vorbereiten

→ **Seite 207 Wiederholung aus Klasse 7**

1. Lies den Text einige Male halblaut.
2. Mache bei jedem Satzzeichen eine Pause.
3. Senke bei einem Punkt die Stimme.
4. Entscheide, wo du laut und wo du eher leise sprechen willst.
5. Überlege, welche Stellen du besonders betonen willst.

→ Seite 120 ff., 190 ff., 198 ff. Wiederholung aus Klasse 7

Einen Sachtext lesen und verstehen

Vor dem Lesen
Orientiere dich anhand der Überschrift und evtl. vorhandener Diagramme und Bilder über das Thema.

Überblickslesen
Verschaffe dir einen Überblick über den Textinhalt:
- Erfasse den Aufbau des Textes (Ist er in Abschnitte gegliedert, enthält er Zwischenüberschriften, Hervorhebungen, ...?).
- Lies die einzelnen Abschnitte kurz an und überlege, was du vermutlich aus dem Text erfahren wirst.

Genaues abschnittsweises Lesen
Lies nun Abschnitt für Abschnitt genau, schlage Unbekanntes nach.
Beantworte nach jedem Abschnitt für dich die Frage, was in dem Abschnitt steht.
Notiere das Wichtigste.

Nach dem Lesen
Denke über den gesamten Text nach: Was hast du erfahren?
Was weißt du jetzt mehr? Was siehst du jetzt anders?

→ Seite 120, 159, 178 ff.

Ein Diagramm verstehen und auswerten

1. Lies die Überschrift und alle zusätzlichen Angaben.
2. Überlege, was du schon selbst zu dem Thema weißt.
3. Untersuche, welche Angaben das Diagramm enthält:
   Welche Größen/ Zahlen sind dargestellt, wie verhalten sie sich zueinander und was sagen sie aus?
4. Stelle fest, welche Form für die Darstellung der Zahlen gewählt wurde.
5. Schlage unbekannte Begriffe nach, wenn es nötig ist.
6. Prüfe die Aktualität, die Quelle und eventuell die Art der Erhebung.
7. Fasse die Ergebnisse gedanklich zusammen:
   Was hast du durch das Diagramm erfahren, welche Absicht wird deutlich, was ist sehr wichtig, was eher unwichtig, welche Ergänzungen sind denkbar/wünschenswert?

→ Seite 123, 198

Wörter (Begriffe) aus dem Zusammenhang erschließen

1. Lies den Satz.
2. Zerlege lange Wörter in Wortbausteine, z. B.: Herz – still – stand.
3. Prüfe, was in dem Satz noch gesagt wird.
4. Lies den vorhergehenden und den folgenden Satz. Auf diese Weise kann man oft die Bedeutung eines Wortes (Begriffes) in dem besonderen Zusammenhang finden.
5. Ersetze das Wort (den Begriff) durch eine eigene Formulierung und prüfe, ob sich ein Sinn ergibt.

Sich schnell über den Inhalt eines Buches informieren

→ Seite 152 Wiederholung aus Klasse 7

1. Sieh dir den Titel und die äußere Gestaltung des Buches an. Überlege, was du daraus über den Inhalt erfährst.
2. Lies den Klappentext des Buches. Er enthält meist eine kurze Inhaltsangabe.
3. Überfliege das Inhaltsverzeichnis des Buches. Daraus erfährst du zum Beispiel, ob es um eine zusammenhängende Geschichte geht oder ob das Buch mehrere Geschichten enthält.
4. Prüfe, ob das Buch am Anfang oder Ende kurze Informationen zum Autor/zur Autorin enthält. Auch diese Informationen verraten oft etwas über den Inhalt.

Ein Buch vorstellen

→ Seite 26, 28, 152 ff. Wiederholung aus Klasse 6

1. Suche ein Buch aus, das dir gefällt.
2. Suche eine geeignete Textstelle aus, die du vorlesen willst. Prüfe beim ersten lauten Lesen, wie viel Zeit du dafür benötigst.
3. Übe nun das Lesen. Lies mehrmals, auch einzelne schwierige Textstellen. Achte auf deutliche Aussprache, angemessenes Lesetempo und passende Betonung.
4. Überlege, mit welchen Worten du deine Buchvorstellung beginnen kannst und wie du zu dem ausgewählten Textausschnitt hinleiten willst.
   Übe diese Einleitung in Form eines Kurzvortrags.

Ein Lesetagebuch führen

→ Wiederholung aus Klasse 7

In einem Lesetagebuch kannst du
- aufschreiben, was du bei einer Textstelle gedacht oder gefühlt hast,
- notieren, was du wann gelesen hast,
- eine Textstelle, die dir besonders gut gefallen hat, notieren,
- ein Bild zu einer Textstelle malen,
- Textstellen mit einem Foto oder einer Collage gestalten,
- aufschreiben, was dir an einer Textstelle gut oder nicht gut gefällt.

Lernbereich: Rechtschreibung (Rechtschreibstrategien)

→ Wiederholung aus Klasse 5

Ableiten

1. Am Wortende b – p?, d – t?, g – k? → verlängern:
   - Bei Nomen hilft: Plural bilden *(Kind – Kin der , Gruß – Grü ße).*
   - Bei Adjektiven hilft: durch ein e verlängern *(gelb – gel be).*
   - Bei Verben hilft: Grundform (Infinitiv) bilden *(du legst – lie gen).*
2. t-Signal beim Verb → Grundform bilden, in Silben sprechen (*kippt* ←→ *kippen*)
3. ä – e?, äu – eu? → im Wortstamm a/au suchen (*täglich – Tag; Bäume – Baum*)
4. h? → h am Silbenanfang hörbar machen (*zieh* ← *h* → *ziehen; dreh* ← *h* → *drehen*)

→ Seite 20, 162 ff. Wiederholung aus Klasse 5

Großschreibung von Wörtern

So kann man testen, ob ein Wort großgeschrieben wird:

- Kann man es im Satzzusammenhang mit einem Artikel kombinieren *(der, die, das, dem, den, ein, eine, …)?*
- Endet das Wort auf *-heit, -keit, -ung, -schaft, -nis* oder *-tum?*
- Steht vor dem Wort eine Präposition (*auf* Biegen und Brechen)?
- Lässt sich direkt vor das Wort ein Adjektiv setzen, welches sich dabei verändert (*schöner* Baum, *langes* Leben)?
- Stehen vor dem Wort Wörter wie *alles, wenig, nichts, etwas, viel?*
- Ist das Wort ein Anredepronomen für eine Person, die mit Sie angesprochen wird?

→ Wiederholung aus Klasse 6

Eigennamen bezeichnen eine bestimmte Person oder eine bestimmte Sache, z. B.: Straßen, Gebäude, Flüsse, Institutionen *(Braunstraße, Steintor, Elbe, Ruhr-Universität).* Wenn Adjektive und Präpositionen als Teile von Eigennamen verwendet werden, schreibt man sie groß *(Breite Straße, Vor dem Alten Tor, Grünes Gewölbe, Gasthof Zum Goldenen Löwen).*

→ Seite 54 ff., 136 ff. Wiederholung aus Klasse 5

Besondere Schreibungen einprägen

Für das Einprägen von schwierigen Schreibungen gibt es viele Möglichkeiten:

1. Lies die Wörter mehrmals aufmerksam, schreibe sie und überprüfe die Schreibung selbst.
2. Schlage die Wörter im Wörterbuch nach.
3. Schreibe die Wörter in Schönschrift, gestalte sie.
4. Stelle Wörter mit ähnlicher Schreibung zusammen.
5. Schreibe die Wörter auf, unterstreiche oder markiere darin schwierige Stellen.
6. Schreibe die Wörter mit dem Finger in die Luft, auf den Tisch, …
7. Lass dir die Wörter diktieren (Partnerdiktat).
8. Diktiere die Wörter selbst jemandem und korrigiere anschließend (Partnerdiktat).
9. „Robotersprache“: Sprich die Wörter, wie man sie schreibt (z. B. Ste-war-dess).

Beim Schreiben mitsprechen

→ Seite 17
Wiederholung aus Klasse 5

1. Schreibe bewusst leserlich.
2. Sprich beim Schreiben Laut für Laut und Silbe für Silbe wie ein Roboter mit.
3. Lies nach jeder Silbe und nach jedem Wort, was da steht.
4. Berichtige Verschreibungen.

Fehlerfrei abschreiben

→ Seite 162 ff.
Wiederholung aus Klasse 6

1. Lies zuerst den ganzen Text, damit du den Inhalt verstehst.
2. Lies jetzt den ersten Satz, präge dir die erste Wortgruppe ein, decke sie ab und schreibe sie auswendig auf.
3. So schreibst du Wortgruppe für Wortgruppe auf. Achte auf besondere und schwierige Wörter sowie auf die Satzzeichen.
4. Vergleiche jeden Satz genau und prüfe, ob du Fehler gemacht hast.
5. Berichtige den Text.

Korrektur lesen

→ Seite 19
Wiederholung aus Klasse 6

1. Lies den Text langsam und aufmerksam durch, sodass du den Sinn verstehst.
   Ergänze fehlende Wörter und entferne Wörter, die zu viel sind.
   Berichtige Fehler, die du sofort erkennst.
2. Lies silbenweise Wort für Wort (beim letzten Wort des Textes beginnen).
   Lies nur das, was da steht. Berichtige falsche Buchstaben. Leite ab und verlängere, damit du in Zweifelsfällen den richtigen Buchstaben herausfindest.
3. Lies den Text noch einmal durch und achte auf
   - die Großschreibung,
   - die Zeichensetzung.
4. Schlage unbekannte Wörter in einem Wörterbuch nach. Nutze auch ein Wörterbuch bei Wörtern, bei denen du dir nicht ganz sicher bist.

Ein Selbstdiktat schreiben

→ **Wiederholung aus Klasse 7**

Bei einem Selbstdiktat geht man so vor:

1. Zuerst den ganzen Text lesen (den Inhalt verstehen).
2. Danach den ersten Satz lesen und einprägen.
3. Den Text abdecken, den Satz aus dem Gedächtnis schreiben.
4. Den zweiten Satz lesen, abdecken, aufschreiben, usw.

→ Wiederholung aus Klasse 6

Worttrennung am Zeilenende

- **Mehrsilbige Wörter** trennt man nach Sprechsilben, die sich beim langsamen Sprechen von selbst ergeben *(Re-gen-ton-ne, Ba-de-man-tel)*.
- **Einzelne Buchstaben** am Wortanfang oder Wortende werden jedoch nicht abgetrennt *(**Ü**ber-see, **O**lym-pia-dorf)*.
- **Zusammengesetzte Wörter** werden nach ihren sprachlichen Bestandteilen getrennt *(Schluss-szene, Glas-auge, Trenn-übung, See-elefant, Druck-erzeugnis)*.
- Getrennt werden: ***pf*** und ***st*** *(A**p-f**el, Ki**s-t**e)*.
- Nicht getrennt werden: ***ch*** *(ko-**ch**en)*, ***ck*** *(ba-**ck**en)*, ***sch*** *(Ti-**sch**e)*, ***ph*** *(Pro-**ph**et)*, ***th*** *(ka-**th**olisch)*.

→ Seite 125, 128 Wiederholung aus Klasse 5

Komma bei Aufzählungen

1. Die einzelnen Glieder (Wörter oder Wortgruppen) einer Aufzählung werden durch **Kommas** voneinander getrennt *(Im Zirkus gab es Affen, Pinguine, Lamas, Elefanten, Zebras, Löwen. Im Zirkus gab es lustige Affen, niedliche Pinguine, spuckende Lamas, Elefanten mit großen Ohren, eine Gruppe Zebras, mehrere Löwen.)*.
2. Ein ***und*** oder ***oder*** ersetzt das Komma *(Lösche deinen Durst mit Wasser, Tee **oder** Fruchtsäften.)*.

→ Seite 201 Wiederholung aus Klasse 6

Im Wörterbuch nachschlagen

Erklärungen zu den verwendeten Zeichen und Abkürzungen findet man meist in den „Hinweisen für den Benutzer", z. B.:
- Ein senkrechter Strich dient zur Angabe der Silbentrennung (**Amei|sen|hau|fen**).
- Ein Strich unter einem Vokal kennzeichnet die lange, betonte Silbe (**A̲meise**).
- Ein Punkt unter einem Vokal kennzeichnet die kurze, betonte Silbe (**Ạmsel**).

In vielen Wörterbüchern stehen schwierige konjungierte (gebeugte) Formen des Verbs bei dem dazugehörigen Infinitiv (Grundform), z. B.: *stram|peln* → *strampelst, strampelte, hat/ist gestrampelt.*

Projektarbeit

→ Seite 204 Wiederholung aus Klasse 5

Regeln für Projektarbeit

1. Arbeite selbstständig und frage nur, wenn es nötig ist.
2. Störe die anderen nicht bei der Arbeit.
3. Beende erst eine Aufgabe, bevor du mit einer neuen beginnst.
4. Speichere alle Aufgaben unter einem vorher festgelegten Namen ab, damit du sie wiederfindest.
5. Drucke die fertigen Blätter aus und lege sie in den Kontroll-Ablagekasten. Du kannst die fertigen Seiten auch in einer Projektmappe abheften.

Kleines Computerlexikon

Internetrecherche

Suchmaschinen sind spezielle Webadressen, die dir bei der Suche nach Informationen im Internet helfen. Du kannst Begriffe, Themen oder Namen eingeben und erhältst dann eine geordnete Übersicht aller Internetseiten, auf denen du etwas zu deinem Suchwort finden kannst.

Link/Online-Link

Auf vielen Internetseiten befinden sich Querverweise. Ein solcher Hyperlink (Kurzform: Link) verknüpft dabei verschiedene Dokumente unterschiedlicher www-Seiten. Dies geschieht mithilfe einer besonderen Programmiersprache (HTML). Durch Anklicken eines solchen Links gelangst du direkt zu dem auf der entsprechenden www-Seite angebotenen Dokument. Auch in diesem Buch findest du viele Online-Links. Sie ermöglichen es dir, im Internet schnell und ohne Umwege zu den Themen im Buch zusätzliche Informationen zu finden sowie Texte aus dem Buch anzuhören.

Rechtschreibprüfung/-korrektur (automatische)

Wenn du in einem Textverarbeitungsprogramm arbeitest, lassen sich Rechtschreib-, Tipp- und grammatische Fehler leicht erkennen und korrigieren. Dabei hilft dir die Rechtschreibprüfung, die du so einstellen kannst, dass sie schon während des Schreibens die jeweiligen Fehler anzeigt (automatische Rechtschreibkorrektur). Auch eine Überprüfung nach Beendigung des Schreibens ist möglich.

Schulhomepage

Eine Homepage ist die Startseite (Auftaktseite), mit der sich die Benutzer (zum Beispiel Firmen, Institutionen, Privatpersonen) im Internet vorstellen. Von dort aus gelangt man meist zu einer ganzen Reihe weiterer Seiten dieses Benutzers: Die Gesamtheit aller dieser Seiten nennt man Website. Oft gibt es aber auch so genannte Links (Querverweise) zu anderen Seiten. Inzwischen verfügen auch schon viele Schulen über eine eigene Homepage. Sie stellen auf dieser ihre Einrichtung vor, berichten von ihren Aktivitäten, Exkursionen und eventuellen Schulpartnerschaften, geben Tipps zum Lernen und vieles mehr.

Tabellen erstellen

Klicke in der Menüleiste auf „Tabelle" und wähle den Unterpunkt „Tabelle einfügen". Es öffnet sich ein Fenster, in dem du zum Beispiel die Spalten- und die Zeilenanzahl deiner Tabelle festlegen kannst. Mithilfe der Standard-Tabstopps gelangst du immer schnell in die gewünschte Spalte.

Tabellenkalkulation (Information)

Mithilfe eines Tabellenkalkulationsprogramms (zum Beispiel MS-Excel, StarBase, Lotus) kannst du Zahlen und Texte in ein Arbeitsblatt (eine Tabelle) sowie Formeln und Funktionen eingeben und zur Berechnung verwenden. Diese kannst du wiederum grafisch aufbereiten, indem du dir Diagramme erstellst. Außerdem lässt sich die Darstellung einer Tabelle im Layout verändern und du kannst diese ausdrucken.

Textverarbeitungsprogramm

Diese Programme ermöglichen dir das Schreiben und Verändern von Texten im Computer. Der von dir über die Tastatur eingegebene Text wird auf dem Bildschirm angezeigt. Jederzeit kannst du während des Schreibens zum Beispiel Wörter ändern, einen Satz an eine andere Stelle setzen, Text löschen oder an jeder beliebigen Stelle einfügen. Häufig ist auch eine Rechtschreibprüfung möglich.

Thesaurus

Die meisten Textverarbeitungsprogramme enthalten ein Wörterbuch. Mithilfe dieser Wortschatzsammlung (= Thesaurus) kannst du nicht nur die Rechtschreibung überprüfen, sondern dir auch Wörter ähnlicher Bedeutung für einen Text vorschlagen lassen.

Autorenverzeichnis

Bohle, Vera wurde 1969 in Recklinghausen geboren. Als Minenräumerin war sie in vielen Krisengebieten tätig. Heute ist sie vor allem politisch tätig und engagiert sich in verschiedenen Organisationen für den Frieden.

Mein Leben als Minenräumerin (Ausschnitt), Seite 200 – 201

Chidolue, Dagmar wurde 1944 in Sensburg/Ostpreußen geboren. Sie absolvierte eine Ausbildung als Wirtschaftsprüferin und studierte später Jura und politische Wissenschaften. Seit 1975 schreibt sie Bücher für Jugendliche und Kinder, in denen sie von deren Sorgen und Problemen erzählt.

Aber Spaß muss es machen, Seite 80 – 81

Eichendorff, Joseph Freiherr von wurde 1788 in Oberschlesien auf Schloss Lubowitz geboren und starb 1857 in Neiße. Er war preußischer Beamter und hatte großen Erfolg mit seinen Novellen und Erzählungen. Aufgrund seiner vielen wunderbaren Gedichte wird er heute als einer der bedeutendsten Vertreter der deutschen Romantik bezeichnet.

Mondnacht, Seite 135

Ernst, Otto wurde 1862 in Ottensen (Holstein) geboren und starb 1926 in Groß-Flottbek bei Hamburg. Er war zunächst Volksschullehrer, seit 1901 freier Schriftsteller. Bekannt wurde vor allem die Kindheitsgeschichte seiner jüngsten Tochter „Appelschnut" aus dem Jahr 1907.

Nis Randers, Seite 170 – 171

Fontane, Theodor wurde 1819 in Neuruppin geboren und starb 1898 in Berlin. Er ist der bedeutendste Romanschriftsteller des ausgehenden 19. Jahrhunderts. Besonders populär sind seine Romane und Erzählungen wie „Effi Briest", „Irrungen, Wirrungen" sowie seine Balladen, wie z. B. „Herr von Ribbeck auf Ribbeck im Havelland".

John Maynard, Seite 166 – 167

Fritz, Walter Helmut wurde 1929 in Karlsruhe geboren. Er schrieb einige Romane und Essays, bekannt wurden aber vor allem seine Gedichte, die sich besonders durch den Einsatz sparsamer Mittel auszeichnen.

Greisin, Seite 209

Funke, Cornelia wurde 1958 in Dorsten geboren. Bevor sie selbst mit dem Schreiben begann, arbeitete sie unter anderem als Erzieherin und als Illustratorin von Kinderbüchern. Mit ihrem Roman „Herr der Diebe", der in Hollywood verfilmt wurde, gelang ihr der internationale Durchbruch. Auch die „Tintenherz"-Trilogie und die „Wilden Hühner" gehören zu den Büchern, die in zahlreiche Sprachen übersetzt wurden. Heute zählt sie weltweit zu den bekanntesten und erfolgreichsten Kinder- und Jugendbuchautorinnen.

Autobiografische Informationen, Seite 34 – 35
Informationen über Bücher der Autorin, Seite 36 – 37

Glaßbrenner, Adolf wurde 1810 in Berlin geboren, wo er 1876 auch starb. Nach einer kaufmännischen Lehre beschloss er, Journalist zu werden, war Herausgeber einer Zeitung und geriet immer wieder in Konflikt mit der politischen Zensur. Über mehrere Jahre erhielt er Berufsverbot. Aufgrund seiner politischen Satiren, die er meist in Berliner Mundart schrieb, gilt er als wichtiger gesellschaftskritischer Humorist seiner Zeit.

Seltener Gewinn, Seite 187

Goethe, Johann Wolfgang wurde 1749 in Frankfurt am Main geboren und starb 1832 in Weimar. Er gilt als der bedeutendste und universale deutsche Dichter. Sein berühmtestes Werk ist das Drama „Faust". Aber auch viele seiner anderen Theaterstücke werden heute noch gespielt. Darüber hinaus schrieb er Romane (z. B. „Die Leiden des jungen Werther") und wissenschaftliche Abhandlungen. Viele seiner Balladen (z. B. „Erlkönig") und Gedichte finden sich in heutigen Schulbüchern.

Der Zauberlehrling, Seite 172 – 173

Härtling, Peter wurde 1933 in Chemnitz geboren. Er gehört zu den namhaftesten deutschen Autoren der Gegenwart, schrieb zahlreiche Romane und Erzählungen, die sich häufig den Biografien berühmter Künstler (wie Eduard Mörike oder Robert Schumann) widmen. Ein großer Teil seines Werkes befasst sich mit der Aufarbeitung der Geschichte. Auch als Kinderbuchautor wurde Härtling sehr bekannt (z.B. „Ben liebt Anna").

Nachts, Seite 134

Kästner, Erich wurde 1899 in Dresden geboren und starb 1974 in München. Neben Satiren und Gedichten schrieb er zahlreiche Kinder- und Jugendbücher. Zu seinen bekanntesten Werken gehören „Emil und die Detektive", „Das doppelte Lottchen", „Die Konferenz der Tiere" und „Das fliegende Klassenzimmer", die alle verfilmt wurden. Aber auch seine Nacherzählungen wie z.B. „Die Schildbürger", „Till Eulenspiegel", „Münchhausen" und „Gullivers Reisen" werden heute noch gern gelesen.

Als ich ein kleiner Junge war (Inhaltsangabe), Seite 40
Besagter Lenz ist da, Seite 29
Biografische Informationen über den Autor, Seite 24–25, 38, 41
Das doppelte Lottchen (Inhaltsangabe), Seite 28
Die Konferenz der Tiere (Inhaltsangabe und Ausschnitt), Seite 26–27

Kuckero, Ulrike wurde 1952 in Bremen geboren. Sie studierte Literaturwissenschaft, Anglistik und Pädagogik und arbeitet heute als Grundschullehrerin. 1999 erschien ihr erstes Buch, seitdem hat sie zahlreiche Kinderbücher und Jugendromane veröffentlicht. Bekannt geworden sind vor allem ihre „Paula"-Romane.

Biografische Informationen über die Autorin, Seite 42–43

Lenz, Siegfried wurde 1926 in Lyck (Masuren) geboren. Er erregte mit vielen seiner Romane großes Aufsehen, so 1963 mit „Stadtgespräche" und 1968 mit „Die Deutschstunde". Große Bedeutung haben aber auch seine teils heiteren, teils tragischen Erzählungen wie „So zärtlich war Suleyken" oder „Das serbische Mädchen".

Eine Liebesgeschichte, Seite 44–47

Mannel, Beatrix wurde 1961 in Darmstadt geboren und lebt in München. Die Kinderbuchautorin schrieb Drehbücher für den Tigerentenclub, Kurzromane für die Zeitschrift „Bravo" und Kriminalromane für Erwachsene. Besonders erfolgreich ist sie aber mit den Jugendbüchern über das Mädchen Jule.

Interview mit der Autorin, Seite 160–161
Jule, filmreif (Klappentext und Ausschnitte), Seite 152–157
Kurzbiografie der Autorin, Seite 160

Manz, Hans wurde 1931 in Wila geboren und lebt in Zürich. Er ist vor allem bekannt durch seine Sprachbücher („Sprachbuch für Kinder und Neugierige: Die Welt der Wörter") und Sprachgedichte (wie z.B. „Was Wörter alles können"). Der Schriftsteller veröffentlichte auch Erzählungen, einen Roman und verschiedene Kinderbücher.

Satzzeichen unter sich, Seite 124

Mörike, Eduard wurde 1804 in Ludwigsburg geboren und starb 1875 in Stuttgart. Er war zunächst Geistlicher und schrieb nach seiner, aus gesundheitlichen Gründen, vorzeitigen Pensionierung viele Naturballaden und -gedichte (unter anderem „Septembermorgen"), aber auch Novellen und Romane.

In der Frühe, Seite 130

Ohms, Hans Herbert lebte von 1910 bis 1991. Er war Lehrer, Schriftsteller und Übersetzer.

Abends am Fenster, Seite 132

Pressler, Mirjam wurde 1940 in Darmstadt geboren und lebt in der Nähe von München. Bereits für ihren ersten Jugendroman „Bitterschokolade" (1980) erhielt sie den Oldenburger Jugendbuchpreis. Seitdem hat sie mehr als 30 Kinder- und Jugendbücher sowie Romane für Erwachsene veröffentlicht. Auch als Übersetzerin machte sie sich einen Namen. 2004 wurde ihr der Deutsche Bücherpreis für ihr Lebenswerk verliehen.

Klappentexte zu Büchern der Autorin, Seite 210 – 211
Kurzbiografie der Autorin, Seite 210

Reding, Josef wurde 1929 in Castrop-Rauxel geboren und lebt in Dortmund. Der Autor hat sich oft politisch und sozial engagiert. 1958 entstand der erfolgreiche Kurzgeschichtenband „Nennt mich nicht Nigger".

Fahrerflucht, Seite 146 – 147

Ringelnatz, Joachim wurde 1883 als Hans Bötticher in Wurzen geboren und starb 1934 in Berlin. Er war Humorist und Kabarettist und schrieb heitere und sprachspielerische Gedichte (z. B. „Herbst").

Morgenwonne, Seite 134

Storm, Theodor wurde 1817 in Husum/Schleswig geboren und starb 1888 in Hademarschen/Holstein. Er arbeitete als Rechtsanwalt. Nachdem er viele Jahre im Exil in Preußen verbracht hatte, kehrte er nach Beendigung des deutsch-dänischen Krieges 1864 wieder in seine Geburtsstadt zurück. Storm schrieb zahlreiche Novellen und Gedichte.

In der Frühe, Seite 135

Stünzner, Günther von wurde 1910 in Namslau (Schlesien) geboren und starb 1988. Er war Pfarrer und Schriftsteller und veröffentlichte neben anderen Werken verschiedene Gedichtsammlungen.

Der Morgen, Seite 130

Tieck, Ludwig wurde 1773 in Berlin geboren, wo er 1853 auch starb. Er zählt zu den bedeutendsten Dichtern der Romantik. Er lebte als freier Schriftsteller, verfasste Komödien, Märchen, Romane und unheimliche Erzählungen. Außerdem arbeitete er als Herausgeber und Übersetzer (z. B. „Don Quixote de la Mancha" von Miguel de Cervantes). Seine „Volksmärchen" und das Märchenspiel „Der gestiefelte Kater" zählen zu seinen bekanntesten Werken.

Unsinn und Poesie, Seite 131

Walker, Kate wurde 1950 in Newcastle (Australien) geboren, wo sie heute noch lebt. Sie ist eine international bekannte und preisgekrönte Kinder- und Jugendbuchautorin.

Liebesbriefe, Seite 50 – 53

Walser, Robert wurde 1878 in Biel (Schweiz) geboren und starb 1956 in der Nähe von Herisau (Schweiz). Er blieb zu Lebzeiten nahezu unbekannt, erst seit den 1960er Jahren fanden insbesondere seine Romane und Erzählungen die entsprechende Beachtung und Anerkennung. Heute gilt der Autor als einer der wichtigsten Schweizer Schriftsteller der ersten Hälfte des 20. Jahrhunderts.

Der Beruf, Seite 66, 71

Weisenborn, Günther wurde 1902 in Velbert geboren und starb 1969 in Berlin. Er gehörte nach dem Zweiten Weltkrieg zu den bekanntesten deutschen Schriftstellern und machte sich vor allem als Dramaturg einen Namen. Sein Theaterstück „Die Illegalen" war 1946 eines der meistgespielten Stücke der Nachkriegszeit.

Zwei Männer, Seite 140 – 142

Textarten

Anekdote: Anekdoten erzählen Ereignisse aus dem Leben berühmter Personen (Künstler, Politiker, ...). Dies geschieht meist in sehr knapper Form, wobei am Ende fast immer eine Pointe steht. Dadurch soll das Besondere der Persönlichkeit noch stärker betont werden.

Seltener Gewinn, Adolf Glaßbrenner, Seite 187

Anleitung: Anleitungen gehören zu den Sachtexten. Einfache Hauptsätze, eindeutige Formulierungen sowie die genaue Reihenfolge der einzelnen Arbeitsschritte sind für eine Anleitung besonders wichtig, denn sie soll dem Leser einen Sachverhalt möglichst kurz und anschaulich erklären.

Die Avocado-Gesichtsmaske, Seite 95
Ein Kim-Spiel, Seite 57
Ein Klapptafelspiel, Seite 57
Kleine Vorträge immer wieder, Seite 31
Zeitformentraining, Seite 39

Ballade: Das Wort stammt aus dem Italienischen und bedeutet so viel wie „Tanzlied". Die heute häufig *Erzählgedichte* genannten Balladen haben meist viele gereimte Strophen, erzählen eine Geschichte und enthalten oft auch Dialoge. Vor allem Ende des 18. Jahrhunderts wurden in Deutschland zahlreiche Balladen verfasst. Zu den bekanntesten deutschen Balladendichtern zählen Johann Wolfgang Goethe, Friedrich Schiller, Heinrich Heine und Theodor Fontane.

Der Zauberlehrling, Johann Wolfgang Goethe, Seite 172–173
John Maynard, Theodor Fontane, Seite 166–167
Nis Randers, Otto Ernst, Seite 170–171

Bericht: In den meisten Berichten (z. B. in Unfall- und Arbeitsberichten) wird in sachlicher Sprache ein Ereignis oder ein Geschehen meist im Präteritum dargestellt. Der Berichtende verzichtet dabei auf eine Wertung des Geschehens, überlässt es dem Hörer oder Leser, sich eine eigene Meinung zu bilden. Eine besondere Form des Berichts ist die **Reportage**, bei der auch persönliche Eindrücke (häufig aus der unmittelbaren Situation heraus) wiedergegeben werden (z. B. Sportreportage, Berichte von Film- und Fernsehveranstaltungen). Manchmal sind Berichte auch mit einer persönlichen Stellungnahme verbunden (z. B. in Abschlussberichten von Praktika oder Tagungen).

Abschlussbericht Praktikum (Muster), Seite 90
Praktikumspräsentation – Kosmetikerin, Seite 92
Tagesbericht Betriebspraktikum, Seite 87–88

Biografie / Autobiografie: In einer Biografie werden ausführlich die Lebensstationen eines Menschen, seine Ansichten, die berufliche / künstlerische Entwicklung und sein Handeln (zumeist im geschichtlichen Zusammenhang) durch einen Autor dargestellt. Oft beruhen diese auf gesammelten Fakten, es können aber auch dichterische Elemente einbezogen sein. Wenn diese eindeutig überwiegen, spricht man von einem biografischen Roman. In einer **Autobiografie** schildert die betroffene Person selbst ihr Leben, wobei dabei häufig die innere Entwicklung im Mittelpunkt steht. Eine **Kurzbiografie** zählt dagegen meist zu den Sachtexten, da hier ausschließlich Fakten (z. B. Lebensdaten, Werke) aufgelistet werden.

Autobiografische Informationen der Autorin Cornelia Funke, Seite 34–35
Biografische Informationen über den Autor Erich Kästner, Seite 24–25, 38, 41
Biografische Informationen über die Autorin Ulrike Kuckero, Seite 42–43
Kurzbiografie über die Autorin Beatrix Mannel, Seite 160
Kurzbiografie über die Autorin Mirjam Pressler, Seite 210

Brief: Schon vor Jahrtausenden haben die Menschen Mitteilungen in schriftlicher Form angefertigt. In der heutigen Zeit versteht man Briefe vor allem als schriftliche Mitteilungen, die per Post oder Kurier von einem Absender (der den

Brief verschickt) an einen Adressaten/Empfänger (der den Brief empfängt) gesendet werden. Die wichtigsten Briefformen sind Privatbriefe und Geschäftsbriefe. Oft müssen bestimmte Normen in der Form eingehalten werden (z. B. bei einem Bewerbungsschreiben). Heutzutage nutzen viele Menschen auch die neuen Kommunikationsmittel und verschicken Informationen aus dem privaten oder beruflichen Alltag durch E-Mails oder SMS.

diskontinuierliche Texte: Ein **Diagramm** ist die grafische Darstellung (Schaubild) von Zusammenhängen, die in Zahlen ausgedrückt werden. Es zählt zu den Sachtexten, wobei es in verschiedener Form (z. B. als Säulen-, Kreis- oder Kurvendiagramm) sowohl allein als auch in Verbindung mit anderen Texten auftreten kann.

Fabel: In dieser anschaulichen literarischen Form sprechen (entweder in Reimen oder in Prosa) und handeln fast immer zwei oder mehrere Tiere. Sie verkörpern menschliche Eigenschaften, die der Leser erkennen soll (z. B. Neid, Geiz, Dummheit, Klugheit oder Faulheit). Fabeln enthalten meist eine Lehre (Moral), die der Leser beherzigen soll. In einigen Fabeln ergibt sich die Lehre aus dem Textzusammenhang, in anderen steht sie als eine Art Zusammenfassung am Ende des Textes.

Geschichte/Erzählung: In der Literatur versteht man unter Erzählungen, im Gegensatz beispielsweise zum Roman, kürzere literarische Texte, die in einer Gruppe mit Märchen, Kurzgeschichten und Novellen erfasst werden. Inhaltlich gibt es dabei keine Einschränkungen. Eine exakte Zuordnung der Erzählung ist aber oft sehr schwer. So sollte sie z. B. einen Umfang von etwa 6 bis 60 Seiten haben. Häufig spricht man deshalb bei kürzeren Texten auch von einer Geschichte, die erzählt wird.

Gedicht: Gedichte sind literarische Texte in einer besonderen Gestaltung (z. B. ein bestimmter Sprechrhythmus, Einteilung in Strophen/Verse, Wiederholungen oder Wörter, die sich reimen). Oft verwenden die Autoren eine bildreiche Sprache. Gedichte sind aus Liedern hervorgegangen. In der Antike begleiteten fahrende Sänger ihren Vortrag auf der Lyra, einem Saiteninstrument. Deshalb ist der Oberbegriff für alle Gedichtformen die *Lyrik*.

Gespräch (Dialog): Wenn sich zwei oder mehrere Personen in ständigem Wechsel (Rede und Gegenrede) miteinander unterhalten, spricht man oft auch von einem Dialog. In diesem Sinne zählen also alle Formen von Alltagsgesprächen dazu. In der Literatur ist der Dialog das Hauptgestaltungsmittel des Dramas, er findet sich aber auch in Balladen und natürlich in der erzählenden Literatur.

Ein Gespräch mit dem Leiter der Abteilung „Aus- und Weiterbildung", Seite 72–73

Inhaltsangabe/Klappentext: In einer Inhaltsangabe wird wertungsfrei über den wesentlichen Inhalt eines künstlerischen Werkes informiert. Dabei darf diese keine schildernden Elemente sowie direkte Rede enthalten und muss im Präsens oder Perfekt abgefasst werden. Manchmal dienen Inhaltsangaben auch nur zur Orientierung, sie finden sich z. B. häufig in Klappentexten. Hier wird der Ausgang der Handlung nicht dargestellt, sondern es werden aus Verkaufsgründen die Bücher besonders „angepriesen" und/oder Informationen zum Autor gegeben.

Als ich ein kleiner Junge war (Buch), Erich Kästner, Seite 40
Balladen, Schülertexte, Seite 174–175
Das doppelte Lottchen (Buch/Film), Erich Kästner, Seite 28
Das große Krabbeln (Film), Seite 164
Die Konferenz der Tiere (Buch), Erich Kästner, Seite 26
Die Reise ins Ich (Film), Seite 163
Die unglaubliche Reise des Mister C. (Film), Seite 165
Gullivers Reisen (Film), Seite 165
Herr der Ringe (Buch), John Ronald Reuel Tolkien, Seite 162
Ich sehne mich so ..., Mirjam Pressler, Seite 211
Informationen über Bücher der Autorin Cornelia Funke, Seite 36–37
Jule filmreif (Buch), Beatrix Mannel, Seite 152
Liebling, ich habe die Kinder geschrumpft (Film), Seite 163
Malka Mai, Mirjam Pressler, Seite 211
Nathan und seine Kinder, Mirjam Pressler, Seite 210

Interview: Ein Interview ist eine meist öffentliche Befragung einer Person. Diese kann sowohl spontan erfolgen, aber auch zwischen den beiden Gesprächspartnern vereinbart sein (z. B. in einer Fernsehsendung). Um ein interessantes Gespräch mit einer anderen Person führen zu können, sollte sich der Interviewer über die Person, die er befragen will, gut informieren. Der Erfolg eines Interviews hängt oft von der Art der Gesprächsführung ab, vor allem vom Einsatz verschiedener Fragetechniken und Fragetypen (Entscheidungsfrage, Ergänzungsfrage, provozierende Frage, ...).

Anja Feigle (Sportlerin des TSV Sandheim), Seite 194
Beatrix Mannel (Autorin), Seite 160–161
Gewichtsprobleme – Ein Interview (Ernährungsberaterin), Seite 183

Jugendbuch: Als Kinder- und Jugendliteratur bezeichnet man Bücher, die für junge Menschen zwischen 3 und etwa 18 Jahren geschrieben werden. Allerdings gibt es nicht immer eine klare Alterstrennung. So lesen auch viele Erwachsene z. B. gerne Märchen oder Fantasy-Romane, während Jugendliche durchaus auch Gedichte oder Erzählungen lesen, die ursprünglich nicht für sie geschrieben wurden. Im 18. und 19. Jahrhundert dienten Jugendbücher nahezu ausschließlich der Erziehung. Die heutige Jugendliteratur möchte unterhalten, spannende und interessante Geschichten erzählen, die natürlich auch zum Nachdenken anregen sollen. Schulische und familiäre Probleme, geschichtliche Ereignisse, erste Liebe, humorvolle Begebenheiten, abenteuerliche Expeditionen und kriminalistische Ermittlungen sind nur einige der vielfältigen Themen heutiger Kinder- und Jugendliteratur.

Die Konferenz der Tiere (Ausschnitt), Erich Kästner, Seite 27
Jule, filmreif (Ausschnitt), Beatrix Mannel, Seite 153–157

Kurzgeschichte: Nach dem Zweiten Weltkrieg entwickelte sich in Deutschland diese Form des Erzählens. In einfacher Sprache wird das Schicksal meist Benachteiligter der Gesellschaft aus deren Sicht dargestellt. Zurückzuführen ist diese literarische Form auf die amerikanische Short Story, die sich vor allem durch ihre Kürze und die wirklichkeitsnahe Sprache und Handlung auszeichnet. Einer ihrer bekanntesten Vertreter ist Ernest Hemingway. Seit Mitte der 1960er Jahre wird der Begriff *Kurzgeschichte* nur noch selten verwendet (dafür z. B. Erzählung, Prosatext, kurze Geschichte).

Sachtext: Sachtexte bezeichnet man oft auch als Gebrauchstexte. Sie befassen sich meist mit einem Thema (z. B. Geschichte, Geografie, Sport, ...). Sachtexte sind also keine „erfundenen" Geschichten, sondern in erster Linie Informationsquellen für den Leser. Es gibt sie in vielfältiger Art, z. B. als Lexikonartikel, Gesetzestext, Protokoll, Anleitung, Bericht, Beschreibung bis hin zum Fachbuch. Darüber hinaus können sie Fotos, Illustrationen oder grafische Übersichten enthalten.

Spruch/Zitat/Slogan: Früher wurden Gedichte oder Dramen durch Sinn- und Denksprüche unterbrochen oder beendet. Viele dieser „geflügelten Worte" sind auch heute noch bekannt. Aussprüche (Zitate) von Persönlichkeiten wie z. B. Künstlern oder Politikern werden in der heutigen Zeit aber auch in vielfältiger Form Texten oder Reden entnommen. Ein Slogan hingegen ist ein einprägsamer kurzer Spruch, der meist in der Werbung Verwendung findet.

Register

Textquellenverzeichnis

S. 6 Unter: http://www.stern.de/panorama/s-bahn-ueberfall-in-muenchen-toedliche-zivilcourage-1508937.html (03.03.2010); **S. 10** Mobbing in der Schule: Unter: http://arbeitsblaetter.stangl-taller.at/KOMMUNIKATION/MobbingSchule.shtml (03.03.2010); **S. 10/11** Der Neue. Aus: „Schau nicht weg!", Ausg. Juni 2006, S. 8, hrsg. von Team Zivilcourage/Elternverein GRG3 des Landstraßer Gymnasiums, Wien. Unter: http://www.fairnessaward.at/project?part=ProjectDocument&p=315&t=2&view=schaunichtwegmagazin06.pdf (03.03.2010); **S. 13** Aus: Noffiti – ein Materialangebot für den Sekundarbereich I. Erarb. v. J. Kledzik/H. Boerner. Hrsg. vom Förderverein PluS e.V. Berlin: Bezirksjournal Verl.-Ges. 1997, S. 21; **S. 14/15** Aus: Lore Graf/Martin Lienhard/Reinhard Pertsch: Geschichten zum Nachdenken. München 1978, S. 129 f., Auszüge; **S. 16** Zitat von Seneca aus: Lautenbach, Ernst: Latein – Deutsch: Zitaten-Lexikon. LIT Verlag Berlin-Hamburg-Münster, 2002, S. 793; **S. 16** Zitat von La Rochefoucauld aus: Reclams Zitaten Lexikon. Hrsg. von Johannes John. Philipp Reclam junior, Stuttgart 2002, S.118; **S. 16** Zitat von Marie von Ebner- Eschenbach aus: Bodo Harenberg/Brigitte Beier: Harenberg Lexikon der Sprichwörter und Zitate. Dortmund 1997, S. 305; **S. 17** Zitat von Mark Twain aus: Bodo Harenberg/Brigitte Beier: Harenberg Lexikon der Sprichwörter und Zitate. Dortmund 1997, S. 1175; **S. 17** Zitat von Seneca aus: Lautenbach, Ernst: Latein – Deutsch: Zitaten-Lexikon. LIT Verlag Berlin-Hamburg-Münster, 2002, S. 89; **S. 17** Zitat von Anaïs Nin aus: Bodo Harenberg/Brigitte Beier: Harenberg Lexikon der Sprichwörter und Zitate. Dortmund 1997, S. 1433; **S. 17** Fernöstliche Weisheit aus: Miyamoto Satsugai: Fernöstliche Weisheiten. Manfred Pawlak Verlagsgesellschaft mbH, Hersching, S. 66 © 1988 by Hestia Verlag GmbH, Bayreuth; **S. 17** Zitat von Schiller aus: Friedrich Schiller: Wilhelm Tell. Taschen Texte. Ernst Klett Verlag GmbH, Stuttgart 2007, S. 93 (IV, 2); **S. 24/25** Texte über Erich Kästner nach: Microsoft® Encarta® Professional 2002; **S. 25** „Das junge Ehepaar eröffnet..." Aus: Kästner, Erich: Als ich ein kleiner Junge war. dtv, München, 2003, S. 43 © Atrium Verlag München; **S. 25** „Am 23. Februar 1899..." Aus: Kästner, Erich: Als ich ein kleiner Junge war. dtv, München, 2003, S. 55 © Atrium Verlag München; **S. 25** „Und ich freute mich..." Aus: Kästner, Erich: Als ich ein kleiner Junge war. dtv, München, 2003, S. 83 © Atrium Verlag München; **S. 25** „Im engsten Kreis der Freunde..." Aus: Bemmann, Helga: Humor auf Taille. Verlag der Nationen, Berlin, 1988, S. 506 © Atrium Verlag München; **S. 26** Aus: Bemmann, Helga: Humor auf Taille. Verlag der Nationen, Berlin, 1988, S. 415 © Atrium Verlag München; **S. 27** Aus: Kästner, Erich: Die Konferenz der Tiere. Cecilie Dressler Verlag, Hamburg, S. 67- 72 © Atrium Verlag München; **S. 28** Aus: Bemmann, Helga: Humor auf Taille. Verlag der Nationen, Berlin, 1988, S. 419 © Atrium Verlag München; **S. 29** Aus: Kästner, Erich: Lyrische Hausapotheke. dtv- Taschenbuch Nr. 11001, S. 69 © Atrium Verlag München; **S. 31** Nach: Stanford, Gene: Gruppenentwicklung im Klassenzimmer und anderswo. Hahner Verlagsgesellschaft, Aachen, 1991, S. 46 f; **S. 34** Unter: http://www.corneliafunke.de/cornelia-funke/biografie.html (03.03.2010); **S. 35** Unter: http://www.corneliafunke.de/fragen-an-cornelia-funke.html (03.03.2010); **S. 36/37** Unter: http://www.corneliafunke.de/buecher.html (03.03.2010); **S. 38** Nach: http://www.ekg.gp.bw.schule.de/index.php?id=74 (03.03.2010); **S. 40** Nach: http://www.ekg.gp.bw.schule.de/index.php?id=74 (03.03.2010); **S. 41, Aufg. 3** Nach: http://www.ekg.gp.bw.schule.de/index.php?id=74 (03.03.2010); **S. 44–47** Aus: Lenz, Siegfried: So zärtlich war Suleyken. Fischer Taschenbuch, Frankf./M., S. 101 ff. © Hoffmann & Campe, Hamburg 1993; **S. 50–53** Aus: Bingo: Heut passiert's! Übersetzt v. Andreas Steinhöfel. dtv, München, 1998, S. 177; **S. 58, Aufg. 2** Unter Verwendung eines Textes aus: Birgit Fenner/André Barz u.a.: Wegweiser. Sprachbuch Kl. 9. Klett, Leipzig, 1999, S. 124; **S. 66 und 71** Aus: Robert Walser. Das Gesamtwerk. Suhrkamp Verlag, Frankf./M., 1978, Bd. 1, S. 28; **S. 68** Aus: Lexikon Goethe-Zitate: Auslese für das 21. Jahrhundert aus Werk und Leben. Hrsg. v. Ernst Lautenbach. IUDICIUM Verlag, 2004, S. 567; **S. 80/81** Aus: Chidolue, Dagmar: Ein Jahr und immer. Beltz Verlag, Weinheim, 1988; **S. 120–123** Aus: Saarbrücker Zeitung vom 9. Februar 2005, Jugend regional, S. B5; **S. 124** Aus: Manz, Hans: Die Welt der Wörter. Beltz & Gelberg, Weinheim, 2001; **S. 130** Eduard Mörike: In der Frühe. Aus: Eduard Mörikes Sämtliche Werke, Bd. Gedichte. Deutsche Verlagsanstalt. o.J., S. 8; **S. 130** Günther von Stünzner: Der Morgen. Aus: Ders.: Augenzeuge. Gedichte. Christians Verlag, Hamburg, 1975, S. 42; **S. 131** Ludwig Tieck: Unsinn und Poesie. Zitiert nach: Braak, Ivo: Poetik in Stichworten, Kiel, 1972, S. 31; **S. 132** Hans Herbert Ohms: Abends am Fenster. Aus: Hans-Joachim Gelberg (Hg.): Die Stadt der Kinder. Gedichte für Kinder in 13 Bezirken. Beltz & Gelberg, Weinheim, 1999, S. 24; **S. 134** Joachim Ringelnatz: Morgenwonne. Unter: http://gutenberg.spiegel.de/?id=5&xid=2263&kapitel=29&cHash=49f99e8453ringel30#gb_found (03.03.2010); **S. 134** Peter Härtling: Nachts. Aus: Christoph Buchwald/Ludwig Harig (Hrsg.): Jahrbuch der Lyrik 2001. C.H. Beck Verlag, München, 2000, S. 70; **S. 135** Joseph von Eichendorff: Mondnacht. Aus: Eichendorffs Werke in einem Band. Aufbau Verlag, Berlin und Weimar, 1978, S. 59; **S. 135** Theodor Storm: In der Frühe. Aus: Storm. Werke. Carl Hanser Verlag, München, 1988, S. 43; **S. 140–143** Aus: Wolfgang Weyhrauch (Hg.): Tausend Gramm. Sammlungen neuer deutscher Kurzgeschichten. Rowohlt Verlag, Reinbek bei Hamburg, 1949; **S. 146/147** Aus: Reding, Josef: Nennt mich nicht Nigger. Paulus Verlag, Recklinghausen, 1964, S. 140; **S. 153–157** Aus: Mannel, Beatrix: Jule filmreif. Loewe Verlag, Bindlach, 1. Aufl. 2001, S. 26–31, 119/120, 124; **S. 158** Definition „Daily Soaps" nach: Willing, Christoph: Medienerziehung: Unterrichtsmaterialien zu Beatrix Mannel: Jule filmreif. Loewe Verlag, Bindlach, S. 34; **S. 160/161** Nach: Willing, Christoph: Medienerziehung: Unterrichtsmaterialien zu Beatrix Mannel: Jule filmreif. Loewe Verlag, Bindlach, S. 3; **S. 162** Filmbeschreibung zu „Herr der Ringe" unter Verwendung von: http://www.djfl.de/entertainment/djfl/1110/111175.html (03.03.2010); **S. 166/167** Theodor Fontane. Sämtliche Werke, Sechster Band. Hrsg. v. W. Keitel. Hanser Verlag, München, 1964, S. 287f; **S. 170/171** Otto Ernst: Nis Randers. Aus: Ernst, Otto: Siebzig Gedichte. L. Staackmann, Leipzig, 1907, S. 118–119; **S. 172/173** J. W. Goethe.: Der Zauberlehrling. Aus: Poetische Werke in drei Bänden. Bd. 1. Aufbau Verlag, Berlin und Weimar, 1970; **S. 187** Aus: Klaus Gysi und Kurt Böttcher (Hg.): Unsterblicher Wortwitz. Adolf Glassbrenners Werk in neuer Auswahl. Das neue Berlin, Berlin 1951; **S. 189** Alle fünf Zeitungsartikel aus: Berliner Zeitung vom 20.11.2009; **S. 190/191** Aus: Frankfurter Rundschau vom 02.04.2005; **S. 193** Nach: Hahn, Sabine: Zeitung in der Schule. In: Deutsch 2. Kallmeyer bei Friedrich in Velber, 2005; **S. 198** Nach: Aktionsbündnis Landmine. Unter: www.landmine.de/fix/minenopfer.htm (03.03.2010); **S. 199** Unter: www.unicef.de/minen_afghanistan.html (03.03.2010); **S. 200/201** Artikel nach: Rebecca Hillauer, aus: DB mobil 03/2004, S. 12 f; **S. 203** Schülergedichte unter: http://schulen.kreis-wtm.de/saaf/faecher/deutsch/gedichte.htm (03.03.2010); **S. 207** Aus: Theodor Fontane. Sämtliche Werke, Sechster Band. Hrsg. v. W. Keitel. Hanser Verlag, München, 1964, S. 956f; **S. 209** Walter Helmut Fritz: Greisin. Aus: Gesammelte Gedichte. Hoffmann & Campe, Hamburg 1979, S. 132; **S. 210** Kurzbiografie Mirjam Pressler nach: http://www.mirjampressler.de/about/(03.03.2010); **S. 210, Text 1** Unter: http://www.mirjampressler.de/werk/127/nathan-und-seine-kinder (03.03.2010); **S. 211, Text 2** Unter: http://www.mirjampressler.de/werk/13/malka-mai (03.03.2010); **S. 211, Text 3** Unter: http://www.mirjampressler.de/werk/11/ich-sehne-mich-so-die-lebensgeschichte-der-anne-frank (03.03.2010); **S. 214/215** Aus: Leitzmann, C.: Die Ernährungssituation armer Menschen in sogenannten Entwicklungsländern. In: Maid-Kohnert, Udo: Lexikon der Ernährung. Heidelberg, Spektrum Verlag, 2005, S. 369-374.

Bildquellenverzeichnis

Cover Getty Images (Jerome Tisne/The Image Bank), München; **6** Picture-Alliance (Stephan Jansen/dpa), Frankfurt; **14** Mauritius Images, Mittenwald; **22.oben links** Erich Kästner, Die Schildbürger. Einband u. Illustration von Horst Lemke, Cecilie Dressler Verlag GmbH & Co. KG in der Verlagsgruppe Oetinger, 2006; **22.oben Mitte** C. Dressler Verlag GmbH, Hamburg; **22.oben rechts** C. Dressler Verlag GmbH, Hamburg; **22.unten links** C. Dressler Verlag GmbH, Hamburg; **22.unten Mitte** C. Dressler Verlag GmbH, Hamburg; **22.unten rechts** C. Dressler Verlag GmbH, Hamburg; **25** Cinetext GmbH (Henschel Theater-Archiv), Frankfurt; **26** Die Konferenz der Tiere D: R: Curt Linda P: BRD J: 1969 © ddp images (defd), Hamburg; **28** Ullstein Bild GmbH (united archives), Berlin; **34** Picture-Alliance (Jens Kalaene/dpa), Frankfurt; **36.Mitte** C. Dressler Verlag GmbH, Hamburg; **36.oben** C. Dressler Verlag GmbH, Hamburg; **36.unten links** Cornelia Funke: Tintenherz. Cecilie Dressler Verlag, Hamburg 2003; **36.unten mitte** C. Dressler Verlag GmbH, Hamburg; **36.unten rechts** C. Dressler Verlag GmbH, Hamburg; **37.oben** Picture-Alliance (kpa), Frankfurt; **37.unten links** Interfoto (NG Collection), München; **37.unten Mitte** Picture-Alliance (kpa), Frankfurt; **37.unten rechts** C. Dressler Verlag GmbH, Hamburg; **42** Foto: Thienemann Verlag; **46** Klett-Archiv (Beate Bahrnert), Stuttgart; **60** Photothek. net Gbr (Thomas Imo), Radevormwald; **62.1** Picture-Alliance, Frankfurt; **62.2** Corbis (cultura), Düsseldorf; **62.3** Intro (Peter Himsel), Berlin; **62.4** Picture-Alliance (dpa/Hans Wiedl), Frankfurt; **72** Klett-Archiv (Peter Nierhoff), Stuttgart; **73** ImagePoint AG, Zürich; **76** Bananastock (RF), Watlington/Oxon; **86.oben links** Klett-Archiv, Stuttgart; **86.unten rechts** laif (Raffaele Celentano), **Köln**; **88** Ullstein Bild GmbH (photothek), Berlin; **92** Picture-Alliance (Dean, Francis), Frankfurt; **94** Bilderberg (Eberhard Grames), Hamburg; **94.oben** Bilderberg (Eberhard Grames), Hamburg; **96** Bilderberg (Kirsten Neumann), Hamburg; **108** Corbis (Francis G. Mayer), Düsseldorf; **110** Michael Böhme, Konstanz; **112.oben** Deutsche Lufthansa AG, Köln; **112.unten** Condor Marketing, Oberursel; **114** BIONADE GmbH, Ostheim/Rhön/Klaus Stiegemeyer Photographer (Oliver Schwarzwald)/2 agenten (Tina Berning); 120 Picture-Alliance, Frankfurt; 122 Picture-Alliance (Boris Roessler/ dpa), Frankfurt; **140** Picture-Alliance (dpa/EPA/AHMAD YUSNI), Frankfurt; **145** Sammlung Gesellschaft für ökologische Forschung (Oswald Baumeister), München; **152** Klett-Archiv, Stuttgart; **160** Loewe Verlag GmbH (Foto © erol gurian), Bindlach; **180** nach: Kronmeyer-Hausschild et. Al./Leitlinien der Arbeitsgemeinschaft Adipositas im Kindes- und Jugendalter, AGA-Sekretariat Vestische Kinder- und Jugendklinik Datteln, (Prof. Reinehr); **182.oben** nach: picture-alliance, dpa-Infografik, Frankfurt; 188 Klett-Archiv (Peter Nierhoff), Stuttgart; **190** MEV Verlag GmbH, Augsburg; **191** Frankfurter Rundschau (Georg Kumpfmüller), Frankfurt; **193.oben** Augsburger Allgemeine, Augsburg; **193.unten** Augsburger Allgemeine (Ulrich Wagner), Augsburg; **198** Picture-Alliance (dpa - Bildarchiv), Frankfurt; **199** UNICEF Deutschland (Rudi Tarneden), Köln; **200** S. Fischer Verlag GmbH, Frankfurt am Main; **202** Klett-Archiv (Peter Nierhoff), Stuttgart; **206.rechts** Ullstein Bild GmbH (wolterfoto), Berlin; **208.links** Picture-Alliance, Frankfurt; **208.rechts** Picture-Alliance (dpa), Frankfurt; **209** Picture-Alliance (Armin Weigel), Frankfurt; **210** Picture-Alliance (dpa/Jan Woitas), Frankfurt; **211.cover 1** Verlag Beltz & Gelberg, Weinheim; **211.cover 2** Verlag Beltz & Gelberg, Weinheim; **211.cover 3** Verlag Beltz & Gelberg, Weinheim

Grammatische Grundbegriffe

Begriff	Erklärung	Beispiele
Adjektiv, das	Eigenschaftswort, Wiewort	klein, groß, dick
Adverb, das	Umstandswort	heute, sehr, vielleicht
Adverbialbestimmung, die	Satzglied; Umstandsbestimmung z. B. des Ortes, der Zeit, der Art und Weise oder des Grundes, antwortet auf die Fragen Wo? Wohin? Wann? Wie lange? Wie? Auf welche Art und Weise? Warum?	Er kam *dahin* (Ort). Sie treffen sich *um 9 Uhr* (Zeit). Es regnete *ununterbrochen* (Art und Weise).
Akkusativ, der	Kasus (Fall); Wen-Fall, 4. Fall	der Nachbar – *den Nachbarn* die Nachbarn – *die Nachbarn*
Akkusativobjekt, das	Satzglied, antwortet auf die Frage „Wen oder was?"	Sie traf *Paul* (*Wen* oder *was* traf sie?).
Aktiv, das	das Aktiv stellt die ausführende Person (den Urheber/den Täter) in den Vordergrund; vergleiche Passiv	*Daniel schreibt* einen Brief. *Anne bringt* den Brief zur Post.
Artikel, der	Begleiter des Substantivs/Nomens, Geschlechtswort	*die* Frau, *der* Tisch, *das* Haus, *ein* Stuhl, *eine* Frau
Attribut, das	Beifügung, nähere Bestimmung eines Bezugswortes; kein selbstständiges Satzglied; einem Satzglied beigefügt; Attribute antworten auf die Fragen „Was für ein?" „Wessen?" Attribute können die Form eines Nebensatzes haben.	Das war ein *interessanter* Film. (*Was für ein Film?*) Er ist der Freund *meiner Schwester*. Das Haus *dort*. Der Frosch, *der auf dem Baum sitzt*, gehört zu den *giftigen* Baumsteigerfröschen.
Dativ, der	Kasus (Fall); Wem-Fall, 3. Fall	der Nachbar – *dem Nachbarn* die Nachbarn – *den Nachbarn*
Dativobjekt, das	Satzglied, antwortet auf die Frage „Wem?"	Sie gibt *ihm* etwas. (*Wem?*)
Deklination, die	Substantive/Nomen und Adjektive werden dekliniert (sind veränderbar)	der Hund, *des* Hund*es*, der *freche* Hund
Demonstrativpronomen, das	hinweisendes Fürwort	dieser, diese, dieses, der, die, das
direkte Rede, die	wörtliche Rede	Peter sagt: *„Ich fahre mit dem Rad zur Schule."*
Endbaustein, der	Wortteil, der bei zusammengesetzten Wörtern verwendet werden kann; steht nach dem Wortstamm (Eigen*tum*)	-bar, -ig, -isch, -lich, -los, -sam, -en, -eln, -ern, -er, -heit, -keit, -nis, -ung, -tum, -schaft
Futur I, das	Zeitform des Verbs zum Ausdrücken der Zukunft	ich *werde singen*, du *wirst kommen*
Genitiv, der	Kasus (Fall); Wes-Fall, 2. Fall	der Nachbar – *des Nachbarn* die Nachbarn – *der Nachbarn*
Grundbaustein, der	siehe Wortstamm	<u>geh</u>en, <u>Geh</u>steig, <u>Geh</u>er, …
Hauptsatz, der	selbstständiger Satz, kann für sich allein stehen	Das Haus dort drüben ist rot.
Hilfsverb, das	Verb, das auch zur Bildung des Perfekts verwendet wird	haben, sein, werden
Indikativ, der	Wirklichkeitsform (Aussageweise/Modus des Verbs)	Sie *geht* gern ins Kino.
indirekte Rede, die	nicht wörtliche Rede	Er sagte, der Dieb sei ihm bekannt. Er sagte, dass ihm der Dieb bekannt ist. Er sagte, dass ihm der Dieb bekannt sei.
Imperativ, der	Aufforderungsform/Befehlsform (Aussageweise/Modus des Verbs)	*Öffne* bitte das Fenster. *Steh* still! *Sei* leise! *Nimm* das Buch.
Infinitiv, der	Grundform des Verbs, ungebeugte Form	gehen, schwimmen, spielen
Kasus, der	Fall: Nominativ, Genitiv, Dativ, Akkusativ	*der* Hund, *des* Hundes, *dem* Hund, *den* Hund
Komparativ, der	1. Vergleichsstufe (des Adjektivs); Mehrstufe	schön – *schöner* – am schönsten
Konjugation, die	Beugung des Verbs	ich *schwimme*, du *schwimmst*, er *schwimmt*, …
Konjunktion, die	Bindewort, verbindet Satzteile oder Teilsätze	und, oder, aber, sondern, denn, als, bis, weil, wenn, obwohl, dass
Konjunktionalsatz, der	Nebensatz, der durch eine Konjunktion eingeleitet wird	Ich wünsche mir, *<u>dass</u> Paul mich heute abholt.*
Konjunktiv, der	Möglichkeitsform (Aussageweise/Modus des Verbs) Es gibt den Konjunktiv I und Konjunktiv II. Beide werden in der indirekten Rede verwendet.	Er sagte, er *gehe* gern ins Kino. (Konj.I) Er sagte, er *ginge* gern ins Kino. (Konj.II) Er sagte, dass er gern ins Kino *gehe/ginge*. Er sagte, er *würde* gern ins Kino *gehen*. – (Umschreibung mit würde)
Modalverb, das	Verben, die sagen, auf welche Art und Weise etwas geschieht	dürfen, können, müssen, mögen, sollen, wollen
Modus des Verbs, der	Aussageweise des Verbs (siehe oben); Plural: die Modi	Indikativ, Konjunktiv, Imperativ
Nebensatz, der	unselbstständiger Satz, kann nicht für sich allein stehen	Ich esse die Suppe, *die ich gekocht habe.*